Fangdichan Qiye
Quancheng Kuaiji Caozuo Shiwu

房地产企业
全程会计操作实务

段九利◎著

中国市场出版社
China Market Press

图书在版编目（CIP）数据

房地产企业全程会计操作实务/段九利著. —北京：中国市场出版社，2013.11

ISBN 978-7-5092-1147-2

Ⅰ. ①房… Ⅱ. ①段… Ⅲ. ①房地产企业-会计 Ⅳ. ①F293.33

中国版本图书馆 CIP 数据核字（2013）第 242444 号

书　　名：房地产企业全程会计操作实务
作　　者：段九利　著
责任编辑：胡超平
出版发行：中国市场出版社
地　　址：北京市西城区月坛北小街 2 号院 3 号楼（100837）
电　　话：编辑部（010）68037344　读者服务部（010）68022950
发行部（010）68021338　68020340　68053489
68024335　68033577　68033539
经　　销：新华书店
印　　刷：河北省高碑店市鑫宏源印刷包装有限公司
规　　格：170×240 毫米　1/16　20 印张　310 千字
版　　本：2013 年 11 月第 1 版
印　　次：2013 年 11 月第 1 次印刷
书　　号：ISBN 978-7-5092-1147-2
定　　价：48.00 元

一本别具一格的房地产企业会计核算读本

近年来，本人较多偏重于房地产领域的研究，有机会与很多房地产企业的财务人员接触，包括企业高层和普通会计人员。在交流中发现，不同的企业对于房地产项目开发过程中同一性质的经济业务存在不同的会计处理方法，而且这种差异在我看来很大，足以对会计信息构成重大影响，导致企业会计核算的结果不能被审计人员和税务人员所认可。这浪费了大量的时间和精力，甚至可能给企业带来不小损失。

所以我们在想，如果能根据房地产企业项目开发的流程，明确企业各种经济行为所涉及的会计处理方法，就可能形成一个统一的、可以被审计机构和税务机关认同的会计核算方法。随着《企业会计准则》被越来越多的企业所接受，我们的这种愿望越来越强烈，于是下决心按照房地产企业项目开发的一般流程，在《企业会计准则》的基础上，编写一本全新的房地产会计核算方面的书籍。在书稿形成过程中，我们反复地与理论界和企业界的人士进行沟通，目的就是使本书能够准确、全面地指导房地产企业的实际核算工作。

本书最主要的特色是：

一、打破房地产企业会计图书的传统写法，以房地产开发流程为主线，形成独特的内容体系

传统会计核算方面的书籍一般习惯于以会计要

素为主线（按资产、负债、所有者权益、收入、成本、利润等内容分类），而实际中企业发生的每一项经济业务往往同时涉及几个会计要素，单一会计要素的核算内容并不能反映一项具体经济业务完整的会计处理方法，可操作性较差。本书以项目开发流程为主线（按开发模式、融资、建设开发、销售、经营等内容分类），将六大会计要素全部融入开发过程中的每一项经济行为，对企业实际核算工作具有较强的指导作用。

选择按房地产开发流程来写作，还因为《房地产企业全程纳税筹划》出版以后深受广大读者的欢迎，按经营业务流程来编写的思路得到了读者的肯定。本书突破传统的写法，正是受到了读者的鼓励，同时也是我们给读者的回馈。

二、依据《企业会计准则》编写，并结合房地产企业实际案例进行讲解

在实际工作中，有的企业执行《企业会计准则》，有的则执行《企业会计制度》或《行业会计制度》，甚至有企业同时执行以上三种不同的标准，从而导致会计处理方法的不统一。本书中所有涉及的会计处理方法，均力求符合新准则的要求。

做实务的人士经常会有这样的感觉，准则中规定的会计处理方法看着很明白，但具体操作时却很茫然。为使理论与实际有效对接，本书结合房地产企业实际案例，对会计核算的内容和标准进行讲解。这样便于读者理解与掌握，增强了本书的可操作性。

三、弥补了有关经营性物业会计核算方面的空白

近年来，经营性物业的开发在我国得到了迅猛发展，越来越多的房地产企业从单纯销售开发战略向销售与持有并举的混合开发战略转型。在此背景下，有关经营性物业会计核算能力的不足已成为制约房地产企业会计核算水平提升的瓶颈。本书对经营性物业开发全过程（包括经营性物业抵押贷款、持有物业建设开发、持有物业后续经营等）涉及的会计核算进行了详细的研究和介绍，使本书涵盖的内容更加全面，体系更加完整。

本书力求做到能准确、全面地指导房地产企业的实际核算工作，满足房地产企业财务会计人员实际工作的需要，也期盼本书能成为广大房地产企业财会工作者的良师益友。

本书的完成得益于理论界和实务界众多朋友的关心、支持和帮助，在此表示衷心感谢！

由于笔者水平不限，本书难免会有许多不足之处，希望广大读者批评指正。

作者

目录

第一章 房地产企业会计核算概论

第二章 房地产企业基本核算

第三章 房地产企业开发模式的核算

第四章 房地产企业项目融资的核算

第五章 房地产企业成本的核算

第六章 房地产企业土地整理的核算

第七章 房地产企业销售物业的核算

第八章 房地产企业持有物业的核算

第九章 房地产企业纳税业务的核算

第十章　房地产企业利润的核算

第十一章　房地产企业财务报表

1 CHAPTER 第一章 房地产企业会计核算概论

第一节 房地产企业的经营特点

房地产企业是专门从事房地产开发和经营的企业。房地产包括房产和地产。不同的房地产企业具有不同的经营模式，但总体上可以划分为以下两类：

- 销售物业模式：通过土地购买、规划设计、组织施工、竣工验收、产品销售等五个阶段，将开发完成的房地产移交给购买者，并一次性取得销售收入。
- 自持物业模式：将开发完成的房地产留作自用，通过出租、联营、自营等方式分期取得经营收入。

1992年实行市场经济以后，我国的房地产业得到了迅猛发展，但始终局限于销售物业模式，这时的房地产企业仅仅是开发商，买进卖出，企业没有自己的资产。而进入21世纪以来，越来越多的房地产企业选择了自持物业模式，并完成了从开发商向不动产商的转变。这也是本书将企业定位为房地产企业而非房地产开发企业的原因。同样，本书所研究的会计核算不仅涉及传统的销售物业，同时也涉及新兴的自持物业。

一、房地产企业经营活动的主要业务

房地产企业可以将土地和房屋合在一起开发，也可以将土地和房屋分别开发。它既是房地产产品的生产者，又是房地产商品的经营者。房地产企业经营活动的主要业务有：

● 土地的开发与经营：企业将有偿获得的土地开发完成后，既可有偿转让给其他单位使用，也可自行组织建造房屋和其他设施，然后作为商品作价出售，还可以开展土地出租业务。

● 房屋的开发与经营：房屋的开发指房屋的建造，房屋的经营指房屋的销售与出租。企业可以在开发完成的土地上继续开发房屋，开发完成后，可作为商品作价出售或出租。企业开发的房屋，按用途可分为商品房、出租房、安置房和代建房等。

● 城市基础设施和公共配套设施的开发：房地产企业可以开发能有偿转让的大配套设施，也可以开发建设不能有偿转让的、为开发产品服务的公共配套设施。

● 代建工程的开发：代建工程的开发是企业接受政府和其他单位委托，代为开发的工程。

二、房地产项目的运作流程

房地产企业将自有资金投资于具体的房地产项目，包括立项、规划、土地出让或转让、建设、销售或自营等一系列的经济行为，其运作流程主要包括以下几个阶段：

（一）前期准备阶段

前期的准备工作主要包括房地产项目的立项规划审批、设计施工、市场规划、土地出让或转让等。同时，房地产企业要根据具体情况对投资来源、建设方式、经营模式等方面进行详细的规划和战略决策。前期准备阶段是项目运作的首要环节，也是决定项目成败的关键因素。

（二）建设施工阶段

在该阶段，房地产企业要根据已经确定的规划和设计方案，通过自建、委托代建、发包等方式完成开发产品的建设过程，并使其达到验收标准。该阶段是房地产项目运作的中心环节。

（三）销售或自持阶段

对于销售物业模式，房地产企业通过出售房地产，回笼资金、实现利润；而对于自持物业模式，房地产企业通过招商、招租、开办企业等方式，取得租金或经营收入。

三、房地产企业的经营特点

（一）前期准备阶段的特点

● 开发的前提是取得土地，目前主要实行招、拍、挂方式，向政府缴纳土地出让金并取得国有土地使用权证。

● 房地产企业的开发产品在建设前须经政府审批。一般企业在生产产品或提供服务之前无须报政府审批，具有充分的自主权。而房地产企业在开工前，要通过政府的立项审批和规划审批。

● 用地审批要对企业产品的规模、种类进行审批，取得用地规划许可证、建设工程规划许可证及施工许可证。

（二）建设阶段的特点

● 开发过程中受到政府相关部门的控制。在建设过程中受到环保、卫生、城管、建委、土地管理等行政部门的监控。

● 开发产品只有通过政府的验收才可交付购买者。经过消防审批、卫生审批、工程验收、竣工备案等环节后，开发产品才可上市交易。

● 市政部门的产品和服务是开发产品的重要组成部分。水、电、热、燃气、通信等配套设施必须达到使用条件，房地产企业的开发产品才能交付使用。

● 对产品的设计要委托专业的规划设计和建筑设计机构来完成。施工要委托具有相应资质的施工企业来完成。

● 建设周期长，投资大。房地产项目的建设周期一般都很长，整个过程往往几年才能全部完成。房地产企业在开发过程中，一方面，需要投入大量的购地资金；另一方面，开发产品本身的造价很高，又需要不断地投入建设资金，因而，房地产项目的投资额往往都非常大。

（三）销售阶段的特点

● 销售分为预售和现房销售两个阶段，预售即通常所说的期房销售，是指开发商在建设工程竣工之前进行销售。现房销售即开发商在开发产品完工后进行销售。由于预售可以提前回收资金，目前开发商大多采用此种销售方式。

• 商品房预售实行许可证制度。开发商进行商品房预售，应当向政府房产管理部门办理预售登记，取得“商品房预售许可证”。

• 产品交付应以开发产品通过政府审批，即取得政府的竣工验收后才得以实现。另外，开发商还要落实物业管理公司及物业管理方案。

（四）持有阶段的特点

房地产企业开发建设的开发产品，除了对外进行销售转让外，还可能存在长期持有的情况。一般情况下，房地产企业长期持有的物业仅包括经营性物业，而不包括住宅物业。

所谓经营性物业，就是指经营性、收益性房屋，如写字楼、商场、购物中心、购物广场以及工业厂房和仓库等。相对于作为最终消费品的住宅而言，经营性物业具有长期收益的特点。房地产企业持有物业的特点如下：

• 为了规避经营性物业分割销售带来的经营风险，一般情况下，房地产企业持有的经营性物业规模较大。如果经营性物业规模较小，房地产企业可以直接将其进行销售，因其一般不具有持有的价值。

• 房地产企业对持有的经营性物业，存在两种经营方式，一是对外出租，取得租金收入；二是进行自营，取得自营收入。

• 持有物业一般具有增值的特性。房地产企业一般是长期持有经营性物业，而不是短期持有。持有物业在开发建设完成时，因不具备商业氛围，一般价值较低，但经过较长的培育期后，持有物业将产生很大幅度的增值。

• 持有物业可以产生并为房地产企业提供充足的现金流。在宏观经济调控之下，房地产企业的可持续经营能力面临考验，依靠内生资金提升业绩、扩展规模的企业更容易受到投资者的青睐。而内生资金主要来源于企业自有经营性物业产生的长期收益。

四、房地产企业的财务特点

（一）资金管理的特点

● 房地产项目投资巨大，仅仅依靠房地产企业的自有资金远远不能满足项目的投资需求，一般都要向银行进行融资。而房地产开发贷款是房地产企业主要的融资品种。开发贷款的使用对象，就是房地产企业具体的开发项目。

● 在开发产品未完工前，一般需要通过预售取得销售回款，并将其投入后期的开发建设中。

● 资金支出的重点内容是地价款、建筑安装支出和税费。地价款的来源一般为企业的自有资金，建筑安装工程及税费的支出来源为开发贷款和预售回款。

（二）财务风险的特点

● 现金流风险。由于开发产品的投资巨大，因此，对于房地产企业来讲，现金流断流是企业面临的最重要的财务风险。所以，保持现金流稳定是房地产企业财务管理的重要内容。

● 盈利风险。在施工过程中，施工合同一般只是暂定价，最终价格需要在竣工结算后才能确定，而工程完工后，房地产企业与施工单位对结算值往往存在不同程度的争议。因此，房地产项目的利润只有在竣工结算完成后才能准确确定，平时对利润的预测有可能存在较大的误差。

● 销售风险。不动产的可变现能力较差，如果企业开发的产品不被市场认可，开发产品无法更改，造成产品积压，变现困难。另外，房地产企业的销售对金融政策的依赖程度很高。如很多消费者要通过银行按揭贷款来支付房款，银行按揭政策的变动直接影响产品的销售情况。

第二节　房地产企业会计核算的特点

房地产企业会计核算与其他行业会计核算的不同，在于核算的对象不同，房地产企业会计核算的对象是房地产项目，其特点在于投入资金多、风险大，为此，在项目的规划阶段，必须对项目的投资与成本费用进行准确的估算，以便作出经济效益评价、投资决策。这种估算就是通常所讲的房地产开发项目投资费用估算，而项目投资费用估算与项目会计核算之间既存在千丝万缕的联系，又存在一定的差异，因此，我们首先要了解项目投资费用估算的一般内容和方法。

一、房地产开发项目投资费用估算

由于房地产开发项目的投资过程就是房地产商品的生产过程，因而其投资估算与成本费用估算不可截然分开，应合二为一。房地产开发项目投资与成本费用估算的范围包括土地购置成本、土地开发成本、建筑安装工程造价、管理费用、销售费用、财务费用及开发期间的税费等全部投资。

房地产建设项目各项费用的构成复杂，变化因素多、不确定性大，依建设项目的类型不同而有其自身的特点，因此不同类型的建设项目，其投资和费用构成有一定的差异。对于一般房地产开发项目而言，投资及成本费用由开发成本和开发费用两大部分组成。

（一）开发成本

1. 土地使用权出让金

国家以土地所有者身份，将一定年限内的土地使用权有偿出让给土地使用者。土地使用者支付土地出让金的估算可参照政府前期出让的类似地块的出让金数额并进行时间、地段、用途、临街状况、建筑容积率、土地出让年限、周围环境状况及土地现状等因素的修正得到；也可依据所在城市人民政府颁布的城市基准地价或平均标定地价，根据项目所在地段等级、用途、容积率、使用年限等因素修正得到。

2. 土地征用及拆迁安置补偿费

土地征用费。国家建设征用农村土地发生的费用主要有土地补偿费、劳动力安置补助费、水利设施维修分摊、青苗补偿费、耕地占用税、耕地垦复基金、征地管理费等。农村土地征用费的估算可参照国家和地方有关规定进行。

拆迁安置补偿费。在城镇地区，国家和地方政府可以依据法定程序，将国有储备土地或已由企、事业单位或个人使用的土地出让给房地产开发项目或其他建设项目使用。因出让土地使原用地单位或个人造成经济损失，新用地单位应按规定给予补偿。它包括两部分费用，即拆迁安置费和拆迁补偿费。

3. 前期工程费

前期工程费为项目的规划、设计、可行性研究所需费用。一般可以按项目总投资额的一定百分比估算。通常规划及设计费为建安工程费的3%左右，水文地质勘探费可根据所需工作量结合有关收费标准估算。

"三通一平"等土地开发费用。主要包括地上原有建筑物、构筑物拆除费用、场地平整费用和通水、通电、通路的费用等。这些费用可以根据实际工作量，参照有关计费标准估算。

4. 建安工程费

它是指直接用于建安工程建设的总成本费用。主要包括建筑工程费（建筑、特殊装修工程费）、设备及安装工程费（给排水、电气照明、电梯、空调、燃气管道、消防、防雷、弱电等设备及安装）以及室内装修工程费等。在可行性研究阶段，建安工程费可采用单元估算法、单位指标估算法、工程量近似匡算法、概算指标估算法以及类似工程经验估算法等估算。

5. 基础设施费

基础设施费又称红线内工程费，包括供水、供电、供气、道路、绿化、排污、排洪、电信、环卫等工程费用，通常采用单位指标估算法来计算。

6. 公共配套设施费

它主要包括不能有偿转让的开发小区内公共配套设施发生的支出。其估算可参照建安工程费的估算方法。

7. 不可预见费

它包括基本预备费和涨价预备费。依据项目的复杂程度和前述各项费用估算的准确程度，以上述1～6项之和为基数，按3%～5%计算。

8. 开发期间税费

开发项目投资估算应考虑项目在开发过程中所负担的各种税金和地

方政府或有关部门征收的费用。在一些大中城市，这部分费用在开发建设项目投资构成中占较大比重。应根据当地有关法规标准估算。

（二）开发费用

开发费用是指与房地产开发项目有关的管理费用、销售费用和财务费用。

1. 管理费用

可以项目开发成本构成中前1～6项之和为基数，按3%左右计算。

2. 销售费用

它指开发建设项目在销售产品过程中发生的各项费用以及专设销售机构或委托销售代理的各项费用。主要包括以下三项：

- 广告宣传费。约为销售收入的2%～3%。
- 销售代理费。约为销售收入的1.5%～2%。
- 其他销售费用。约为销售收入的0.5%～1%。

以上各项销售费用合计约占销售收入的4%～6%。

3. 财务费用

它指为筹集资金而发生的各项费用，主要为借款利息和其他财务费用（如汇兑损失等）。

为了便于对房地产建设项目各项支出进行分析和比较，常把估算结果以汇总表的形式列出。

房地产开发项目投资估算的作用主要体现为以下三点：

- 是筹集建设资金和金融部门批准贷款的依据；
- 是确定设计任务书的投资额和控制初步设计概算的依据；
- 是可行性研究和在项目评估中进行技术经济分析的依据。

二、房地产项目会计核算的特点

（一）开发模式决定会计核算

建设方式和经营模式可以统称为开发模式，不同的开发模式涉及的会计核算方法也存在较大的差异。例如，对于开发任务，是成立分公司还是成立子公司进行管理，其会计核算方法存在根本的不同。

子公司是相对于母公司而言的，具有独立法人资格；分公司是相对于总公司而言的，没有独立法人资格，一般不具有独立核算条件，企业所得税由总公司汇总缴纳。对于房地产企业来讲，负责具体项目开发的子公司，通常叫做项目公司；而负责具体项目开发的分公司，通常叫做项目经理部。

目前大多数房地产企业在开发项目时，选择成立项目公司，即子公司。如果成立分公司，它们会担心分公司的开发业务涉及的纳税风险乃至经营风险牵连到总公司。但随着我国公司法的不断完善，以及房地产企业抵抗风险能力的不断加强，越来越多的大型房地产企业会选择分公司的开发模式。

（二）销售核算与自营核算并存

房地产企业对于开发的产品有两种处理方式，一是对外进行销售，二是留作自用或自营。针对这两种不同的方式，企业会计核算的方法也不尽相同。

如果房地产企业开发的项目全部为自持物业，则企业应按照固定资产建设进行操作和处理。然而，大部分房地产企业的开发项目为综合性项目，购买的土地是一宗地，在这一宗地上既要建设销售物业，也要建设自持物业。这就存在销售核算与自营核算并存的现象。

（三）开发节点与收入、成本核算

房地产企业的会计核算与其他行业企业相比，在收入与成本结转上存在差异。开发产品的建设周期长，建设过程中的预售收入作为预收账款处理，并在项目竣工后结转为销售收入。开发建设中的支出计入开发成本，在项目竣工后结转为销售成本。因此，从会计核算的角度看，项目开发节点对房地产企业会计核算结果将产生直接的影响。

（四）针对总承包单位的核算

房地产企业在进行项目开发时，一般不是自行建造产品，而是与具体的建筑施工企业签订建筑施工合同，委托施工企业进行施工建设，这就是我们通常讲的承发包关系。对于规模较大、施工要求复杂的房地产施工工程，需要有不同的专业施工单位进行分工合作，但为了便于管理，一般由一家具有资金和技术实力的施工单位总承包，然后再由总承包单位将工程分包给其他施工单位。在房地产企业与施工企业间的承发包关系中存在着诸多会计核算问题，针对承包单位的核算将对房地产企业的开发成本产生直接的影响。

（五）非持续经营假设

作为房地产企业来讲，开发完一个项目，可能会在很长时间都没有新的项目进行开发，另外，有些房地产企业的开发模式是开发一个项目就成立一个新的项目公司，从而造成了房地产企业的非持续经营，这违背了会计假设中的持续经营假设。因此，房地产企业的会计核算与其他行业企业的会计核算相比，其本质具有很大不同。

（六）借款费用的核算

房地产行业是资金密集型的行业，房地产企业在开发项目时要投入大量的资金，除了房地产企业具备一定数量的自有资金外，一般情况下要通过银行贷款筹措资金。因此，借款费用是房地产项目开发成本中较大的支出项目之一，借款费用的核算对于房地产企业来讲至关重要。

（七）公共配套设施的核算

为了满足购房者除居住外的其他需求，房地产企业在开发项目时，往往会在开发区域内建造一些配套设施。房地产企业将其提供给居民作为有偿或无偿使用，一般不会对外转让这些配套设施的产权。对于房地产企业在开发区内建造的配套设施，有以下两种处理方式：一是房地产企业自留产权，房地产企业可以取得这部分资产的经营收益；二是房地产企业不留产权，房地产企业不能取得这部分资产的经营收益。以上不同的处理方式，其会计核算方法也存在较大差异。

2 CHAPTER 第二章 房地产企业基本核算

第一节 货币资金的核算

货币资金是房地产企业在生产经营过程中处于货币形态的资产，它可立即作为支付手段并被普通接受，因而最具有流动性。它由库存现金、银行存款、其他货币资金组成。由于货币资金是现实的支付手段，而房地产企业又是资金密集型的企业，所以货币资金的核算和管理对于房地产企业来讲至关重要。

一、库存现金的核算

库存现金是指房地产企业为了满足房地产开发经营过程中零星支付需要而保留的现金，其实就是存放在房地产企业财务部门，由出纳人员保管，用于企业日常开销的零用现金。

库存现金的核算，分为总分类核算和明细分类核算。

（一）库存现金的总分类核算

库存现金的总分类核算是通过设置“库存现金”科目进行的。“库存现金”是资产类科目，借方反映库存现金的增加，贷方反映库存现金的减少，本科目期末借方余额，反映房地产企业持有的库存现金。

房地产企业内部周转使用备用金的，不在“库存现金”科目中核算，可以单独设置“备用金”科目，也可以在“其他应收款”科目中设置明细科目核算。

房地产企业增加库存现金，借记“库存现金”科目，贷记“银行存款”等科目；减少库存现金，做相反的会计分录。

房地产企业库存现金增加的业务，主要包括两个方面：一是从银行提取现金；二是收取客户的售房款。房地产企业库存现金减少的业务，主要包括发放工资、支付差旅费等。

【例 2-1】 2012 年 6 月 7 日，中联房地产公司从银行提取现金 30 000 元。应根据现金支票存根填制付款凭证，会计分录如下：

借：库存现金　　30 000
　贷：银行存款　　30 000

【例 2-2】 2012 年 6 月 10 日，中联房地产公司收到客户交存的购房款 20 000 元，根据公司所开发票的记账联填制收款凭证，会计分录如下：

借：库存现金　　20 000
　贷：预收账款　　20 000

【例 2-3】 2012 年 6 月 15 日，中联房地产公司以现金支付 5 月份员工工资 50 000 元，应根据工资表填制付款凭证，会计分录如下：

借：应付职工薪酬——应付工资　　50 000
　贷：库存现金　　50 000

【例 2-4】 2012 年 6 月 17 日，中联房地产公司员工刘利报销出差费用 800 元，根据差旅费报销单填制付款凭证，会计分录如下：

借：管理费用——差旅费　　800
　贷：库存现金　　800

（二）库存现金的明细分类核算

明细分类核算是通过设置现金日记账进行的。现金日记账是反映和监督现金收支结存的序时账，必须采用订本式账簿，并为每一账页顺序编号，防止账页丢失或随意抽换，也便于查阅。

现金日记账一般采取收、付、存三栏式格式，由出纳人员根据审核后的原始凭证或现金收款凭证、付款凭证逐日逐笔序时登记；对于从银行提取现金的业务，一般编制银行存款的付款凭证，并据以登记现金日记账。每日终了应计算本日现金收入、支出的合计数和结存数，并同实存现金进行核对，做到日清月结，保证账款相符。

所有的收付款凭证应由出纳人员送交会计人员，作为登记总分类账的依据。总分类账户中“库存现金”科目余额应与现金日记账的余额相等。

（三）库存现金盈亏的核算

为了保证企业库存现金的安全，房地产企业要定期对出纳员保管的库存现金进行盘点核对，如果出现短缺、溢余的情况，要通过“待处理财产损溢——待处理流动资产损溢”科目进行核算。

“待处理财产损溢”科目核算房地产企业在清查财产过程中查明的各种财产盘盈、盘亏和毁损的价值。通常设置两个明细科目，即“待处理固定资产损溢”、“待处理流动资产损溢”。库存现金的盈亏应通过“待处理流动资产损溢”明细科目进行核算。待处理财产损溢在未报经批准前与资产直接相关，在报经批准后与当期损溢直接相关。

盘盈的库存现金，借记“库存现金”科目，贷记“待处理财产损溢——待处理流动资产损溢”科目。盘亏的库存现金，借记“待处理财产损溢——待处理流动资产损溢”科目，贷记“库存现金”科目。

盘盈的库存现金，按管理权限报经批准后处理时，借记“待处理财产损溢——待处理流动资产损溢”科目，贷记“营业外收入”、“其他应付款”等科目。盘亏的库存现金，按管理权限报经批准后处理时，借记“其他应收款”、“营业外支出”等科目，贷记“待处理财产损溢——待处理流动资产损溢”科目。库存现金的盈亏，应查明原因，在期末结账前处理完毕，处理后“待处理财产损溢——待处理流动资产损溢”科目应无余额。

【例 2-5】 2012 年 6 月 20 日，中联房地产公司财务部对库存现金盈点时，发现库存现金短缺 3 000 元，并及时向公司领导报告，在未查明原因前，会计分录如下：

借：待处理财产损溢——待处理流动资产损溢　　3 000

　贷：库存现金　　3 000

【例 2-6】 2012 年 6 月 21 日，中联房地产公司财务部对库存现金短缺 3 000 元的原因进行调查，查明是属于出纳员私自挪用库存现金造成的，会计分录如下：

借：其他应收款——应收现金短缺款　3 000

　贷：待处理财产损溢——待处理流动资产损溢　3 000

【例 2-7】 2012 年 6 月 25 日，中联房地产公司财务部对库存现金盈点时，发现库存现金溢余 1 000 元，并及时向公司领导报告，在未查明原因前，会计分录如下：

借：库存现金　1 000

　贷：待处理财产损溢——待处理流动资产损溢　1 000

【例 2-8】 2012 年 6 月 26 日，中联房地产公司财务部对库存现金溢余 1 000 元的原因进行调查，查明是属于应支付给有关人员或单位的，会计分录如下：

借：待处理财产损溢——待处理流动资产损溢　1 000

　贷：其他应付款——应付现金溢余　1 000

（四）备用金的核算

备用金是指房地产企业财务部门按照内部规定拨付给其所属单位、部门或个人周转使用的现金。房地产企业根据自身管理要求，对备用金可以单独设置“备用金”科目，也可以在“其他应收款”科目中设置明细科目进行核算。

房地产企业为了方便经营，一般都会拨付给营销部门和工程部门一定额度的备用金，使用备用金的部门定期报销，由财务部门及时补足备用金额度。

【例 2-9】 2012 年 6 月 28 日，中联房地产公司财务部对其下属的营销部实行备用金制度，拨付备用金 20 000 元，会计分录如下：

借：备用金——营销部　20 000

　贷：库存现金　20 000

【例 2-10】 2012 年 6 月 30 日，中联房地产公司营销部在 6 月份共使用备用金 15 200 元，并持相关报销单据向公司财务部报销费用。财务部经审核并以库存现金补足营销部备用金额度，会计分录如下：

借：销售费用　15 200

　贷：库存现金　15 200

二、银行存款的核算

银行存款是指房地产企业存放在银行和其他金融机构的货币资金。按照国家现金管理和结算制度的规定，每个企业都要在银行开立账户，称为结算户存款，企业通过该账户办理现金的存取款业务和与其他单位之间的收支业务。

银行存款的核算，分为总分类核算和明细分类核算。

（一）银行存款的总分类核算

银行存款的总分类核算是通过设置“银行存款”科目进行的。“银行存款”是资产类科目，借方反映银行存款的增加，贷方反映银行存款的减少，本科目期末借方余额，反映房地产企业存在银行或其他金融机构的货币资金。

房地产企业将货币资金存入银行或其他金融机构，借记“银行存款”科目，贷记“库存现金”、“预收账款”等科目；从银行或其他金融机构提取和支出货币资金，借记“库存现金”、“生产成本”等科目，贷记“银行存款”科目。

房地产企业涉及银行存款增加的业务，主要包括：

- 将企业收取的现金存入银行或其他金融机构；
- 收取客户用转账方式支付的可售物业售房款；
- 收取客户用转账方式支付的持有物业租金。

房地产企业涉及银行存款减少的业务，主要包括支付地价、工程等成本类支出以及费用和税金类支出。

【例 2-11】 2012 年 6 月 9 日，中联房地产公司取得购房客户交存的一张金额为 100 万元的转账支票，财务人员及时将其存入公司开户银行。根据进账单、发票记账联填制收款凭证，会计分录如下：

借：银行存款　　1 000 000

　贷：预收账款　　1 000 000

【例 2-12】 2012 年 6 月 12 日，中联房地产公司将其开发并持有的购物中心物业一层出租给天美公司，按照租赁合同，天美公司当日通过电汇形式将租金 200 万元汇入中联房地产公司的开户银行。中联公司应根据开户银行出具的入账通知、公司所开发票的记账联填制收款凭证，会计分录如下：

借：银行存款　　2 000 000

　贷：其他业务收入　　2 000 000

【例 2-13】 2012 年 6 月 19 日，中联房地产公司通过电汇形式向国友建筑公司支付工程进度款 500 万元，中联公司应根据电汇回单及国友公司提供的发票填制付款凭证，会计分录如下：

借：生产成本　　5 000 000

　贷：银行存款　　5 000 000

【例 2-14】 2012 年 6 月 22 日，中联房地产公司为支付广告费，向一佳广告公司开出了一张金额为 20 万元的转账支票。中联公司应根据支票存根及一佳广告公司提供的发票填制付款凭证，会计分录如下：

借：销售费用——广告费　　200 000

　贷：银行存款　　200 000

（二）银行存款的明细分类核算

明细分类核算是通过设置银行存款日记账进行的。银行存款日记账是反映和监督企业银行存款收支结存的序时账，必须采用订本式账簿，并为每一账页顺序编号，防止账页丢失或随意抽换，也便于查阅。

房地产企业应当按照不同的开户银行和其他金融机构、不同的存款种类，分别设置银行存款日记账。银行存款日记账一般采取收、付、存三栏式格式，由出纳人员根据审核后的原始凭证或银行存款收款凭证、付款凭证逐日逐笔序时登记。每日终了应结出余额，银行存款日记账应定期与银行对账单核对，至少每月核对一次。月末，企业银行存款账面余额与银行对账单之间如有差额，应按月编制“银行存款余额调节表”，并调节相符。

所有的收付款凭证应由出纳人员送交会计人员，作为登记总分类账的依据。总分类账户中“银行存款”科目余额应与银行存款日记账的余额相等。

三、其他货币资金的核算

其他货币资金是指除现金、银行存款以外的其他各种货币资金。其他货币资金包括外埠存款、银行汇票存款、银行本票存款、信用证保证金存款、信用卡存款、存出投资款和在途货币资金等。

- 外埠存款是企业到外地进行临时或零星采购时，汇往外地银行开设采购专户的款项。
- 银行汇票存款是汇款人将款项交存当地银行，由银行签发给汇款人持往异地办理转账结算或支取现金的票据，在尚未办理结算之前的票据存款。
- 银行本票存款是指企业为取得银行本票按规定存入银行的款项。企业办理银行本票，需将款项交存开户银行。本票存款实行全额结算，本票存款额与结算金额的差额一般采用支票或其他方式结清。
- 信用证保证金存款是指采用信用证结算方式的企业为开具信用证而存入银行信用证保证金专户的款项。
- 信用卡存款是指企业为取得信用卡而存入银行信用卡专户的款项。
- 存出投资款是指企业已存入证券公司但尚未进行投资的资金。
- 在途货币资金是指企业与其他单位和个人之间汇解款项，在月终尚未到达，处于在途的资金。

（一）房地产企业的其他货币资金

由于所处行业的特点不同，房地产企业不同于生产或商业企业，一般不存在外埠存款、银行汇票存款、银行本票存款、信用证保证金存款、信用卡存款、存出投资款等其他货币资金。而房地产企业的其他货币资金主要体现为以下两类：

- 受限资金：包括保函保证金、履约保证金、银行承兑汇票保证金、按揭保证金、银行贷款保证金及其他受限资金。
- 在途资金：包括 POS 刷卡资金以及企业与其他单位和个人之间汇解款项，在月终尚未到达，处于在途的资金。

对于房地产企业来讲，一方面，收取银行按揭款是销售回款的主要渠道；另一方面，房地产企业为了融资的需要，往往以银行承兑汇票方式对外支付工程款或设备款。因此，按揭贷款保证金和银行承兑汇票保证金是房地产企业货币资金的重要组成部分。

（二）房地产企业其他货币资金的核算

为了单独反映房地产企业其他货币资金的收入、付出和结存情况，应设置“其他货币资金”账户进行核算。该账户为资产类账户，借方登记其他货币资金的增加数；贷方登记其他货币资金的减少数；期末借方余额，反映其他货币资金的结存数。

在该账户下，根据房地产企业的特点，应设置“按揭贷款保证金”、“银行承兑汇票保证金”、“在途货币资金”等明细账户，进行明细核算。

各项保证金等受限资金于解除当日转至“银行存款”内，POS刷卡资金等在途资金于到账后转至“银行存款”内。

1. 按揭贷款保证金的核算

房地产企业在收到按揭贷款银行出具的入账通知时，按进入企业按揭贷款结算户的金额，借记“银行存款”科目，按进入企业按揭贷款保证金户的金额，借记“其他货币资金——按揭贷款保证金”科目，按银行发放的按揭贷款总额，贷记“预收账款”等科目。

当按揭贷款购房人所购商品房产权证办理完成，并办理了抵押登记，按揭贷款银行将保证金转入按揭贷款结算户后，根据转入金额，借记“银行存款”科目，贷记“其他货币资金——按揭贷款保证金”。

【例2-15】 2012年6月22日，中联房地产公司收到银行发放的购房人李宏按揭贷款总计70万元，其中按揭贷款结算户收到63万元，保证金户收到7万元（保证金比例为10%）。应根据按揭贷款银行开具的入账通知填制收款凭证，会计分录如下：

借：银行存款	630 000
其他货币资金——按揭贷款保证金	70 000
贷：预收账款	700 000

【例2-16】 2013年6月30日，中联房地产公司为购房人李宏办理了商品房产权证，并办妥了按揭贷款银行的抵押登记手续。银行将按揭

贷款保证金7万元，由按揭贷款保证金账户转入按揭贷款结算户。应根据按揭贷款银行开具的转账通知填制收款凭证，会计分录如下：

借：银行存款　　70 000

　贷：其他货币资金——按揭贷款保证金　　70 000

2. 银行承兑汇票保证金的核算

房地产企业开出银行承兑汇票，按银行承兑汇票票面金额，借记“生产成本”、“应付账款”等科目，贷记“应付票据”科目。按交付的银行承兑汇票保证金金额，借记“其他货币资金——银行承兑汇票保证金”科目，贷记“银行存款”科目。

银行承兑汇票到期，按房地产企业支付的票款，借记“应付票据”科目，按从银行承兑汇票保证金账户支付的金额，贷记“其他货币资金——银行承兑汇票保证金”科目，按从企业其他银行账户支付的金额，贷记“银行存款”科目。

【例 2-17】 2013年1月5日，中联房地产公司向银行申请开具了一张面额为100万元的银行承兑汇票，用于支付工程款。并按约定，向银行交付了50%，即50万元的保证金。应根据相应手续填制付款凭证，会计分录如下：

借：生产成本　　1 000 000

　贷：应付票据　　1 000 000

同时，

借：其他货币资金——银行承兑汇票保证金　　500 000

　贷：银行存款　　500 000

【例 2-18】 2013年7月4日，中联房地产公司开具的银行承兑汇票到期，银行收到贴现银行转来的账单，从中联房地产公司的基本户中扣划50万元，从保证金户扣划50万元。企业应根据相应手续填制付款凭证，会计分录如下：

借：应付票据　　1 000 000

　贷：银行存款　　500 000

　　其他货币资金——银行承兑汇票保证金　　500 000

3. 在途货币资金的核算

在途货币资金的核算一般只在月末结账时进行。企业收到其他单位和个人汇出款项的通知，但未收到开户银行收账通知的款项，属于在途货币资金。在月末结账时，企业应借记“其他货币资金——在途货币资金”账户，贷记有关账户；待下月初收到汇入款项时，再借记“银行存款”账户，贷记“其他货币资金——在途货币资金”账户。由于在途货币资金属于银行之间划拨款项时间差所引起，在途时间不会很长，月中发生的在途款项，可以不进行账务处理，以简化核算手续。

【例 2-19】 2013 年 6 月 30 日，中联房地产公司收到集团总部汇出款项通知，已汇出款项 5 000 万元，但中联公司开户银行当天未收到该款项。应根据集团总部汇出款项通知填制收款凭证，会计分录如下：

借：其他货币资金——在途资金　　50 000 000

　贷：其他应收款——内部往来　　50 000 000

【例 2-20】 2013 年 7 月 2 日，中联房地产公司收到汇款时，根据银行通知编制如下会计分录：

借：银行存款　　50 000 000

　贷：其他货币资金——在途资金　　50 000 000

第二节　职工薪酬的核算

一、职工薪酬的概念和内容

职工薪酬是指房地产企业为获得职工提供的服务而给予各种形式的报酬以及其他相关支出。

职工薪酬的范围如下：

- 职工工资、奖金、津贴和补贴。
- 职工福利费。
- 医疗保险费、养老保险费、失业保险费、工伤保险费和生育保险费等社会保险费。其中，养老保险费包括按国家规定的标准向社会保险经办机构缴纳的基本养老保险费，以及按企业年金计划向企业年金基金相关管理人缴纳的补充养老保险费。以购买商业保险形式提供给职工的各种保险待遇，也属于职工薪酬。

● 住房公积金。

● 工会经费和职工教育经费。

● 非货币性福利。包括企业以自产产品发放给职工作为福利、将企业拥有的资产无偿提供给职工使用、为职工无偿提供医疗保健服务等。

● 因解除与职工的劳动关系给予的补偿。

● 其他与获得职工提供的服务相关的支出。

二、工资及相关职工薪酬的核算

职工薪酬中最基础的内容是工资。工资包括一切构成工资总额的部分，如工资、奖金、津贴和补贴等。另外，与工资相关的职工薪酬还包括社会保险费和住房公积金。

(一) 工资的计算方法

1. 一般情况下工资的计算

应付月工资＝月标准工资－缺勤工资

缺勤工资＝日标准工资×缺勤天数

日标准工资＝月标准工资÷月标准工作日

月标准工作日为 21.75 天

2. 特殊情况下工资的计算

● 工伤工资：全额支付。

● 病假工资：按一定比例支付。

● 事假工资：无工资。

● 法定假日工资：全额支付。

● 加班工资：按一定倍数支付。

【例 2-21】 中联房地产公司实行的是固定月薪制，某员工固定月薪为 2 600 元，2013 年 5 月份该员工请事假 4 天。计算该员工 5 月份工资。

(1) 计算该员工日标准工资：

日标准工资＝2 600÷21.75＝119.54(元)

(2) 计算该员工缺勤工资：

缺勤工资＝119.54×4＝478.16(元)

(3) 计算该员工5月份工资：

应付月工资＝2 600－478.16＝2 121.84(元)

(二) 会计科目设置

设置“应付职工薪酬”一级科目，在其下根据工资、社会保险费、住房公积金等，设置二级科目，分别为：“应付工资”、“应付社会保险费”、“应付住房公积金”等。

房地产企业中营销部门人员职工薪酬在“销售费用”科目核算；房地产企业中项目、设计、工程、预算、材料等业务部门，直接组织和管理开发项目的管理人员职工薪酬在“开发间接费”科目核算；其他部门人员职工薪酬在“管理费用”科目核算。

(三) 会计核算方法

1. 计提工资及相关职工薪酬的核算

• 计提当月职工薪酬时：借记有关成本费用科目，贷记“应付职工薪酬——应付工资”科目。

• 计提当月社会保险费时：对于企业承担部分，借记有关成本费用科目，贷记“应付职工薪酬——应付社会保险费”科目。对于个人承担部分，借记“应付职工薪酬——应付工资”，贷记“其他应收款”科目。

• 计提当月住房公积金时：对于企业承担部分，借记有关成本费用科目，贷记“应付职工薪酬——应付住房公积金”科目。对于个人承担部分，借记“应付职工薪酬——应付工资”，贷记“其他应收款”科目。

• 代扣个人所得税时：借记“应付职工薪酬——应付工资”，贷记“应交税费——应交个人所得税”科目。

2. 发放工资及相关职工薪酬的核算

• 发放工资时：按实发工资金额，借记“应付职工薪酬——应付工资”科目，贷记“银行存款”科目。

● 缴纳社会保险费及住房公积金时：对于企业承担部分，借记“应付职工薪酬——应付社会保险费”科目和“应付职工薪酬——应付住房公积金”科目；对于个人承担部分，借记“其他应收款”科目。按缴纳的总额，贷记“银行存款”、“库存现金”等科目。

● 缴纳代扣个人所得税时：借记“应交税费——应交个人所得税”科目，贷记“银行存款”、“库存现金”等科目。

【例2-22】 中联房地产公司2012年5月份的工资总额为40万元，其中：营销部门人员工资为10万元，其他部门管理人员（不含直接组织和管理开发项目的管理人员）工资为30万元。

该公司按工资总额的30%为职工缴纳社会保险，按工资总额的10%为职工缴纳住房公积金。社会保险个人承担部分为工资总额的10%，住房公积金个人承担部分为工资总额的6%。该公司的发薪日为6月5日，公司代扣个人所得税1.2万元。

(1) 5月末计提当月职工薪酬时，编制如下会计分录：

借：管理费用　　300 000
　　销售费用　　100 000
　贷：应付职工薪酬——应付工资　　400 000

(2) 5月末计提当月社会保险费时，编制如下会计分录：

企业承担社会保险为12万元（40×30%），其中：营销部门为3万元，其他部门管理人员为9万元。会计分录为：

借：管理费用　　90 000
　　销售费用　　30 000
　贷：应付职工薪酬——应付社会保险费　　120 000

个人承担社会保险为4万元（40×10%），其中：营销部门为1万元，其他部门管理人员为3万元。会计分录为：

借：应付职工薪酬——应付工资　　40 000
　贷：其他应收款　　40 000

(3) 5月末计提当月住房公积金时，编制如下会计分录：

企业承担住房公积金为4万元（40×10%），其中：营销部门为1万元，其他部门管理人员为3万元。会计分录为：

借：管理费用　　30 000

销售费用　　　　　　　　　　　　　　　　　10 000

贷：应付职工薪酬——应付住房公积金　　　　　　40 000

个人承担住房公积金为 2.4 万元（40×6%），其中：营销部门为 0.6 万元，其他部门管理人员为 1.8 万元。会计分录为：

借：应付职工薪酬——应付工资　　　　　　　　24 000

贷：其他应收款　　　　　　　　　　　　　　24 000

(4) 5 月末计提代扣个人所得税时，编制如下会计分录：

借：应付职工薪酬——应付工资　　　　　　　　12 000

贷：应交税费——应交个人所得税　　　　　　　12 000

(5) 6 月 5 日发放工资时，编制如下会计分录：

发放工资时，“应付职工薪酬——应付工资”科目贷方余额 32.4 万元（40—4—2.4—1.2）。

借：应付职工薪酬——应付工资　　　　　　　　324 000

贷：银行存款　　　　　　　　　　　　　　　324 000

(6) 6 月份缴纳社会保险费及住房公积金时，编制如下会计分录：

借：应付职工薪酬——应付社会保险费　　　　　120 000

——应付住房公积金　　　　　　　　　　40 000

其他应收款　　　　　　　　　　　　　　　64 000

贷：银行存款　　　　　　　　　　　　　　　224 000

(7) 6 月份缴纳代扣个人所得税时，编制如下会计分录：

借：应交税费——应交个人所得税　　　　　　　12 000

贷：银行存款　　　　　　　　　　　　　　　12 000

三、其他职工薪酬的核算

其他职工薪酬包括职工福利费、工会经费和职工教育经费、非货币性福利、因解除与职工的劳动关系给予的补偿、其他与获得职工提供的服务相关的支出。

其他职工薪酬的核算，应设置“应付职工薪酬”一级科目，在其下根据薪酬类别如福利费、辞退补偿、带薪休假费用等，设置二级科目，如“应付辞退补偿”、“应付福利费”、“应付工会经费”、“应付职工教育经费”、“非货币性福利”、“股份支付”等。

（一）职工福利费、工会经费和职工教育经费的核算

1. 职工福利费的核算

职工福利费一般是用于改善职工生活条件的，对于非独立法人和非营利性的职工医院、浴室、食堂餐饮等发生的费用均可在福利费中列支。

房地产企业月末按照一定比例计提职工福利费，借记“管理费用”等科目，贷记“应付职工薪酬——应付福利费”科目。发生职工福利费支出时，借记“应付职工薪酬——应付福利费”科目，贷记“银行存款”等科目。

根据新企业会计准则有关规定，职工福利费属于职工薪酬的一种，房地产企业应当根据历史经验数据和实际情况，合理预提每月应付职工福利费，年末时根据实际情况作出调整：

- 当年实际发生金额大于预提金额的，应当补提应付职工福利费；
- 当年实际发生金额小于预提金额的，应当冲回多提的职工福利费。

2. 工会经费的核算

工会经费主要是指组织会员开展集体活动及会员特殊困难补助的费用。主要包括宣传活动、文体活动、工会行政费用及困难补助等支出。

如果房地产企业已成立工会的，企业每月应按全部职工实际工资总额的2%向本企业工会拨交工会经费。月末计提工会经费，借记“管理费用”等科目，贷记“应付职工薪酬——应付工会经费”科目。向本企业工会拨付工会经费时，根据工会开具的专用收据，借记“应付职工薪酬——应付工会经费”科目，贷记“银行存款”等科目。

没有成立工会组织的，如税务机关对工会经费实行代扣代缴的，应计提工会经费。如果不实行代扣代缴，企业可以计提工会经费，也可以不计提工会经费。如果计提工会经费，借记“管理费用”等科目，贷记“应付职工薪酬——应付工会经费”科目，实际支付时，借记“应付职工薪酬——应付工会经费”科目，贷记“银行存款”等科目。如果不计提工会经费，在实际支付时，借记“管理费用”等科目，贷记“银行存款”等科目。

3. 职工教育经费的核算

职工教育是指各种短训班、职工学校、广播电视大（中）学、函授大（中）学、夜大学等各种形式的职工教育。上述各种形式的职工教育所需经费，都应当按照规定的开支范围和经费来源，在职工教育经费内开支。职工教育经费按照工资总额的1.5%计提。

房地产企业月末按照一定比例计提职工教育经费，借记“管理费用”等科目，贷记“应付职工薪酬——应付职工教育经费”科目。发生职工教育经费支出时，借记“应付职工薪酬——应付职工教育经费”科目，贷记“银行存款”等科目。

【例2-23】 中联房地产公司2012年5月份工资总额为50万元（不包括营销人员以及直接组织和管理开发项目的管理人员工资），公司规定职工福利费、工会经费和职工教育经费的计提比例分别为14%、2%和1.5%。2012年6月份，该公司支付本公司食堂补助费30 000元；报销职工教育费用5 000元；该公司将计提的工会经费全额拨付给本公司工会。

（1）5月末计提三项费用，编制会计分录如下：

借：管理费用　87 500

　贷：应付职工薪酬——应付福利费　70 000

　　　　　　　　——应付工会经费　10 000

　　　　　　　　——应付职工教育经费　7 500

（2）6月份支付食堂补助，编制会计分录如下：

借：应付职工薪酬——应付福利费　30 000

　贷：银行存款　30 000

（3）6月初将工会经费拨付给工会，根据工会开具的专用收据，编制会计分录如下：

借：应付职工薪酬——应付工会经费　10 000

　贷：银行存款　10 000

（4）6月份报销职工教育费用，编制会计分录如下：

借：应付职工薪酬——应付职工教育经费　5 000

　贷：库存现金　5 000

(二) 非货币性福利的核算

非货币性福利通常是指企业提供给职工的实物福利、服务性福利、优惠性福利及有偿休假性福利等。

非货币性福利通过“应付职工薪酬——非货币性福利”科目核算。

1. 实物福利和优惠性福利的核算

房地产企业将开发的商品房无偿奖励给职工或给予职工购房优惠，根据商品房售价或优惠额度，借记“管理费用”等科目，贷记“应付职工薪酬——非货币性福利”科目。办理商品房过户手续时，借记“应付职工薪酬——非货币性福利”科目，贷记“主营业务收入”科目；同时还应结转商品房的成本，借记“主营业务成本”科目，贷记“库存商品”科目。

【例 2-24】 中联房地产公司 2012 年 12 月份出台职工购房优惠政策，凡本公司员工购买公司开发的“中联城”小区的商品房，均可享受每套减免 10 万元的优惠。该公司 2012 年共有 10 名员工（不包括营销人员以及直接组织和管理开发项目的管理人员）购买了该公司的商品房，总优惠金额为 100 万元。2013 年 5 月份，该商品房竣工并交付使用。

2012 年 12 月，编制会计分录如下：

借：管理费用　　1 000 000

　贷：应付职工薪酬——非货币性福利　　1 000 000

2013 年 5 月，编制会计分录如下：

借：应付职工薪酬——非货币性福利　　1 000 000

　贷：主营业务收入　　1 000 000

同时，还应结转商品房的成本。

2. 服务性福利的核算

房地产企业给职工提供服务性福利，如给企业高层管理人员配备汽车免费使用，计提折旧时，借记“管理费用”等科目，贷记“应付职工薪酬——非货币性福利”科目；同时借记“应付职工薪酬——非货币性福利”科目，贷记“累计折旧”科目。

【例 2-25】 中联房地产公司为公司高层管理人员共 10 人，每人配备一辆汽车免费使用。2013 年 5 月 30 日计提折旧，假定每辆汽车每月折旧1 000元，编制5月份会计分录如下：

借：管理费用　10 000

　贷：应付职工薪酬——非货币性福利　10 000

同时，

借：应付职工薪酬——非货币性福利　10 000

　贷：累计折旧　10 000

3. 有偿休假性福利的核算

对于可累积的带薪休假，年末应按照职工本年度未行使的累积带薪休假对应的工资金额，借记“管理费用”等科目，贷记“应付职工薪酬——非货币性福利”科目；职工行使累积带薪休假时，借记“应付职工薪酬——非货币性福利”科目，贷记“应付职工薪酬——应付工资”科目。

如果企业有以现金补偿未行使的职工累积带薪休假的规定，年末应按照职工本年度未行使的累积带薪休假对应的现金补偿金额，借记“管理费用”等科目，贷记“应付职工薪酬——非货币性福利”科目；实际支付现金补偿款时，借记“应付职工薪酬——非货币性福利”科目，贷记“银行存款”等科目。

【例2-26】 中联房地产公司规定，员工每年带薪假为5天，员工如未行使带薪假，则给予现金补偿。该公司2012年年末共有未行使的带薪假20天，按公司规定对应的现金补偿金额为3 000元（不包括营销人员以及直接组织和管理开发项目管理人员的补偿），该补偿款于2013年5月份支付。

2012年12月份，编制会计分录如下：

借：管理费用　3 000

　贷：应付职工薪酬——非货币性福利　3 000

2013年5月份，编制会计分录如下：

借：应付职工薪酬——非货币性福利　3 000

　贷：库存现金　3 000

（三）辞退员工补偿款的核算

企业可能出现提前终止劳务合同、辞退员工的情况，根据劳动协议，企业需要提供一笔资金作为补偿，这称为辞退福利。

1. 有计划辞退员工的核算

如果企业已经制定正式的解除劳动关系计划或提出自愿裁减建议，并即将实施，且企业不能单方面撤回解除劳动关系计划或裁减建议。制定计划或提出建议时，借记“管理费用”等科目，贷记“应付职工薪酬——应付辞退补偿”科目；实际支付补偿款时，借记“应付职工薪酬——应付辞退补偿”科目，贷记“银行存款”等科目。

【例 2-27】 中联房地产公司 2012 年 10 月份为应对金融危机，制定了正式的解除劳动关系计划，并于 11 月份开始实施，按照该计划预计支付补偿款 100 万元（不包括营销人员以及直接组织和管理开发项目管理人员的补偿）。该计划在 2013 年 6 月份完成，实际支付补偿款 90 万元。

（1）2012 年 10 月份，编制会计分录如下：

借：管理费用	1 000 000	
贷：应付职工薪酬——应付辞退补偿		1 000 000

（2）2013 年 6 月份，编制会计分录如下：

借：应付职工薪酬——应付辞退补偿	1 000 000	
贷：银行存款		900 000
以前年度损益调整		100 000

2. 临时辞退员工的核算

如果企业未制定正式的解除劳动关系计划或提出自愿裁减建议，或者企业可以单方面撤回解除劳动关系计划或裁减建议，制定计划或提出建议时，不能确认为企业的预计负债，只能在实际支付补偿款时，借记“管理费用”等科目，贷记“应付职工薪酬——应付辞退补偿”科目；同时，借记“应付职工薪酬——应付辞退补偿”科目，贷记“银行存款”等科目。

【例 2-28】 中联房地产公司 2013 年 6 月份辞退了一名员工，按规定支付其补偿金 5 000 元（不包括营销人员以及直接组织和管理开发项目管理人员的补偿），编制会计分录如下：

借：管理费用	5 000	
贷：应付职工薪酬——应付辞退补偿		5 000

同时，

借：应付职工薪酬——应付辞退补偿　　5 000

　贷：现金　　5 000

（四）股份支付的核算

股份支付是以股份为基础的支付，具体指企业为获取职工和其他方提供服务而授予权益工具或者承担以权益工具为基础确定的负债的交易。企业向其雇员支付期权作为薪酬或奖励措施的行为，是典型的股份支付交易。

1. 以现金结算股份支付的核算

以现金结算的股份支付是指企业为获取服务而承担的以股份或其他权益工具为基础计算的交付现金或其他资产的义务的交易，是用现金支付模拟的股权激励机制，即与股票挂钩，但用现金支付。

企业以现金与职工结算的股份支付，在等待期内每个资产负债表日，按当期应确认的成本费用金额，借记“管理费用”等科目，贷记“应付职工薪酬——股份支付”科目。在可行权日之后，以现金结算的股份支付当期公允价值的变动金额，借记或贷记“公允价值变动损益”科目，贷记或借记“应付职工薪酬——股份支付”科目。

企业以现金与职工结算的股份支付，在行权日，借记“应付职工薪酬——股份支付”科目，贷记“银行存款”、“库存现金”等科目。

【例 2-29】 中联房地产公司由于 2011 年企业效益大幅度上升，2012 年 3 月 10 日公司决定奖励企业生产员工（指直接组织和管理开发项目的管理人员），每人奖励普通股股票1 000 股，共计 470 000 股，该公司股票目前市场价格为 5 元/股。2013 年 5 月 10 日以现金结算股份支付，并办理支付手续，此时该企业股票的市场价格为 5.5 元/股。

(1) 2012 年 3 月 10 日。

应确认的成本费用金额＝5×470 000＝2 350 000(元)

借：开发间接费　　2 350 000

　贷：应付职工薪酬——股份支付　　2 350 000

(2) 2013 年 5 月 10 日。

公允价值变动金额＝(5.5－5)×470 000＝235 000(元)

借：公允价值变动损益　　　　　　　　　　　　　　　　235 000

　　贷：应付职工薪酬——股份支付　　　　　　　　　　　　235 000

同时，

借：应付职工薪酬——股份支付　　　　　　　　　　　2 585 000

　　贷：库存现金　　　　　　　　　　　　　　　　　　　2 585 000

2. *以权益结算股份支付的核算*

以权益结算的股份支付是指企业为获取服务而以股份或其他权益工具作为对价进行结算的交易。最常用的工具包括限制性股票和股票期权。

以权益结算的股份支付换取职工或其他方提供服务的，应按照确定的金额，借记“管理费用”等科目，贷记“资本公积——其他资本公积”科目。在行权日，应按实际行权的权益工具数量计算确定的金额，借记“资本公积——其他资本公积”科目，按计入实收资本或股本的金额，贷记“实收资本”或“股本”科目，按其差额，贷记“资本公积——资本溢价或股本溢价”科目。

【例 2-30】 中联房地产公司由于 2011 年企业效益大幅度上升，2012 年 3 月 10 日股东大会通过，经相关主管部门批准，准备以增发的股票奖励企业生产员工（指直接组织和管理开发项目的管理人员），每人奖励普通股股票 1 000 股，共计 470 000 股。该公司股票面值 1 元/股，目前市场价格为 5 元/股。2013 年 5 月 10 日，办理相关过户手续，将股票支付给职工。此时该企业股票的市场价格为 5.5 元/股。

(1) 2012 年 3 月 10 日。

应确认的成本费用金额 $=5\times470\ 000=2\ 350\ 000$(元)

借：开发间接费　　　　　　　　　　　　　　　　　　2 350 000

　　贷：资本公积——其他资本公积　　　　　　　　　　　2 350 000

(2) 2013 年 5 月 10 日。

由于股票价格上涨而增加的金额 $=(5.5-5)\times470\ 000=235\ 000$(元)

借：开发间接费　　　　　　　　　　　　　　　　　　235 000

　　资本公积——其他资本公积　　　　　　　　　　　2 350 000

贷：股本　　470 000

资本公积——股本溢价　　2 115 000

第三节　债权债务的核算

一、其他应收款的核算

其他应收款是企业应收、暂付给其他单位或个人的非购销活动的应收债权。主要包括不设置“备用金”科目的企业拨出的备用金、应收的各种赔款、罚款，应向职工收取的各种垫付款项，以及不符合预收性质而按规定转入的预付账款等。

企业应定期或者每年年终，对其他应收款进行检查，预计其可能发生的坏账损失，并计提坏账准备。

企业为反映和监督除应收票据、应收账款、预付货款以外的其他各种应收及暂付款项，设置“其他应收款”账户，借方登记所发生的各项其他应收、暂付款项，贷方登记收回或报销的各项其他应收、暂付款项，余额在借方，表示尚未收回或报销的其他应收或暂付款项。本账户可按其他应收款项目分类，并按不同的债务人设置明细账。

【例 2-31】　中联房地产公司职工陈成预借差旅费 4 000 元，根据有关借款单据，作会计分录：

借：其他应收款——陈成　　4 000

贷：库存现金　　4 000

【例 2-32】　上例中的陈成回来报销差旅费 3 800 元，并交回余款 200 元，根据有关报销单据，作会计分录：

借：管理费用　　3 800

库存现金　　200

贷：其他应收款——陈成　　4 000

【例 2-33】　中联房地产公司一台设备因火灾报废，根据保险协议，保险公司核定应赔款 320 000 元。根据有关保险等单据，作会计分录：

借：其他应收款　　320 000

贷：固定资产清理　　320 000

收到上述赔款的银行收账通知单时，作会计分录：

借：银行存款　　320 000

贷：其他应收款　　320 000

二、其他应付款的核算

企业除了应付票据、应付账款等主要与商品交易的应付款项外，还会发生一些与商品交易不具有直接关系的应付、暂收款项。主要包括：应付经营租赁租入固定资产的租金、租入包装物的租金、存入保证金、职工未领的工资、企业为职工代扣的款项（诸如水电费、托儿费等）、应付统筹退休金等。

为了正确核算企业应付、暂收的款项，企业需要设置"其他应付款"科目进行核算。同时，本科目还应按应付、暂收款项的类别、单位或个人设置明细账，进行明细核算。

例如企业从外部租入固定资产，按其租赁财产风险与报酬（或租赁期限长短、租赁财产的最终归属）的关系，将固定资产租赁分为经营租赁和融资租赁两大类。企业采用经营租赁方式租入的固定资产，其租金在未付以前，通过"其他应付款"科目处理。在结算出当期应付的租金后，借记"制造费用"（租入固定资产用于产品生产）、"管理费用"（租入固定资产用于管理和非生产）、"其他业务成本"（租入固定资产用于其他业务）等科目，贷记"其他应付款"科目。

【例 2-34】 中联房地产公司 2008 年 1 月 2 日与南方公司签订一项租赁合同，该合同规定，南方公司临街的一栋大楼租赁给中联公司用于办公，租期 2 年，月租金 5 万元，租约期满后，是否续租，再行商定。2008 年 3 月，中联公司的租金暂时未付，中联公司作会计分录如下：

借：管理费用　　50 000

贷：其他应付款——南方公司　　50 000

三、内部往来的核算

内部往来是指总部与分支机构之间的往来交易，是企业与内部所属各个独立核算的单位之间，或各内部独立核算单位彼此之间，由于工程价款结算、产品、作业和材料销售、提供劳务等作业所发生的各种应收、应付、暂付、暂收的往来款项。具体可分为非业务性质内部往来和业务性质内部往来两类。

（一）非业务性质内部往来的核算

如属于非业务性质的往来款（也包括因业务往来而收取的租赁保证金、押金、履约保证金等），双方企业应统一使用“其他应收款”科目核算，应收方借记“其他应收款——内部往来”科目，应付方贷记“其他应收款——内部往来”科目。

（二）业务性质内部往来的核算

如属于业务性质的往来款，应收方借记“应收账款”科目，应付方贷记“应付账款”科目，预收方贷记“预收账款”科目，预付方借记“预付账款”科目。

四、债务重组的核算

债务人由于经营不善等原因使企业出现暂时的财务困难，致使资金周转不灵，难以按期偿还债务，或难以全部履行其债务责任。债权人为了保护自己的利益，可以通过法律程序要求债务人破产，并参与清算财产的分配。但是，在有些情况下，债权人和债务人可以通过协商或经法院裁决，债权人作出某些让步，使债务人减轻债务负担，这称为债务重组。

所谓“让步”，是指债权人同意发生财务困难的债务人现在或将来以低于重组债务账面价值的金额偿还债务。债权人作出让步的原因主要有二：一是最大限度地收回债权；二是为缓解债务人暂时的财务困难，避免由于采取立即求偿的措施，致使债权上的损失更大。让步的结果是：债权人发生债务重组损失，债务人产生债务重组收益。让步是债务重组的重要特征。

实施债务重组主要有四种方式：

- 以资产清偿债务；

- 将债务转为资本；
- 修改其他债务条件，如减少债务本金、减少债务利息等；
- 以上三种方式的结合。

无论采用何种债务重组形式，债权人均在一定程度上做出了让步，以利于债务人渡过债务难关。

企业到期的应付账款、各种债务可以用资产或劳务以及举借新债予以清偿。企业由于资金周转遇到困难，在短期内难以偿还，经债权人、债务人双方协商或由法院裁决可以进行债务重组。现以“应付账款”科目为例，根据企业会计准则，企业与债权人进行债务重组时，应按以下规定处理。

修改后的《企业会计准则第 12 号——债务重组》规定，债务人债务重组收益直接计入当期损益。也就是说，债务重组收益应当作为利得，在“营业外收入”科目核算，增加企业利润。

（一）以现金清偿债务的核算

以低于应付债务账面的现金清偿债务的，企业应按应付债务的账面余额，借记“应付账款”科目，按实际支付的价款，贷记“银行存款”科目，按其差额计入当期损益，即：贷记“营业外收入——债务重组利得”科目。

【例 2-35】 2013 年 6 月 7 日，中联房地产公司欠中宏建筑公司工程款 5 000 万元，因中联公司房屋销售情况没有达到预期，无力支付该工程款。经双方协商，同意中联公司以 4 000 万元清偿该债务。中联公司根据有关原始凭证，编制会计分录如下：

借：应付账款	50 000 000	
贷：银行存款		40 000 000
营业外收入——债务重组利得		10 000 000

（二）以非现金资产清偿债务的核算

以非现金资产清偿债务的，债务人应当将重组债务的账面价值与转让的非现金资产公允价值之间的差额，计入当期损益。

对于房地产企业来讲，以非现金资产清偿债务通常表现为以房抵工程款。就是房地产企业将本企业开发的商品房折价为一定金额的工程款支付给施工企业。

需要指出的是，以相等的房屋抵偿应付账款，不是债务重组业务。以相等房屋抵偿应付账款应视同产品销售，即必须向债权人开具商品房销售专用发票并计算相关税金（如营业税、土地增值税、企业所得税等）。

【例 2-36】 2013 年 6 月 30 日，中联房地产公司开发的商品房正式竣工交付，该公司尚欠中宏建筑公司工程尾款 2 000 万元，因中联房地产公司商品房销售比例较低，公司暂无资金偿还上述欠款，经双方协商达成如下协议：

中联房地产以市场销售价格将价值 2 000 万元的商品房清偿上述债务。抵债房的成本为 1 500 万元。会计分录如下：

（1）结算债务。

借：应付账款——中宏建筑公司　　20 000 000

　贷：主营业务收入　　20 000 000

（2）结转成本。

借：主营业务成本　　15 000 000

　贷：库存商品　　15 000 000

企业实施债务重组业务，一定会有债务重组收益。假如上例以市场销售价格将价值为 1 800 万元的商品房清偿 2 000 万元的债务，就存在债务重组收益。会计分录如下：

（1）结算债务。

借：应付账款——中宏建筑公司　　20 000 000

　贷：主营业务收入　　18 000 000

　　营业外收入——债务重组利得　　2 000 000

（2）结转成本。

借：主营业务成本　　15 000 000

　贷：库存商品　　15 000 000

（三）将债务转为资本清偿债务的核算

将债务转为资本形成的股本溢价计入资本公积，形成的债务重组利得记入“营业外收入——债务重组利得”科目。

将债务转为资本，应按应付账款的账面余额，借记本科目，按债权人因放弃债权而享有的股权的面值总额，贷记“实收资本”或“股本”科目，按股份的公允价值总额与股本（或者实收资本）之间的差额，贷记“资本公积——资本（或股本）溢价”科目，按重组债务的账面价值与股份的公允价值总额之间的差额，贷记“营业外收入——债务重组利得”科目。

【例 2-37】 中联房地产公司欠中宏建筑公司工程款 1 000 000 元，双方达成协议，通过向中宏公司转让 50 000 股股票偿还该笔债务，股票面值为 1 元，股价为 15.5 元。

应计入股本的金额为＝1×50 000＝50 000(元)

由于股价高于面值，应计算股本溢价：

15.5 × 50 000－50 000＝725 000(元)

借：应付账款	1 000 000	
贷：股本		50 000
资本公积——股本溢价		725 000
营业外收入——债务重组利得		225 000

（四）以修改其他债务条件进行债务重组的核算

以修改其他债务条件进行债务重组的，修改其他债务条件后债务的公允价值小于债务重组前应付账款账面价值的，应将其差额计入当期损益，借记“应付账款”科目，贷记“营业外收入——债务重组利得”科目。

（五）以混合重组方式清偿债务的核算

以现金、非现金资产、债务转为资本和修改其他债务条件等方式（混合重组方式）的组合清偿某项债务的，债务人应当依次以支付的现金、转让的非现金资产公允价值、债权人享有股份的公允价值，冲减重组债务的账面价值，再按上述原则进行处理。

第四节　特殊事项的核算

一、政府补助的核算

新会计准则体系中《企业会计准则第 16 号——政府补助》将政府补助分为与资产相关的政府补助和与收益相关的政府补助。与资产相关的政府补助是指企业取得的、用于购建或以其他方式形成长期资产的政府补助。根据这个定义，房地产企业取得的政府专项拨款属于与资产相关的政府补助。

对于与资产相关的政府补助，政府补助准则第七条规定："与资产相关的政府补助，应当确认为递延收益，并在相关资产使用寿命内平均分配，计入当期损益。但是，按照名义金额计量的政府补助，直接计入当期损益。"

由此可见，企业收到的政府专项拨款应在"递延收益"科目核算，并自相关资产达到预定可使用状态起，在该资产使用寿命内平均分配，分次记入各期的"营业外收入"科目，增加企业利润。

【例 2-38】　2011 年 8 月 31 日，中联房地产公司收到政府下拨的财政补助款 12 000 万元，用于建设中联房地产公司所开发项目中的市政道路。所建道路于 2013 年 1 月 1 日竣工投入使用，预计使用年限为 20 年。中联公司根据有关原始凭证，编制会计分录如下：

(1) 2011 年 8 月 31 日收到政府补助款时：

借：银行存款　　120 000 000

　贷：递延收益　　120 000 000

(2) 2013 年 1 月份竣工投入使用时：

每月分配递延收益＝12 000÷20÷12＝50(万元)

借：递延收益　　500 000

　贷：营业外收入　　500 000

二、售楼处及样板房的核算

房地产企业销售开发产品时，售楼处和样板房是必不可少的，不同企业在售楼处和样板房的操作方式上有所不同。不同操作方式的会计核算方法如下：

（一）自建售楼处的核算

对于自建售楼处的建造和装修费用，分以下三种情况处理：

- 如确认后期将要拆除的临时设施，发生的建造成本和装修费用先在“在建工程”科目归集，投入使用后转入“长期待摊费用”科目，在预计受益期内按直线法摊销记入“销售费用”科目。临时设施拆除时，长期待摊费用余额以及拆除费用或收入，全部记入当期“销售费用”科目。

- 如确认使用后出售的，作为单独的成本核算对象按照建造开发产品处理。发生的建造成本和装修费用一并计入开发成本，销售后结转销售成本和销售收入进行配比。

- 能够办理产权且按相关合同约定收益权归房地产企业所有的，作为单独的成本核算对象，发生的建造成本和装修费用在“在建工程”科目归集，完工后转入“固定资产”科目，计提折旧记入“销售费用”科目，作为销售功能结束后，视实际情况继续作为固定资产核算或转入投资性房地产核算。

（二）利用开发产品作为售楼处或样板房的核算

利用开发产品暂作为售楼处或样板房使用的，按照建造开发产品处理，发生的装修费用计入该开发产品成本。

（三）外租售楼处的核算

外租售楼处发生的租金支出按合同约定确认记入“销售费用”科目，装修支出记入“长期待摊费用”科目，在租赁合同期内摊销记入“销售费用”科目。售楼处和样板房内购置的家具、电器支出，按照购置资产（固定资产、低值易耗品）进行核算并管理。

3 CHAPTER 第三章 房地产企业开发模式的核算

第一节　房地产开发模式

房地产企业的开发模式包括独立开发、合作开发和委托开发等。房地产企业最早一般均采用独立开发模式，但近年来随着市场环境和融资环境的不断变化，越来越多的企业采用合作开发或委托开发的方式进行项目开发。不同开发模式的组织形式以及相应的会计核算方法均有所不同，所以，我们首先要了解不同开发模式的运作方法。

一、独立开发模式

独立开发是指房地产企业独自完成从取得土地到开发建设的全过程。独立开发根据其开发主体的不同分为专营开发企业开发和单项开发企业开发两种类型。

（一）独立开发的分类

1. 专营开发企业

专营开发企业就是我们平常说的房地产开发公司，设立此类公司应具备下列条件：

- 注册资本不少于人民币 500 万元；
- 有八名以上持有资格证书的房地产、建筑工程等专业的技术经营管理人员；
- 有两名以上持有资格证书的专职会计人员。

专营开发企业作为开发主体连续开发或同时开发多个房地产项目，专营开发企业长期存在，经营活动不随项目开发周期而变化。

2. 单项开发企业

单项开发企业又称房地产开发项目公司，设立此类公司应具备下列条件：

- 已按规定取得开发项目；
- 注册资本不低于该项目投资总额的35%。

开发项目完成后，单项开发企业的房地产开发经营业务即行终止，并应当按规定办理注销登记。

（二）房地产开发用地取得方式

房地产开发用地取得一般包括国有土地使用权划拨、出让和转让三种方式，具体为：

1. 国有土地使用权划拨

国有土地使用权划拨是指县级以上人民政府依法批准，在土地使用者缴纳补偿、安置等费用后，将该幅土地交付其使用，或将土地使用权无偿交付给土地使用者使用的行为。

一般情况下，安居工程住房、经济适用房和城市基础设施、公用设施用地通过划拨方式取得。

2. 国有土地使用权出让

国有土地使用权出让是指土地使用者向国家交付土地使用权出让费用，国家将土地使用权在一定的年限内让予土地使用者的行为。

3. 国有土地使用权转让

国有土地使用权转让是指经县级以上人民政府和土地行政主管部门核准，已取得国有土地使用权的一方将其拥有的国有土地使用权有偿转让给另一方的行为。国有土地使用权转让包括土地转让和项目转让两种方式，具体如下：

- 土地转让：拥有土地的一方将其转让给另一方，办理土地使用权转移手续，并收取转让价款。
- 项目转让：已经获得立项批准的房地产开发项目，在项目公司股东或合作开发的收益人之间转让，或向他人转让其股权或合作开发权益的行为，包括以项目公司股权并购（兼并或收购）方式转让房地产开发项目和以项目合作各方权益比例的变更转让房地产开发权益两种方式。

二、合作开发模式

合作开发是指具有房地产开发资质的一方与提供建设用地使用权或提供资金、技术、劳务等的一方或多方在共担风险、共享收益条件下合作开发房地产项目，具体包括合伙制联建、项目公司开发、房屋参建等三种方式。

（一）合伙制联建

合伙制联建是指房地产开发企业提供资金、技术、劳务与提供土地的另一方合作进行开发，双方在合同中明确约定按比例分配房屋和土地使用权。

合作双方必须共同获得政府有关部门对土地使用、规划许可、项目施工许可等所有行政审批的批准。此类开发，法律审批手续复杂，合作开发合同简单，常常存在大量法律纠纷，且有相当一部分行为无效，不受法律保护，因此，目前房地产企业较少采用此方式。

（二）项目公司开发

项目公司开发是指提供资金、技术、劳务的一方与提供土地的另一方以组建法人资格的经济实体来合作进行房地产开发的行为。主要包括以下两种模式：

- 土地协议折价入股方式构成合作投资比；
- 土地评估作价入股方式构成合资投资比例。

（三）房屋参建

房屋参建是指参建人以参建名义对已经批准立项的房地产项目参与投资或预购房屋的行为。

合作开发的立项、规划选址、规划用地、建筑设计、施工许可，以及项目转让的土地使用人（股东或权益人）或者项目功能、用途等变更手续，均属于须经批准的行为，均须获得政府有关主管部门的许可或批准，并持有批准文件或证照。

三、委托开发模式

委托开发也称代建开发，是指拥有土地使用权的一方委托具有开发资质的一方进行开发。委托开发应具备下列条件：

- 订有委托代建合同，载明取费依据及标准；
- 所建房屋的基建计划与立项审批必须是下达给建设单位的，不发生土地使用权转移；
- 以委托方名义与施工单位结算工程价款；
- 不垫付建设资金。

第二节　独立开发的核算

出于控制投资风险和投资规模，确保投资效益的考虑，我国对固定资产投资实行项目资本金制度。项目资本金是指在投资项目总投资中，由投资者认缴的出资额，对投资项目来说是非债务性资金，项目法人不承担这部分资金的任何利息和债务。投资者可按其出资的比例依法享有所有者权益，也可转让其出资及其相应权益，但不得以任何方式抽回。目前对于房地产行业，实行的项目资本金比例为35%。

房地产企业独立开发模式中的开发主体包括专营开发企业和单项开发企业两种，在开发之前应完成资本投入，满足国家有关项目资本金的要求。

一、专营开发企业的核算

房地产开发企业取得土地并进行开发建设，往往同时或连续开发多个项目，与单项开发企业的不同在于项目资本金不是单独投入，而是由企业所有者权益构成一个或多个项目的资本金。

（一）项目资本金的构成

所有者权益包括实收资本、资本公积和留存收益，其中留存收益包括盈余公积和未分配利润。实收资本和资本公积一般来源于企业的资本投入，留存收益则来源于企业盈利产生的资本增值。也就是说，实收资本和资本公积与企业自身的生产经营无关，留存收益则是企业生产经营实绩的体现。

1. 实收资本

实收资本是指企业投资者按照企业章程或合同、协议的约定，实际投入企业的资本。我国实行的是注册资本制，因而，在投资者足额缴纳资本之后，企业的实收资本应该等于企业的注册资本。所有者向企业投入的资本，在一般情况下无需偿还，可以长期周转使用。

由于企业组织形式不同，所有者投入资本的会计核算方法也有所不同。除股份有限公司对股东投入的资本应设置“股本”科目外，其余企业均设置“实收资本”科目，核算企业实际收到的投资人投入的资本。

一般企业（指非股份有限公司）投入资本均通过“实收资本”科目核算。企业按照章程的规定，将投资者投入企业的资本记入“实收资本”科目的贷方。

企业收到投资者投入的资金，超过其在注册资本所占的份额的部分，作为资本溢价或股本溢价，在“资本公积”科目中核算，不记入“实收资本”科目。

2. 资本公积

资本公积是企业收到投资者的超出其在企业注册资本（或股本）中所占份额的投资，以及直接计入所有者权益的利得和损失等。资本公积包括资本溢价（或股本溢价）和直接计入所有者权益的利得和损失等。

在《企业会计准则》中资本公积的核算只设置两个明细科目：资本（或股本）溢价；其他资本公积。

“资本公积——资本溢价（股本溢价）”科目反映企业实际收到的资本（或股本）大于注册资本的金额。溢价发行股票的，如有发行费用，应在溢价收入中支付，即在扣除发行费用后，记入“资本公积——股本溢价”科目。“资本公积——资本溢价”科目核算的内容主要包括：

- 股东投资溢价；股票发行费用（冲减资本公积）。
- 同一控制下企业合并差额：借差，借记“资本公积”科目（不足冲减的，冲减留存收益）；贷差，贷记“资本公积”科目。

• “拨款转入”在“资本公积——资本溢价”科目中过渡。这里的拨款不是指政府补助，政府补助按新会计准则应当计入损益，不在资本公积中核算。

其他资本公积是指除资本溢价（或股本溢价）项目以外所形成的资本公积，其中主要包括直接计入所有者权益的利得和损失。“资本公积——其他资本公积”科目核算的内容主要包括：

• 以权益结算股份支付通过“资本公积——其他资本公积”科目过渡。

• “权益法”下，享有被投资企业除损益外的所有者权益变动的份额。

• 关联方交易时，交易价格显失公允的差额。

• “可供出售金融资产”的公允价值变动差额。

• 自用房地产或存货转为“投资性房地产”日公允价值大于原账面价值的差额。

• 其他“资本公积——资本溢价”科目不包括的内容。

执行新会计准则之后，新发生的经济业务形成的“其他资本公积”不能用于转增资本，只有“资本溢价”才能够转增资本。资本公积转增资本时，借记“资本公积——资本溢价”科目，贷记“实收资本（或股本）”科目。

3. 盈余公积

盈余公积是指企业按照规定从净利润中提取的积累资金。盈余公积按其用途，分为法定盈余公积和任意盈余公积。法定盈余公积在其累计提取额未达到注册资本的50%时，均应按净利润（扣除被没收的财产损失，支付各项税收的滞纳金和罚款，弥补企业以前年度亏损）的10%提取。除了按规定提取法定盈余公积外，还可在支付优先股股利后，根据公司章程或者股东大会决议，提取任意盈余公积。

开发企业从税后利润中提取的法定盈余公积和任意盈余公积，应在“盈余公积”科目下设置“法定盈余公积”、“任意盈余公积”两个二级科目进行核算。企业按照规定从净利润提取法定盈余公积和任意盈余公积时，借记“利润分配”科目下的“提取法定盈余公积”和“提取任意盈余公积”明细科目，贷记“盈余公积”科目下的“法定盈余公积”和“任意盈余公积”明细科目。

4. 未分配利润

可供投资者分配的利润，经过分配后，为未分配利润（或未弥补的亏损）。未分配利润可留待以后年度进行分配。企业如发生亏损，可以按规定由以后年度利润进行弥补。

企业在年末，应将“利润分配”科目下其他明细科目的余额转入该科目的“未分配利润”明细科目。结转后，除“未分配利润”明细科目外，该科目的其他明细科目应无余额。该科目年末贷方余额，反映企业历年结存的未分配利润；该科目年末借方余额，反映企业历年的未弥补亏损。

（二）项目资本金的收回

专营开发企业开发的项目结束后，该企业继续存在，不进行清算和解散。企业保留一般有两个原因：一是继续以该企业为主体进行其他项目的开发；二是企业在开发项目时，形成了自持物业。

专营开发企业开发的项目结束后，在企业继续存在的情况，股东需要先通过减资等方式收回项目资本金，待开发新的项目时再进行资本金投入。项目资本金的收回方式一般包括通过减资收回、通过往来收回和通过股权转让收回三种方式，其会计核算如下：

1. 通过减资收回资本金的核算

开发项目结束后，股东根据企业的实际情况，在保留企业的前提下，减少企业的注册资金。

企业根据股东会减资的决议，按减资的金额，借记“实收资本”科目，贷记“银行存款”、“其他应付款”等科目。如果企业形成的资本公积需要收回，应将该资本公积先转增资本，再按减资程序进行。

【例 3-1】 2012 年 6 月 30 日，中联房地产公司开发的项目结束，根据股东会决议，减资 5 000 万元。公司通过银行将 5 000 万元支付给其股东。中联公司根据有关原始凭证，编制会计分录如下：

借：实收资本　　50 000 000

　贷：银行存款　　50 000 000

2. 通过往来收回资本金的核算

对于独资房地产企业，因只有一个股东，可以将资金直接调回。

投资者减少资本金，应以实际支付给股东的金额，借记“其他应付款”科目，贷记“银行存款”科目。

【例 3-2】 2012 年 7 月 12 日，中联房地产公司所开发的项目已基本结束，为提高资金的使用效率，公司股东决定调回资金 6 亿元。该款项全部通过本公司的开户银行支付给股东。中联公司根据有关原始凭证，编制会计分录如下：

借：其他应付款　　600 000 000

　贷：银行存款　　600 000 000

3. 通过股权转让收回资本金的核算

专营开发企业在开发结束后，投资方将股权转让给物业公司，从而收回投入的资本金。

产权转让可以以账面净值为依据，也可以以重估价值为依据。如果以重估价值为依据，在清算时应先调整财产价值，借记（或贷记）“存货”、“固定资产”科目，贷记“累计折旧”科目，贷记（或借记）“清算损益”科目。下一步的工作是将“清算损益”转入“未分配利润”；将“未分配利润”、“资本公积”、“盈余公积”科目，按各方出资比例转入“实收资本”科目；并将出让方应收的资本由受让方发还给出让方。

【例 3-3】 中联房地产公司清算时的实收资本为 1 000 000 元，其中甲、乙方各投资 500 000 元，资本公积为 50 000 元，未分配利润为 20 000 元，经过清算发生清算损失净额 80 000 元，清算后乙公司的股权转让给物业公司。

(1) 结转清算损失时：

借：未分配利润　　80 000

　贷：清算损益　　80 000

(2) 按出资比例将“资本公积”及“未分配利润”转入“实收资本”科目：

借：实收资本——甲方投资　　5 000

　　　　　　——乙方投资　　5 000

　　资本公积　　50 000

　贷：未分配利润　　60 000

(3) 由物业公司将转让产权应得款项 495 000 元（500 000－5 000）

支付给乙方，中联公司会计分录如下：

借：实收资本——乙方投资　　495 000

　贷：实收资本——物业公司　　495 000

二、单项开发企业的核算

房地产企业投资成立项目公司，由项目公司取得土地并进行开发建设。其主要操作流程为成立项目公司、取得土地、开发建设、注销退出等。

（一）成立项目公司的核算

1. 项目公司设立的核算

房地产企业按照国家项目资本金的有关规定，投资设立项目公司。投资者投入企业的资本，按出资份额，全部计入“实收资本”科目。

以现金投入的资本，应以实际收到或者存入企业开户银行的金额，借记“银行存款”科目，贷记“实收资本”科目。“实收资本”金额构成了项目公司的资本金。

【例 3-4】　2012 年 6 月 7 日，中联房地产公司通过竞拍取得了上海某地块，地价为 4 亿元。该公司随即在上海注册了上海中联有限公司，确定注册资本为 5 亿元。上海中联有限公司收到中联房地产公司投入的资本 5 亿元，该款项全部存入本公司的开户银行。上海中联有限公司根据有关原始凭证，编制会计分录如下：

借：银行存款　　500 000 000

　贷：实收资本　　500 000 000

2. 项目公司购买土地的核算

房地产企业在成立项目公司之前，一般以本企业的名义参与土地的招拍挂，支付一定额度的保证金。待竞得土地后，成立项目公司，由项目公司与国土管理部门签订土地出让合同，支付剩余地价款，并取得土地证。

房地产企业支付的保证金作为代垫款项进行账务处理，借记“其他应收款”科目，贷记“银行存款”科目。收到项目公司归还的代垫保证金时，借记“银行存款”科目，贷记“其他应收款”科目。

项目公司支付剩余地价款时，借记“生产成本”等科目，贷记“银行存款”科目，按房地产企业垫付的保证金金额，借记“生产成本”等科目，贷记“其他应收款”科目，归还开发企业代垫保证金时，借记“其他应收款”科目，贷记“银行存款”科目。

【例 3-5】 2012 年 6 月 7 日，中联房地产公司通过竞拍取得了上海某地块，地价为 4 亿元，支付保证金 1 亿元。该公司随即在上海注册了上海中联有限公司，确定注册资本为 5 亿元，上海中联有限公司收到中联房地产公司投入的资本 5 亿元，与国土管理部门签订了《国有土地使用权出让合同》，并支付剩余地价款 3 亿元。

（1）中联房地产公司支付保证金时，会计分录如下：

借：其他应收款　　100 000 000

　贷：银行存款　　100 000 000

（2）中联房地产公司收到上海中联有限公司返还的保证金时，会计分录如下：

借：银行存款　　100 000 000

　贷：其他应收款　　100 000 000

（3）上海中联有限公司支付剩余地价款时，会计分录如下：

借：生产成本　　300 000 000

　贷：银行存款　　300 000 000

（4）上海中联有限公司签订《国有土地使用权出让合同》并收到中联房地产公司代垫凭据时，会计分录如下：

借：生产成本　　100 000 000

　贷：其他应收款　　100 000 000

（5）上海中联有限公司归还中联房地产公司代垫保证金时，会计分录如下：

借：其他应收款　　100 000 000

　贷：银行存款　　100 000 000

（二）收购项目公司的核算

除成立项目公司直接通过招拍挂的方式取得土地以外，房地产企业往往还可以通过收购拥有土地的公司的股权而达到取得土地的目的。

按照相关规定，购买其他企业的全部股权时，如果被购买企业保留法人资格，则被购买企业应当按照评估确认的价值调整有关资产的账面价值。因此，项目公司完成收购后，应对其账面上的土地进行重新评估，并进行相应账务处理。

房地产企业收购项目公司股权，按支付的股权款，借记“长期股权投资”科目，贷记“银行存款”科目。项目公司对土地进行资产评估增值，按增值部分金额，借记“无形资产”等科目，贷记“资本公积”科目。完成股权变更手续时，借记“实收资本——原股东”科目，贷记“实收资本——新股东”科目。

【例 3-6】 2012 年 6 月 12 日，中联房地产公司收购世纪公司 100% 的股权，世纪公司注册资金 10 000 万元，收购价 30 000 万元。世纪公司账面土地价值 10 000 万元，收购日对该土地评估后双方确认土地价值为 30 000 万元。

（1）中联房地产公司收购股权时，会计分录如下：

借：长期股权投资　　300 000 000

　贷：银行存款　　300 000 000

（2）世纪公司土地评估后，会计分录如下：

借：无形资产　　200 000 000

　贷：资本公积　　200 000 000

（3）世纪公司完成股权变更手续后，会计分录如下：

借：实收资本——原股东　　100 000 000

　贷：实收资本——中联公司　　100 000 000

（三）项目公司注销退出的核算

项目公司注销退出就是将全部财产变卖，将净收入分配给投资方作为归还的资本金。

企业的清算可暂设“清算损益”科目进行核算，借方登记清算过程中为进行清算工作而发生的各项支出，包括清算机构的开支，聘请会计师、律师的费用，财产处理损失等，贷方登记清算收益，包括财产变现收益等，差额转入“未分配利润”科目，最后将未分配利润分配给投资方。

企业完全解散应收回各种应收款项，偿付各项负债，变卖所有财产物资，最后将剩余的现金按出资比例分配给所有投资人。

【例 3-7】 2012 年 8 月 30 日，中联房地产公司解散时的实收资本为 6 亿元，未分配利润为 1 亿元。经过清算和变卖全部剩余资产净损失 2 000 万元（其中包括清算费用、财产溢缺、变卖损失等），清算后将剩余资本归还给投资方。

（1）结转清算损失时：

借：未分配利润　　20 000 000

　贷：清算损益　　20 000 000

（2）将“未分配利润”转入“实收资本”科目时：

借：未分配利润　　80 000 000

　贷：实收资本　　80 000 000

（3）归还剩余资本 68 000 万元（60 000＋8 000）时：

借：实收资本　　680 000 000

　贷：银行存款　　680 000 000

资本金偿还以后，清理工作即告结束。项目公司可以申请进行公司注销登记。

【例 3-8】 中联房地产公司解散时的实收资本为 1 000 000 元，其中甲方、乙方各投资 500 000 元，资本公积为 50 000 元，未分配利润为 20 000 元。经过清算和变卖全部剩余资产净损失 200 000 元（其中包括清算费用、财产溢缺、变卖损失等），清算后将剩余资本归还给投资双方。

（1）结转清算损失时：

借：未分配利润　　200 000

　贷：清算损益　　200 000

（2）按出资比例将“资本公积”科目及“未分配利润”科目转入“实收资本”科目时：

借：实收资本——甲方投资　　65 000

　　　　　——乙方投资　　65 000

　资本公积　　50 000

　贷：未分配利润　　180 000

（3）归还各方剩余资本各 435 000 元（500 000－65 000）时：

借：实收资本——甲方投资　　435 000

——乙方投资　　　　435 000

贷：银行存款　　　　870 000

资本金转让或偿还以后，清理工作即告结束。企业清算终了如果清算收益大于清算损失，应依法缴纳所得税。企业应按优先股股份面值对优先股进行分配，分配后剩余部分按普通股股东的持股比例进行分配。中外合作企业按合同中约定在合作期内一方先行收回投资的，必须按照法律规定或合同约定承担企业的债务责任。在缴纳所得税前收回投资的，须报经主管财政机关审批。

第三节　合作开发的核算

一、合伙制联建的核算

合伙制联建是指房地产企业提供资金、技术、劳务与提供土地的另一方合作进行开发，双方在合同中明确约定按比例分配房屋和土地使用权。

双方以各自拥有的土地使用权和房屋所有权相互交换，账务处理分析如下：

- 出地方以转让土地使用权为代价，换取部分房屋的所有权，发生了转让土地使用权的行为，出地方应按土地转让进行账务处理。
- 出资方以转让部分房屋的所有权为代价，换取了土地的使用权，发生了销售不动产的行为，出资方也应按土地转让价格进行房屋销售处理。
- 出地方和出资方将分得的房屋对外进行销售，均应按房屋销售进行账务处理。

（一）提供土地方的核算

提供土地方按双方确认的土地价值作土地使用权转让处理，借记“其他应收款”科目，贷记“其他业务收入”等科目，同时按土地账面价值，借记“其他业务成本”等科目，贷记“无形资产”等科目。

提供土地方取得分配的房屋按资产购置处理，借记“固定资产”等科目，贷记“其他应收款”科目。如将分配的房屋对外进行销售，借记“银行存款”科目，贷记“其他业务收入”等科目，同时，借记“其他业务成本”等科目，贷记“固定资产”等科目。

【例3-9】 世纪公司与中联房地产公司合作建房，世纪公司提供土地使用权，实际土地成本3 000万元，作价4 000万元，中联公司提供资金4 000万元。两公司约定，房屋建好后，双方均分，房屋总销售成本7 000万元。双方签订合作建房合同。

（1）世纪公司转让土地使用权，会计分录如下：

借：其他应收款　　40 000 000

　贷：其他业务收入　　40 000 000

同时结转土地成本，会计分录如下：

借：其他业务成本　　30 000 000

　贷：无形资产　　30 000 000

（2）世纪公司分得房屋时，会计分录如下：

借：固定资产　　40 000 000

　贷：其他应收款　　40 000 000

（二）提供资金方的核算

提供资金方按双方确认的土地价值作土地购置处理，借记“生产成本”等科目，贷记“其他应付款”等科目。向提供土地方分配房屋时，借记“其他应付款”等科目，贷记“主营业务收入”科目，同时结转房屋销售成本，借记“主营业务成本”科目，贷记“库存商品”科目。

【例3-9续】 中联房地产公司作为提供资金方，其账务处理如下：

（1）中联公司购置土地时，会计分录如下：

借：生产成本　　40 000 000

　贷：其他应付款　　40 000 000

（2）向世纪公司分配房屋时，会计分录如下：

借：其他应付款　　40 000 000

　贷：主营业务收入　　40 000 000

同时结转房屋销售成本，总销售成本7000万元，分配给世纪公司房屋销售成本为3 500万元，会计分录如下：

借：主营业务成本　　35 000 000

　贷：库存商品　　35 000 000

二、项目公司开发的核算

项目公司开发模式分为新成立项目公司方式和收购项目公司方式，具体为：

- 新成立项目公司方式：出资方以资金入股，提供土地方以土地入股，双方注册成立项目公司，由项目公司进行房地产开发，最终进行利润分配。
- 收购项目公司方式：出资方以现金形式收购拥有土地公司的部分股权，成为拥有土地公司的股东，由拥有土地公司作为项目公司进行房地产开发。

项目公司开发的主要操作流程为成立项目公司、开发建设、利润分配等。

（一）新成立项目公司的核算

投资者以土地投入的资本，应按投资各方确认的价值，借记有关资产科目，贷记“实收资本”科目。土地作价入股方式包括土地协议折价入股和土地评估作价入股两种。

【例3-10】　2012年6月12日，中联房地产公司与世纪公司达成合作开发协议，中联公司以其拥有的某地块的土地使用权作为投资，世纪公司以现金1亿元作为投资，共同成立联世房地产开发公司对该地块进行开发。该地块经双方确认的价值为2亿元，联世公司的注册资本为3亿元，根据合作开发协议规定，中联公司和世纪公司分别占公司股权的60%和40%。联世公司收到世纪公司投入的资本1亿元，该款项全部存入本公司的开户银行。该地块所有权已变更为联世公司。联世公司根据有关原始凭证，编制会计分录如下：

借：银行存款　　100 000 000

　　无形资产　　200 000 000

贷：实收资本——中联公司 180 000 000

——世纪公司 120 000 000

（二）收购项目公司的核算

收购方按收购价款，借记"长期股权投资"科目，贷记"银行存款"科目；项目公司变更股东，借记"实收资本——原股东"科目，贷记"实收资本——新股东"科目。

【例 3-11】 2012 年 6 月 12 日，中联房地产公司与世纪公司达成合作开发协议，中联公司拥有的某地块双方确认价值为 2 亿元，中联公司注册资金为 3 亿元，世纪公司以现金 1 亿元收购中联房地产公司 40%的股权。

（1）世纪公司收购中联公司股权时，会计分录如下：

借：长期股权投资 120 000 000

贷：银行存款 100 000 000

营业外收入 20 000 000

（2）中联公司变更股权时，会计分录如下：

借：实收资本——原股东 120 000 000

贷：实收资本——世纪公司 120 000 000

（三）利润分配的核算

利润分配是指按股权比例或公司章程中约定的比例分配利润。合作企业之间不得在合同中约定提供土地使用权或资金的当事人不承担经营风险，只收取固定利益。

利润分配通过"利润分配"科目进行，其借方反映分配到各个方面的利润，如提取法定盈余公积、提取任意盈余公积和应付股利等，贷方反映本年利润的结转及用盈余公积弥补的亏损等。如果企业"本年利润"为负数，发生亏损，应将这部分亏损结转到"利润分配"科目的借方。"利润分配"科目的期末余额如果在借方，表示历年积存的未弥补亏损，如果在贷方，则表示历年积存的未分配利润。为了详细反映企业利润的分配情况，"利润分配"科目应按利润的分配去向设置以下 6 个明细科目：

- 盈余公积补亏。
- 提取法定盈余公积。
- 提取任意盈余公积。
- 应付现金股利或利润。
- 转作股本的股利。
- 未分配利润。

1. 本年利润结转的核算

为了反映企业历年累积的未分配利润，在“利润分配”科目中，设置了“未分配利润”二级科目。年度终了，企业应将全年实现的利润，自“本年利润”科目的借方转入“利润分配——未分配利润”科目的贷方，即：借记“本年利润”科目，贷记“利润分配——未分配利润”科目。发生亏损，则作如上相反的分录。

经批准用税前利润弥补亏损或用净利润弥补亏损时，不需专门进行账户处理，以后年度实现利润弥补亏损时，将“本年利润”科目转入“利润分配——未分配利润”的贷方，其贷方发生额与“利润分配——未分配利润”的借方余额自然弥补。

【例 3-12】 2012 年 12 月 31 日，中联房地产公司全年实现税前利润 8 000 万元，无企业所得税纳税调整事项。2010 年以前每年均盈利，2011 年年度亏损 2 000 万元，“利润分配——未分配利润”科目 2012 年期初余额为借方 1 500 万元。根据有关原始凭证，编制会计分录如下：

(1) 2011 年亏损的所得税处理：

$$2\ 000\times25\%=500(\text{万元})$$

借：递延所得税资产　　5 000 000

　　贷：所得税费用　　5 000 000

(2) 2012 年所得税处理：

借：所得税费用　　5 000 000

　　贷：递延所得税资产　　5 000 000

$$\text{中联房地产公司 2012 年应缴纳企业所得税}=(8\ 000-2\ 000)\times25\%$$
$$=1\ 500(\text{万元})$$

借：所得税费用　　15 000 000

　贷：应交税费　　15 000 000

同时：

借：本年利润　　60 000 000

　贷：利润分配——未分配利润　　60 000 000

可供分配的利润＝本年利润－以前年度累计亏损

＝6 000－1 500＝4 500(万元)

2. 提取法定盈余公积和任意盈余公积的核算

项目公司从税后利润中提取的法定盈余公积和任意盈余公积，应在"盈余公积"科目下设置"法定盈余公积"、"任意盈余公积"两个二级科目进行核算。企业按照规定从净利润提取法定盈余公积和任意盈余公积时，借记"利润分配"科目下的"提取法定盈余公积"和"提取任意盈余公积"明细科目，贷记"盈余公积"科目下的"法定盈余公积"和"任意盈余公积"明细科目，会计分录如下：

借：利润分配——提取法定盈余公积

　　　　　　——提取任意盈余公积

　贷：盈余公积——法定盈余公积

　　　　　　——任意盈余公积

【例3-13】 2012年12月31日，中联房地产公司分别按可供分配的利润6 000万元的10%和5%提取法定盈余公积和任意盈余公积。根据有关原始凭证，编制会计分录如下：

法定盈余公积＝6 000×10%＝600(万元)

任意盈余公积＝6 000×5%＝300(万元)

借：利润分配——提取法定盈余公积　　6 000 000

　　　　　　——提取任意盈余公积　　3 000 000

　贷：盈余公积——法定盈余公积　　6 000 000

　　　　　　——任意盈余公积　　3 000 000

3. 向投资者分配利润或股利的核算

股票股利分配方案和现金股利分配方案在董事会决议时，不进行账务处理，作为资产负债表日后非调整事项在会计报表附注中披露。现金股利分配方案待股东大会批准后再进行账务处理，股票股利待股东大会批准并办妥增资手续后再进行账务处理。

核算应分配给优先股和普通股股东的现金股利时，应记入“利润分配——应付现金股利或利润”科目的借方和“应付股利”科目的贷方：

借：利润分配——应付现金股利或利润

　　贷：应付股利

【例 3-14】 2012 年 12 月 31 日，中联房地产公司分别支付优先股股利 1 000 万元和普通股股利 2 000 万元。根据有关原始凭证，编制会计分录如下：

借：利润分配——应付现金股利或利润	30 000 000	
贷：应付股利		30 000 000

4. 未分配利润的核算

企业在年末，应将“利润分配”科目下其他明细科目的余额转入该科目的“未分配利润”明细科目。结转后，除“未分配利润”明细科目外，该科目的其他明细科目应无余额。该科目年末贷方余额，反映企业历年结存的未分配利润；该科目年末借方余额，反映企业历年的未弥补亏损。

股份制企业股东大会批准的利润分配方案与已入账的董事会提请批准的报告年度利润分配方案不一致时，其差额应当调整批准年度会计报表有关项目的年初数。调整增加的利润分配数，记入“利润分配——未分配利润”科目的借方和“盈余公积”等科目的贷方；调整减少的利润分配数，作相反分录入账。

【例 3-15】 2012 年 12 月 31 日，中联房地产公司将“利润分配”科目的其他二级账户转入“未分配利润”二级科目。根据有关原始凭证，编制会计分录如下：

借：利润分配——未分配利润	60 000 000	
贷：利润分配——提取法定盈余公积		6 000 000
——提取任意盈余公积		3 000 000
——应付股利		30 000 000
——转作股本的股利		21 000 000

期末“利润分配”科目下的“未分配利润”二级科目的余额为零。

三、房屋参建的核算

房屋参建包括两种情况：一种是增资扩股方式，即参建方对项目进行投资入股，分配利润；另一种是房屋预购方式，即以参建名义投入资金，分配房屋。

（一）增资扩股方式的核算

增资扩股情况下，新加入投资者出资额，按约定份额，记入“实收资本”科目，大于约定份额的部分，记入“资本公积——资本溢价”科目。由于企业创办者承担了初创阶段的巨大风险，同时在企业内部形成留存收益，新加入的投资者将享有这些利益，就要求其付出大于原有投资者的出资额，才能取得与原有投资者相同的投资比例。

有限责任公司增加资本金时，须经股东会的决议。股东认缴新增资本的出资，按照设立有限责任公司缴纳出资的规定进行。股东可以用货币增资，也可以用实物、土地使用权等作价增资。对作为增资的实物或土地使用权，必须进行评估作价，依照有关规定办理。股东的增资只能将其按约定投资比例计算的部分，作为其投人的资本金，记入“实收资本”科目的贷方；实际缴付的增资额超出其资本金的差额，为资本溢价，应将它记入“资本公积”科目的贷方。

【例 3-16】 2012 年 7 月 12 日，中联房地产公司为达到国家规定的资本金比例，公司股东会形成决议，拟增加注册资金 2 亿元。中联公司收到增加投入的资本 2 亿元，该款项全部存入本公司的开户银行。中联公司根据有关原始凭证，编制会计分录如下：

借：银行存款　　200 000 000

　贷：实收资本　　200 000 000

【例 3-17】 2012 年 6 月 12 日，中联房地产公司注册资金为 1 亿元，账面实收资本为 1 亿元。2012 年 12 月 31 日，公司股东会形成决议，拟增加注册资金 5 000 万元，其中甲公司认缴 2 000 万元，乙公司认缴 3 000 万元。中联公司收到增加投入的资本 5 000 万元，该款项全部存入本公司的开户银行。中联公司根据有关原始凭证，会计分录如下：

借：银行存款　50 000 000
　贷：实收资本——甲公司　20 000 000
　　　　　　——乙公司　30 000 000

【例 3-18】 中联房地产公司的注册资本为 10 000 万元，甲、乙、丙、丁投资者各缴付资本金 2 500 万元，经营两年以后，该企业共提取了盈余公积 1 000 万元，这时有新投资者有意参加该企业共同开发经营，并表示愿意出资 3 000 万元而仅取得该企业 20%的权益，则在会计上，应将新投资者投入的 2 500 万元作为资本金记入“实收资本”科目，出资额超出其资本金的 500 万元（3 000 万元−2 500 万元）作为资本公积记入“资本公积——资本溢价”科目，作如下分录入账：

借：银行存款　30 000 000
　贷：实收资本　25 000 000
　　　资本公积——资本溢价　5 000 000

（二）房屋预购方式的核算

房地产企业以本企业为主体联合其他企业、单位、个人合资开发房地产项目，双方约定由合资方投入一定额度的资金，开发产品完工后，房地产企业将一定数量的房屋分配给合资方。这种方式实质上对于房地产企业来讲属于房屋预售行为，应比照房屋预售业务进行会计核算。

房地产企业收到合资方投入资金时，借记“银行存款”科目，贷记“预收账款”等科目。开发产品完工后向合资方分配房屋时，按合资方投入资金金额，借记“预收账款”等科目，贷记“主营业务收入”科目，同时结转成本，借记“主营业务成本”科目，贷记“库存商品”科目。

【例 3-19】 2011 年 2 月，中联房地产公司在开发中联小区的过程中，因为资金不足，吸收世纪公司投资入股，世纪公司投入资金 7 000 万元，双方约定，房产建成，中联公司分给世纪公司房产 30 000 平方米，2012 年 11 月，中联小区开发完成，世纪公司按协议分得 30 000 平方米，该小区每平方米成本 2 150 元。

(1) 收到世纪公司投入资金时，会计分录如下：

借：银行存款　　　　70 000 000

　贷：预收账款　　　　70 000 000

(2) 开发完成分配房屋时，会计分录如下：

借：预收账款　　　　70 000 000

　贷：主营业务收入　　　　70 000 000

同时结转开发成本：

结转开发成本＝3万平方米×2 150元/平方米＝6 450(万元)

借：主营业务成本　　　　64 500 000

　贷：库存商品　　　　64 500 000

第四节　委托开发的核算

委托开发也称代建开发，是指拥有土地使用权的一方委托具有开发资质的一方进行开发。对于委托方是委托开发，对于受托方是受托代建，所以，以下分为受托代建的核算和委托开发的核算。

一、受托代建的核算

受托代建的具体操作有以下两种：

• 结算价款方式，是指受托方与委托方全额结算代建房成本，收取结算价款；

• 代建管理费方式，是指代建房成本由委托方自行负责，受托方仅收取代建管理费。

操作方式不同，核算的方法也有所不同。

(一) 结算价款方式的核算

代建工程是指房地产企业接受委托单位的委托，代为开发的各种工程，包括土地、房屋、市政工程等。房地产企业发生的各项代建工程支出和对代建工程分配的开发间接费用，应记入“生产成本——代建工程开发成本”科目的借方和“银行存款”、“应付账款”、“库存材料”或

"原材料"、"应付工资"、"开发间接费用"等科目的贷方。同时应按成本核算对象和成本项目分别归类计入各代建工程开发成本明细分类账。代建工程开发成本明细分类账的格式，基本上和房屋开发成本明细分类账相同。

完成全部开发过程并经验收的代建工程，应将其实际开发成本自"生产成本——代建工程开发成本"科目的贷方转入"库存商品"科目的借方，并在将代建工程移交委托代建单位，办妥工程价款结算手续后，按结算金额，借记"预收账款"、"应收账款"等科目，贷记"主营业务收入"科目，同时，将代建工程开发成本自"库存商品"科目的贷方转入"主营业务成本"科目的借方。

【例 3-20】 中联房地产公司接受市政工程公司的委托，代为扩建开发小区旁边一条道路。扩建过程中，用银行存款支付拆迁补偿费 300 000 元，前期工程费 160 000 元，应付基础设施工程款 540 000 元，分配开发间接费用 80 000 元。道路扩建工程完工验收后，结算工程价款 120 万元。

(1) 在发生上列各项扩建工程开发支出和分配开发间接费用时，编制会计分录如下：

借：生产成本——代建工程开发成本　　1 080 000
　贷：银行存款　　460 000
　　　应付账款——应付工程款　　540 000
　　　开发间接费用　　80 000

(2) 道路扩建工程完工并经验收后，结转已完工程成本时，编制会计分录如下：

借：库存商品——代建工程　　1 080 000
　贷：生产成本——代建工程开发成本　　1 080 000

(3) 与委托方完成工程价款结算，编制会计分录如下：

借：应收账款　　1 200 000
　贷：主营业务收入——代建工程　　1 200 000

同时结转成本：

借：主营业务成本——代建工程　　1 080 000
　贷：库存商品——代建工程　　1 080 000

（二）代建管理费方式的核算

与结算价款方式相同，受托方在“生产成本——代建工程开发成本”科目归集的成本费用建造完工后应转入“库存商品——代建工程”科目与委托方进行结算。但在代建管理费方式下，受托方仅收取管理费，且不垫付资金，所有的房产建造成本由委托方自行负责，受托方不需要负担房产造价成本的结转，仅就其收取的管理费收入确认收入，其在“库存商品——代建工程”科目归集的成本费用转入“其他应收款——委托方”科目即可。受托方收取的代建房管理费应当作为经营业务收入核算，借记“银行存款”等科目，贷记“主营业务收入”等科目，为此发生的支出应当作为期间费用核算，借记“管理费用”等科目，贷记“银行存款”等科目。

【例 3-21】 续上例，中联房地产公司接受市政工程公司的委托，代为扩建开发小区旁边一条道路。扩建过程中，用银行存款支付拆迁补偿费 300 000 元，前期工程费 160 000 元，应付基础设施工程款 540 000 元，分配开发间接费用 80 000 元。道路扩建工程完工验收后，收取代建房管理费 12 万元。

（1）在发生上列各项扩建工程开发支出和分配开发间接费用时，编制会计分录如下：

借：生产成本——代建工程开发成本　　1 080 000
　贷：银行存款　　460 000
　　应付账款——应付工程款　　540 000
　　开发间接费用　　80 000

（2）道路扩建工程完工并经验收后，结转已完工程成本时，编制会计分录如下：

借：库存商品——代建工程　　1 080 000
　贷：生产成本——代建工程开发成本　　1 080 000

同时：

借：其他应收款——委托方　　1 080 000
　贷：库存商品——代建工程　　1 080 000

（3）收取代建房管理费，编制会计分录如下：

借：银行存款　　　　　　　　　　　　　　　　　　　　120 000

　　贷：主营业务收入——代建工程　　　　　　　　　　　120 000

二、委托开发的核算

与受托代建相对应，作为委托方的核算也分为结算价款方式和代建管理费方式两种，核算方法也有所不同。

（一）结算价款方式的核算

委托方与受托方结算代建房工程价款时，借记“生产成本——委托开发”科目，贷记“应付账款”等科目，代建房竣工验收后，借记“库存商品——委托开发”科目，贷记“生产成本——委托开发”科目。

【例 3-22】　续上例，市政工程公司委托中联房地产公司，代为扩建开发小区旁边一条道路，扩建完成后，双方结算工程价款 120 万元。

双方结算工程价款时，编制会计分录如下：

借：生产成本——委托开发　　　　　　　　　　　　　1 200 000

　　贷：应付账款　　　　　　　　　　　　　　　　　　1 200 000

同时：

借：库存商品——委托开发　　　　　　　　　　　　　1 200 000

　　贷：生产成本——委托开发　　　　　　　　　　　　1 200 000

（二）代建管理费方式的核算

委托方核算和归集代建房建造成本时，借记“生产成本——委托开发”科目，贷记“其他应付款——受托方”等科目。支付代建管理费时，借记“生产成本——委托开发”科目，贷记“银行存款”等科目。代建房竣工验收后，借记“库存商品——委托开发”科目，贷记“生产成本——委托开发”科目。

【例 3-23】　续上例，市政工程公司委托中联房地产公司，代为扩建开发小区旁边一条道路，代建过程中市政工程公司归集代建房建造成本 108 万元，代建房竣工验收后支付中联房地产公司代建管理费 12 万元。

（1）市政工程公司归集代建房建造成本时，编制会计分录如下：

借：生产成本——委托开发　　1 080 000

　贷：其他应付款——受托方　　1 080 000

(2) 支付代建管理费时，编制会计分录如下：

借：生产成本——委托开发　　120 000

　贷：银行存款　　120 000

(3) 代建房竣工验收后，编制会计分录如下：

借：库存商品——委托开发　　1 200 000

　贷：生产成本——委托开发　　1 200 000

4 CHAPTER 第四章 房地产企业项目融资的核算

第一节 项目融资的概念和分类

房地产企业项目融资是指房地产企业为开发建设房地产项目而采取某种融资方式，以筹集建设资金的行为。

项目融资最主要的体现形式是从银行取得的房地产贷款。房地产贷款是指与房产或地产的开发、经营、消费活动有关的贷款。对房地产企业来讲，最常见也是最主要的贷款品种是房地产开发贷款和经营性物业抵押贷款。其中：房地产开发贷款是针对房地产开发建设阶段的贷款；而经营性物业抵押贷款是针对房地产持有经营阶段的贷款。

除此之外，由于销售的存在，有些房地产企业在销售过程中还存在票据贴现业务，而票据贴现业务则属于房地产企业的短期贷款。一般情况下，房地产企业不存在短期贷款（也就是流动资金贷款），但票据贴现则是一个例外。

目前房地产企业资金来源主要是银行贷款，随着我国房地产业的不断发展，为降低对银行贷款的依赖度，越来越多的房地产企业正在探讨房地产投资信托基金（REITs）这一新的融资模式。

一、房地产贷款

房地产贷款主要包括房地产开发贷款和经营性物业抵押贷款两种。

（一）房地产开发贷款

房地产开发贷款是指贷款人向借款人发放的用于开发、建造向市场销售、出租等用途的房地产项目的贷款。房地产开发贷款的期限一般为3年，通常按月或按季还息，贷款到期时一次性还本。

（二）经营性物业抵押贷款

有些房地产企业除了进行销售物业的开发以外，还进行持有经营性物业的开发。因此，房地产企业除了在开发建设阶段的开发贷款以外，还需要在持有经营阶段进行经营性物业抵押贷款的融资。

经营性物业是指经营性、收益性房屋，如写字楼、商场、购物中心、购物广场以及工业厂房和仓库等。相对于作为最终消费品的住宅而言，经营性物业具有长期收益的特点。正因为这一特点，经营性物业占用了房地产企业大量的投资，而投资回收期则相对较长。房地产企业为了解决长期占用资金的问题，往往通过经营性物业抵押贷款这一融资产品取得银行的支持。

经营性物业抵押贷款是指以借款人自有的、已建成并投入运营的优质经营性资产未来经营所产生的持续稳定的现金流（租金收入、运营收入、广告停车收入等）作为第一还款来源，为满足借款人在生产经营中多样化用途的融资需求而发放的贷款。经营性物业抵押贷款的期限一般为10～15年，通常是按季还本付息。

二、票据贴现

房地产企业在需要资金时，将从购房人处收到的未到期承兑汇票，经过背书转让给银行，先向银行贴付利息，银行以票面余额扣除贴现利息后的票款付给房地产企业，汇票到期时，银行凭票向购房人收取现款。

票据贴现是房地产企业唯一的短期融资方式。随着我国金融体制的不断完善和发展，越来越多的消费者会采用票据等非现金方式支付房款。因此，票据贴现是核算也是房地产企业未来的重点之一。

三、房地产信托投资基金

从资金信托的角度出发，房地产信托是指受托人（信托投资公司）

遵循信托的基本原则，将委托人委托的资金以贷款或入股的方式投向房地产业以获取收益，并将收益支付给受益人的行为。

房地产投资信托基金发源于美国，是一种运作比较成熟的金融产品。它是一种采取公司或者信托基金的组织形式，以发行收益凭证的方式来汇集公众和机构投资者的资金并投资于收益型房地产，由专门机构进行经营管理，并将投资的综合收益按比例分配给投资者的信托基金制度。

目前房地产企业资金来源主要是银行贷款。而房地产投资信托基金的推出，一方面，将使房地产企业摆脱对银行贷款的过度依赖；另一方面，也会降低银行的风险，对中国银行业的发展起到促进作用。因此，房地产投资信托基金可能将取代开发贷款及经营性物业抵押贷款，成为今后房地产企业融资的主要模式。

第二节　开发贷款的核算

房地产项目开发贷款是指银行向借款人发放的用于房地产项目开发建设及其配套设施的贷款。

借款费用是指房地产企业因借款而发生的利息及其他相关成本。借款费用包括借款利息、折价或者溢价的摊销、辅助费用以及因外币借款而发生的汇兑差额等。

开发贷款发生的借款费用是指房地产企业因借入开发贷款而发生的利息及其他相关成本。一般来讲，开发贷款发生的借款费用除了利息之外的相关成本，最主要的是指辅助费用。

一、开发贷款本金的核算

开发贷款本金应通过“长期借款”科目进行核算。“长期借款”科目核算房地产企业向银行或其他金融机构借入的期限在1年以上（不含1年）的各项借款。开发贷款的期限一般都在1年以上，因此，应通过该科目进行核算。

（一）开发贷款取得的核算

房地产企业借入开发贷款，应按实际收到的贷款金额，借记“银行存款”科目，贷记“长期借款”科目。

【例 4-1】 中联房地产公司于 2010 年 1 月 20 日取得农业银行开发贷款 5 亿元，中联公司根据有关原始凭证，编制会计分录如下：

借：银行存款　　500 000 000

　贷：长期借款　　500 000 000

（二）开发贷款归还的核算

房地产企业归还开发贷款，应按实际支付的本金金额，借记“长期借款”科目，贷记“银行存款”科目。

【例 4-2】 中联房地产公司于 2013 年 1 月 19 日归还农业银行开发贷款 5 亿元，中联公司根据有关原始凭证，编制会计分录如下：

借：长期借款　　500 000 000

　贷：银行存款　　500 000 000

二、开发贷款利息支出的核算

（一）开发贷款利息的计算

贷款利息是银行将款项借给企业，按规定向企业收取的利息。贷款利息的高低取决于利率、本金和计息期限。

1. 利率

利率是一定时期内银行存、贷款利息额与存、贷款金额之间的比例，它一般分为年利率、月利率和日利率。

- 年利率一般按本金的百分数表示，例如，年利率 9%，又称年息九厘，表示本金 100 元，年利息额为 9 元。
- 月利率一般按本金的千分数表示，例如，月利率 7.5‰，又称月息七厘五毫，表示本金 100 元，月利息额为 7 角 5 分。
- 日利率一般按本金的万分数表示。

年利率、月利率、日利率的换算公式为：

年息＝月息×12＝日息×360

月息＝年息÷12＝日息×30

日息＝年息÷360＝月息÷30

2. 本金

据以计算银行存、贷款利息的本金，是各种存、贷款账户上的实际存、贷款余额。比如，企业2011年4月1日向银行借款5亿元，5月1日归还3亿元，那么计算5月份的贷款利息时，其本金为2亿元（5—3），而非5亿元。

3. 计息日和计息时期

按照规定，企业的银行存款账户、短期借款一般都是按季计算利息，计息为每季度末月的20日，如3月20日、6月20日、9月20日、12月20日。短期借款也有按月计息的，计息日为每月的20日。长期借款通常也是按季计息，计息日为每季度末月的20日。

单位撤销或转移存款账户，还清借款时，于结清账户时随时结算利息，计息时期实行“算头不算尾”，也就是说从有存、贷款业务发生的当日起（存款从存入之日起，贷款从借入之日起）计息，即所谓“算头”；到业务终止前一日（存款支取的前一日或贷款归还的前一日）止，即所谓“不算尾”，按照实际存、贷款天数计算利息。比如，某单位于2011年3月1日向银行借入资金4亿元，到3月26日还清，那么计算利息时应从3月1日算起（即算头），到3月25日而不是3月26日为止（不算尾），共计25天的利息。

应付利息＝本金×月利率×实际天数÷30

应付利息＝本金×年利率×实际天数÷360

【例4-3】 假设贷款发放日为2012年1月1日，贷款本金为5亿元，到期日为2012年12月31日，月利率6.255‰，年利率7.47%，计算利息如下：

（1）按季计算利息

- 2012年1月1日至3月21日应付利息＝500 000 000×6.225‰×79÷30

=8 196 250(元)

● 2012年3月21日至6月21日应付利息=500 000 000×6.225‰×92÷30

=9 545 000(元)

● 2012年6月21日至9月21日应付利息=500 000 000×6.225‰×92÷30

=9 545 000(元)

● 2012年9月21日至12月21日应付利息=500 000 000×6.225‰×91÷30

=9 441 250(元)

● 2012年12月21日至12月31日应付利息=500 000 000×6.225‰×10÷30

=1 037 500(元)

5段利息相加得37 765 000元。

(2) 按照年利率计算利息

应付利息=500 000 000÷360×364×7.47%=37 765 000(元)

如果在贷款期间遇到国家基准利率调整，调整当年按原贷款利率计算利息，从次年1月1日开始按调整后的贷款利率计算利息。

(二) 利息资本化金额的确定

根据《企业会计准则》的要求，结合房地产企业实际业务情况，房地产企业因借入开发贷款而发生的利息应按如下原则处理：

● 从贷款取得至开发项目竣工验收期间发生的利息，应当资本化，计入相关资产成本。

● 开发项目竣工验收后发生的利息，应当费用化，计入当期损益。

1. 利息资本化的起点

可以看出，利息资本化的起点是贷款取得日。

会计准则规定，借款费用同时满足下列条件的，才能开始资本化：

● 资产支出已经发生（资产支出包括为购建或者生产符合资本化条件的资产而以支付现金、转移非现金资产或者承担带息债务形式发生的支出）；

● 借款费用已经发生；

● 为使资产达到预定可使用或者可销售状态所必要的购建或者生产活动已经开始。

房地产企业取得开发贷款的必备条件如下：

- 具备“四证”，即土地使用权证、建设用地规划许可证、建设工程规划许可证、建筑工程施工许可证；
- 项目资本金或所有者权益不低于项目总投资的35%，且已在银行贷款发放前投入项目建设。

可以看出，房地产企业取得开发贷款前，必须将自有资金投入项目建设，且购建活动中的规划设计等工作已经完成，也就是说，企业在达到会计准则规定的资本化条件的情况下，才能取得开发贷款，因此，对于房地产企业开发贷款，它的利息资本化的起点就是贷款取得日。

2. 利息资本化的终点

利息资本化的终点是开发项目竣工并通过验收。会计准则规定，购建或者生产符合资本化条件的资产达到预定可使用或者可销售状态时，借款费用应当停止资本化。在符合资本化条件的资产达到预定可使用或者可销售状态之后所发生的借款费用，应当在发生时根据其发生额确认为费用，计入当期损益。

购建或者生产符合资本化条件的资产达到预定可使用或者可销售状态，可从下列几个方面进行判断：

- 符合资本化条件的资产的实体建造（包括安装）或者生产工作已经全部完成或者实质上已经完成。
- 所购建或者生产的符合资本化条件的资产与设计要求、合同规定或者生产要求相符或者基本相符，即使有极个别与设计、合同或者生产要求不相符的地方，也不影响其正常使用或者销售。
- 继续发生在所购建或生产的符合资本化条件的资产上的支出金额很少或者几乎不再发生。

可以看出，房地产企业通过项目竣工验收，也就完成上述停止资本化的的几个条件。因此，对于房地产企业开发贷款，它的利息资本化的终点就是开发项目竣工验收日。

3. 利息资本化金额的确定

为购建或者生产符合资本化条件的资产而借入专门借款的，应当以专门借款当期实际发生的利息费用，减去将尚未动用的借款资金存入银行取得的利息收入或进行暂时性投资取得的投资收益后的金额确定。

资本化利息＝利息费用－尚未动用的借款存入银行取得的利息收入

但在实际操作中，房地产企业在计算资本化利息时，并不减去尚未动用的借款存入银行取得的利息收入。通常按利息费用直接计入相应资产价值。

企业在银行的资金，既包括贷款资金，又包括自有资金和销售回款资金，伴随着企业的收支活动，根本无法分清企业的存量资金中有多少是贷款资金。因此，按准则的要求去计算资本化利息是行不通的。

如果要按准则的要求去核算，银行对贷款企业资金的监管方法就要作出重大调整。即：要求企业在贷款银行开立两个存款账户，一个用于存放贷款资金，称贷款专户；一个是企业正常的收支账户，称结算账户。贷款银行将贷款资金全部放入贷款专户，然后，根据企业的资金使用计划，定期将一定额度的贷款资金从贷款专户转入结算账户，通过结算账户对外支付款项。这样，贷款专户的存款产生的利息，就可以视为尚未动用的借款存入银行取得的利息收入。

（三）贷款利息的总分类核算

贷款利息采用预提的方式进行核算，每个月度终了，房地产企业应预提当月应付的贷款利息，贷款利息一般是按季支付。

从贷款取得至开发项目竣工验收期间发生的利息，借记“生产成本”、“在建工程”等科目，贷记“应付利息”科目。实际支付时，借记“应付利息”科目，贷记“银行存款”科目。

开发项目竣工验收后发生的利息，借记“财务费用”科目，贷记“应付利息”科目。实际支付时，借记“应付利息”科目，贷记“银行存款”科目。

【例 4-4】 中联房地产公司与 2010 年 1 月 20 日取得农业银行开发贷款 5 亿元用于开发销售物业，贷款年利率为 5%，每月计提利息 210 万元，2010 年 3 月 20 日支付一季度贷款利息 420 万元。中联公司根据有关原始凭证，编制会计分录如下：

（1）每月计提应付利息时。

借：生产成本　　　　2 100 000

贷：应付利息　　2 100 000

(2) 支付一季度贷款利息时。

借：应付利息　　4 200 000

贷：银行存款　　4 200 000

该项目于 2011 年底竣工交付，2012 年每月计提应付利息同样为 210 万元，2012 年 3 月 20 日支付一季度贷款利息 630 万元。中联公司根据有关原始凭证，编制会计分录如下：

(1) 每月计得应付利息时。

借：财务费用　　2 100 000

贷：应付利息　　2 100 000

(2) 支付一季度贷款利息时。

借：应付利息　　6 300 000

贷：银行存款　　6 300 000

(四) 资本化利息的分摊

《企业会计准则》规定，购建或者生产的符合资本化条件的资产的各部分分别完工，且每部分在其他部分继续建造过程中可供使用或者可对外销售，且为使该部分资产达到预定可使用或可销售状态所必要的购建或者生产活动实质上已经完成的，应当停止与该部分资产相关的借款费用的资本化。购建或者生产的资产的各部分分别完工，但必须等到整体完工后才可使用或者可对外销售的，应当在该资产整体完工时停止借款费用的资本化。

国家税务总局出台的《房地产开发经营业务企业所得税处理办法》(国税发［2009］31 号文）规定，借款费用属于不同成本对象共同负担的，按直接成本法或按预算造价法进行分配。

一般情况下，房地产企业取得的开发贷款不可能在借款合同中具体指向开发项目中的成本对象，因此，开发贷款的贷款利息无法直接计入成本对象。

开发贷款的贷款利息只能先在一个科目中归集，然后再按照一定的分摊方法分摊，并计入不同的成本对象。贷款利息的分摊方法有以下两种：

• 直接成本法：指按期内某一成本对象的直接开发成本占期内全部成本对象直接开发成本的比例进行分配。

• 预算造价法：指按期内某一成本对象预算造价占期内全部成本对象预算造价的比例进行分配。

以上这两种方法是税法规定的方法，在会计准则中对贷款利息的分摊方法没有明确。有些房地产企业按照建筑面积法进行分摊，即按期内各成本对象的建筑面积与期内总建筑面积比例分摊。

从实质上分析，按建筑面积法进行分摊是不合理的。对于房地产企业取得的开发贷款，不同成本对象占用的贷款资金比例是分摊利息的基础，而占用贷款资金量的多少与成本对象投资额的大小是直接相关的，虽然建筑面积是影响投资额的因素，但不同开发产品的建造标准有可能存在较大差异，所以建筑面积与投资额之间的相关性不是很高。而直接成本和预算造价是最接近投资额的因素，因此，按直接成本法或预算造价法进行分摊是最合理的分摊方法。

房地产企业在项目开发时存在以下几种情况：

• 成本对象的竣工时间一致。

• 成本对象的竣工时间不一致。

1. 竣工时间相同的利息分摊

如果成本对象的竣工时间相同，也就是我们所说的期内开发的成本对象。在按照直接成本法或预算造价法进行分摊时，可以在利息发生时直接将其分摊并计入各成本对象。计算公式如下：

$$\text{成本对象应分摊资本化利息} = \text{本期发生的资本化利息} \times \text{成本对象直接成本或预算造价} \div \text{全部成本对象直接成本或预算造价}$$

也可以先在过渡科目中归集资本化利息，在竣工时再将其一次性分摊并计入各成本对象。计算公式如下：

$$\text{成本对象应分摊资本化利息} = \text{已归集资本化利息} \times \text{成本对象直接成本或预算造价} \div \text{全部成本对象直接成本或预算造价}$$

2. 竣工时间不同的利息分摊

如果成本对象的竣工时间不相同，也就是我们所说的分期开发的成本对象。在按照直接成本法或预算造价法进行分摊时，可以在利息发生时直接将其分摊并计入各成本对象。计算公式如下：

$$\frac{\text{已竣工成本对象}}{\text{应分摊资本化利息}}=\frac{\text{本期发生的}}{\text{资本化利息}}\times\frac{\text{已竣工成本对象本期实际}}{\text{完成的直接成本或预算造价}}\div\frac{\text{全部成本对象本期实际}}{\text{完成的直接成本或预算造价}}$$

也可以先在过渡科目中归集资本化利息，在竣工时再将其分摊并计入已竣工成本对象。计算公式如下：

$$\begin{aligned}&\text{已竣工成本对象应分摊资本化利息}\\&=\text{已归集资本化利息}\times\frac{\text{已竣工成本对象}}{\text{直接成本或预算造价}}\\&\div\left(\frac{\text{已竣工成本对象}}{\text{直接成本或预算造价}}\times100\%+\frac{\text{未竣工成本对象}}{\text{直接成本或预算造价}}\right.\\&\left.\times\frac{\text{未竣工成本对象}}{\text{开发形象进度}}\right)\end{aligned}$$

【例 4-5】 中联房地产公司于 2010 年 12 月 20 日取得农业银行开发贷款 5 亿元用于开发销售物业，贷款年利率为 5%，每季度支付利息为 625 万元。开发产品分为两个成本对象，分别为普通住宅和高档住宅，建筑面积分别为 10 万平方米。普通住宅预算造价为 4 亿元，高档住宅预算造价为 6 亿元。普通住宅竣工时间为 2011 年 12 月 19 日，普通住宅竣工时高档住宅形象进度为 50%。高档住宅竣工时间为 2012 年 6 月 19 日。中联公司根据有关原始凭证，编制会计分录如下：

（1）每季计提应付利息时。

借：生产成本——待分摊成本　　6 250 000

　贷：应付利息　　6 250 000

（2）支付季度贷款利息时。

借：应付利息　　6 250 000

　贷：银行存款　　6 250 000

（3）普通住宅竣工时利息的分摊。

2011 年 12 月 19 日，普通住宅竣工时已归集的资本化利息为 2 500 万元；

普通住宅预算造价为 4 亿元，高档住宅预算造价为 6 亿元，2011 年 12 月 19 日高档住宅形象进度为 50%。

已竣工成本对象应分摊资本化利息

=2 500×40 000÷(40 000×100%+60 000×50%)

=1 428.57(万元)

未竣工成本对象应分摊资本化利息 =2 500−1 428.57

=1 071.43(万元)

借：生产成本——普通住宅　　14 285 700

——高档住宅　　10 714 300

贷：生产成本——待分摊成本　　25 000 000

三、专门借款发生的辅助费用的核算与管理

辅助费用是指为了取得借款而发生的必要费用，包括借款手续费、佣金等。

根据《企业会计准则》的要求，结合企业实际业务情况，房地产企业因借入开发贷款而发生的辅助费用，与贷款利息的处理方式一致：

- 从贷款取得至开发项目竣工验收期间发生的辅助费用，应当资本化，计入相关资产成本。
- 开发项目竣工验收后发生的辅助费用，应当费用化，计入当期损益。

（一）辅助费用的组成

辅助费用由借款手续费、佣金、项目评估费、土地评估费、抵押登记费、财务顾问费等组成。

《企业会计准则》中只是规定辅助费用包括借款手续费和佣金，并没有指明具体的费用项目。如果从取得借款而发生费用的角度考虑，中介机构收取的借款手续费和佣金，银行收取的项目评估费和财务顾问费，政府土地管理部门收取的土地评估费和抵押登记费，都应属于借款的辅助费用。

1. 借款手续费

房地产企业通过中介机构的运作，取得银行发放的开发贷款，按照企业与中介机构的约定，应向中介机构支付一定额度的借款手续费，作为中介机构的报酬。

借款手续费应作为房地产企业取得专门借款的辅助费用。

2. 借款佣金

房地产企业通过中介机构的运作，取得银行发放的开发贷款，按照企业与中介机构的约定，应向中介机构支付按借款额度一定比例计算的借款佣金，作为中介机构的报酬。

借款佣金应作为房地产企业取得专门借款的辅助费用。

3. 项目评估费

各商业银行对房地产开发贷款业务一般实行总行、分行二级评估体系。所有项目上报银行总行（房地产信贷部）进行准入审批，经准入审批同意后，方可进入调查评估程序。银行贷款方案评估一般由银行委托房地产评估事务所来具体实施。

银行贷款方案评估费一般由贷款企业承担，作为房地产企业取得专门借款的辅助费用。

4. 土地评估费

项目开发贷款银行要求采取抵押、质押担保方式。采取抵押担保方式的，优先以本项目的土地及在建工程设定抵押，抵押率最高不得超过抵押物评估价值的70%。

房地产企业在贷款审批通过前，应委托中介机构对土地进行评估。而土地评估费一般由贷款企业承担，作为房地产企业取得专门借款的辅助费用。

5. 抵押登记费

银行与借款人签订房地产借款合同和房地产抵押合同。企业凭以上合同，依据相关法律法规和银行贷款担保管理等有关规定，办理土地抵押登记手续后，银行才能发放贷款。

土地抵押登记费一般由贷款企业承担，作为房地产企业取得专门借款的辅助费用。

6. 财务顾问费

财务顾问费是指银行为了审核企业的还款能力和贷款资格所收取的费用。这是为了控制银行贷款风险向企业收取的费用。

银监会对于财务顾问费没有统一规定，对于收费标准，各家银行也不一样。而财务顾问费应由贷款企业承担，作为房地产企业取得专门借款的辅助费用。

（二）辅助费用的核算

从贷款取得至开发项目竣工验收期间发生的辅助费用，借记“生产成本”、“在建工程”等科目，贷记“银行存款”等科目。开发项目竣工验收后发生的辅助费用，借记“财务费用”科目，贷记“银行存款”等科目。

【例 4-6】 中联房地产公司于 2010 年 1 月 20 日取得农业银行开发贷款 5 亿元用于开发销售物业，1 月 30 日中联公司支付借款辅助费用共计 50 万元。中联公司根据有关原始凭证，编制会计分录如下：

借：生产成本　　500 000

　　贷：银行存款　　500 000

（三）辅助费用的分摊

辅助费用的分摊方法与贷款利息的分摊方法基本相同。但在实际操作中，根据辅助费用的特点，其分摊处理方法也存在一定的特殊性。

（1）对于金额较大的辅助费用，如借款手续费、佣金及财务顾问费等。应按利息分摊的方法进行分摊。

（2）对于金额较小的辅助费用，如项目评估费、土地评估费及抵押登记费等，可以不进行分摊，直接计入项目开发中最大的成本对象中。

四、逾期贷款的核算

（一）逾期利息的核算

逾期贷款产生的正常的利息支出，按照正常贷款的利息支出进行核算。

从贷款取得至开发项目竣工验收期间发生的逾期贷款利息，借记“生产成本”、“在建工程”等科目，贷记“应付利息”科目。实际支付时，借记“应付利息”科目，贷记“银行存款”科目。

开发项目竣工验收后发生的逾期贷款利息，借记“财务费用”科目，贷记“应付利息”科目。实际支付时，借记“应付利息”科目，贷记“银行存款”科目。

（二）罚息的核算

罚息应通过营业外支出进行核算。产生罚息时，借记“营业外支出”科目，贷记“应付利息”科目。支付罚息时，借记“应付利息”科目，贷记“银行存款”科目。

（三）滞纳金的核算

滞纳金应通过营业外支出进行核算。产生滞纳金时，借记“营业外支出”科目，贷记“应付利息”科目。支付滞纳金时，借记“应付利息”科目，贷记“银行存款”科目。

第三节　经营性物业抵押贷款的核算

一、经营性物业抵押贷款概述

（一）经营性物业抵押贷款的概念

经营性物业抵押贷款是指以借款人自有的、已建成并投入运营的优质经营性资产未来经营所产生的持续稳定的现金流（租金收入，运营收入，广告、停车收入等）作为第一还款来源，为满足借款人在生产经营中多样化用途的融资需求而发放的贷款。

贷款期限一般为10年，最长不超过12年，贷款到期后，企业借款人及其经营性物业仍符合业务办理条件和再融资相关规定的，贷款银行可根据实际情况为其办理再融资。

（二）经营性物业抵押贷款的用途

银行对经营性物业抵押贷款的使用途径有严格的限定，主要有三方面：

- 用于企业置换项目建设期向银行等金融机构所贷入的银行贷款，建设期间的债权性负债。
- 用于归还项目建设期由股东方以股东借款形式投入的建设资金。其中不包括企业注册资本金以及在所有者权益中反映的满足银行项目开发贷款所必需的35%的自有资金。
- 用于经营性物业正常经营管理所必需的流动资金。

（三）经营性物业抵押贷款的还款方式

经营性物业抵押贷款采用分阶段还本付息的还款方式。主要包括等额本息和等额本金两种具体方式。

办理经营性物业抵押贷款，应根据物业的经营性现金流入特点制定合理的分期还款计划，一般应按季还本付息；确因租金收入（或运营收入）周期等原因不能满足按季还本付息的，可按半年或按年还本付息，还可以根据经营性物业租金收入逐年上升的特点，将还款额逐年递增。对开业初期的经营性物业，银行一般将第一年作为还款宽限期，只要求按季付息，不强求还本。

二、贷款取得时的核算

房地产企业收到银行投放的经营性物业抵押贷款时，按收到的贷款金额，借记“银行存款”科目，贷记“长期借款”科目。

【例4-7】 中联房地产公司2012年8月20日收到了中国银行投放的经营性物业抵押贷款5亿元。根据相关原始凭证，编制会计分录如下：

借：银行存款	500 000 000	
贷：长期借款		500 000 000

三、还本付息的核算

房地产企业按照借款合同规定的还款时间归还贷款本息，一般情况下，经营性物业抵押贷款是按季还本付息。每月按规定计提贷款利息，并在季度末支付本金和利息。

经营性物业抵押贷款是在资产完工以后发生的，因此，其贷款利息应属于资产达到预定可使用状态后发生的借款费用，应计入当期损益。

（一）每月计提应付利息的核算

房地产企业在每月计提应付利息时，按应付利息的金额，借记“财务费用”，贷记“应付利息”科目。

【例 4-8】 中联房地产公司 2012 年 6 月 20 日收到了中国银行投放的经营性物业抵押贷款 5 亿元。按照借款合同的约定，中联公司按季还本付息，9 月 20 日收到银行贷款本息单，应付贷款本息 1 200 万元，其中：本金 900 万元，利息 300 万元。根据相关原始凭证，编制会计分录如下：

每月应计提应付利息＝300÷3＝100（万元）

7—9 月每月计提应付利息时：

借：财务费用	1 000 000
贷：应付利息	1 000 000

（二）偿还贷款本息的核算

房地产企业按季偿还贷款本息时，应根据偿还的本金金额，借记“长期借款”科目，按支付的利息金额，借记“应付利息”科目，按支付贷款本金的金额，贷记“银行存款”科目。

【例 4-9】 续上例，中联房地产公司 9 月 20 日偿还贷款本息时会计分录如下：

借：应付利息	3 000 000
长期借款	9 000 000
贷：银行存款	12 000 000

第四节　票据贴现的核算

房地产企业最常见的融资方式包括针对开发阶段的开发贷款以

及自持物业经营阶段的经营性物业抵押贷款，除此之外，有些房地产企业或房地产开发项目还存在票据贴现的融资方式。

房地产企业在销售过程中，销售款除了体现为现金或支票外，还有可能体现为银行承兑汇票。房地产企业收到购房人交付的银行承兑汇票，存在两种处理方式。

- 背书转让。背书转让行为不属于融资行为。
- 票据贴现。票据贴现行为属于房地产企业的融资行为。

一、票据贴现的概念

（一）什么是票据贴现

房地产企业在需要资金时，将从购房人处收到的未到期承兑汇票经过背书转让给银行，先向银行贴付利息，银行以票面余额扣除贴现利息后的票款付给房地产企业，汇票到期时，银行凭票向购房人收取现款。

票据贴现必须以真实的贸易背景为基础；贴现期限从贴现之日起至汇票到期日止最长不超过 6 个月；贴现利率在中国人民银行规定的范围内由企业和银行协商确定。

（二）票据贴现的条件

申请票据贴现需要满足以下条件：

- 申请票据贴现的单位必须是具有法人资格或实行独立核算、在银行开立有基本账户并依法从事经营活动的经济单位。
- 贴现申请人应具有良好的经营状况，具有到期还款能力，贴现申请人持有的票据必须真实，票式填写完整，盖印、压数无误，凭证在有效期内，背书连续完整。
- 贴现申请人在提出票据贴现的同时，应出示贴现票据项下的商品交易合同原件（房地产企业一般指商品房销售或预售合同）并提供复印件或其他能够证明票据合法性的凭证，同时还应提供能够证明贴现票据项下商品交易确已履行的凭证（房地产企业一般指不动产销售发票等复印件）。

二、票据贴现的会计核算

（一）票据取得时的核算

房地产企业因销售商品房而收到开出、承兑的商业汇票，按商业汇票的票面金额，借记“应收票据”科目，贷记“主营业务收入”、“预收账款”等科目。

【例 4-10】 中联房地产公司 2012 年 6 月 20 日收到客户交付的一张面值为 200 万元的银行承兑汇票，此时，客户所购房屋尚未竣工交付。根据相关原始凭证，编制会计分录如下：

借：应收票据　　2 000 000

　贷：预收账款　　2 000 000

（二）票据贴现息的计算

房地产企业可以持未到期的商业汇票向商业银行进行贴现，以寻求短期资金融通。贴现利息是由商业银行扣收的短期贷款利息。贴现利息的决定因素是票据的票面金额、贴现率和贴现期。其中：

- 贴现率就是商业银行贴现时用的贴现利率；
- 贴现期就是票据自贴现日起至票据到期前一日止的时间，整月（对日）的按 30 天算，零星天数按实际天数算，算头不算尾。

计算公式为：

贴现净值＝票据到期值－贴现息

票据到期值＝票据的面值×(1＋票面利率×期限)

贴现期＝票据期限－企业已持有票据期限

贴现息＝票据到期值×贴现率×贴现期

【例 4-11】 某购房人以出票日是 2012 年 2 月 16 日、到票日是 2012 年 8 月 16 日的银行承兑汇票于 5 月 16 日购买中联房地产公司的商品房，票面金额是 100 万元，月贴现率为 0.658%。中联房地产公司于票据收到当日向银行办理票据贴现，计算贴现利息。

贴现息＝1 000 000×0.658%×12×91÷360

$=19\ 959.33$(元)

(三)票据贴现的会计核算

房地产企业将收到的商业汇票向商业银行申请贴现，按实际收到的金额，借记“银行存款”科目，按银行扣除的贴现利息金额，借记“财务费用”科目，按商业汇票的票面金额，贷记“应收票据”科目。

根据《企业会计准则》的规定，企业发生的借款费用，可直接归属于符合资本化条件的资产的购建或者生产的，应当予以资本化，计入相关资产成本；其他借款费用，应当在发生时根据其发生额确认为费用，计入当期损益。

房地产企业票据的贴现利息是因为销售业务发生的借款费用，并不是直接用于购建资产，因此，不符合资本化的条件，应计入当期损益。

【例4-12】 中联房地产公司2012年6月20日收到了客户交付的一张面值为200万元的银行承兑汇票，此时，客户所购房屋未竣工交付。中联房地产公司在收到票据的当日向银行进行贴现，支付贴现息3万元，其余资金已转入企业银行账户。根据相关原始凭证，编制会计分录如下：

借：银行存款	1 970 000
财务费用	30 000
贷：应收票据	2 000 000

(四)贴现票据到期后的核算

贴现票据到期，付款人按期付款给银行，则贴现企业的责任完全解除。该企业应在备查簿中注销该票据。

贴现的商业承兑汇票到期，因承兑人的银行存款账户不足支付，申请贴现的企业收到银行退回的商业承兑汇票时，按商业汇票的票面金额，借记“应收账款”科目，贷记“银行存款”科目。

申请贴现企业的银行存款账户余额不足，银行做逾期贷款处理，借记“应收账款”科目，贷记“短期借款”科目。

【例4-13】 中联房地产公司2012年6月20日收到了客户交付的一

张面值为200万元的银行承兑汇票，此时，客户所购房屋未竣工交付。中联房地产公司在收到票据的当日向银行进行贴现，支付贴现息3万元，其余资金已存入企业银行账户。两个月后，贴现的承兑汇票到期，而购房人的存款账户不足，贴现银行将中联公司贴现的承兑汇票退回给中联公司，中联公司按票面金额将款项支付给贴现银行。根据相关原始凭证，编制会计分录如下：

借：应收账款　　2 000 000

　贷：银行存款　　2 000 000

如果中联公司银行存款账户余额不足，编制会计分录如下：

借：应收账款　　2 000 000

　贷：短期借款　　2 000 000

第五节　信托融资的核算

一、信托融资概述

（一）信托融资的概念

从资金信托的角度出发，房地产信托是指受托人（信托投资公司）遵循信托的基本原则，将委托人委托的资金以贷款或入股的方式投向房地产业以获取收益，并将收益支付给受益人的行为；从财产信托的角度出发，房地产信托则指房地产物业的所有人作为委托人将其所有的物业委托给专门的信托机构经营管理，由信托机构将信托收益交付给受益人的行为。

（二）信托融资的模式

可以看出，信托融资存在两种不同的模式。一种是贷款模式，另一种是入股模式。

1. 贷款模式

贷款模式是指受托人以贷款的方式向房地产企业投资，并获取固定的利息收入。对于房地产企业来讲，贷款模式的信托融资与开发贷款的性质是相同的，只是贷款人一个是信托公司，一个是银行而已。因此，贷款模式的会计核算方法与开发贷款的核算方法是一致的。下面主要介绍入股模式的核算方法。

2. 入股模式

入股模式是指受托人将信托资金以入股的方式投向房地产企业，并获取固定回报。这里所讲的入股模式与真正的股权融资不同，实际上是一种“明股实债”的融资模式。所谓“明股实债”，就是在形式上与入股模式非常相似，但信托公司通过房地产企业股权回购等方式获取的是固定回报。入股模式的操作步骤如下：

- 股权转让：房地产企业将持有的项目公司全部或部分股权转让给信托公司，信托公司将股权对价划入该房地产企业，完成受让股权行为。
- 增资扩股：信托公司以信托资金减去已支付的股权受让价款后的余额对项目公司增资扩股。
- 股权回购：房地产企业在信托资金到期后无条件受让信托公司持有的项目公司的全部股权，并按约定一次性或分期支付股权回购价款。

对这种收取固定回报的“明股实债”业务，会计核算上存在两种处理方法，一种是按股权处理，根据股权变动情况进行账务处理，固定回报不按利息支出核算；另一种是按借款处理，不考虑与工商登记的法律形式是否相符的问题，固定回报按利息支出核算。

在信托融资业务中，如果信托公司可以给企业开具利息发票，在核算时应选择按借款处理；如果信托公司不能给企业开具利息发票，在核算时就应选择按股权处理。

二、按股权处理的核算

（一）股权转让的核算

房地产企业转让项目公司股权，收到股权转让款时，借记“银行存款”科目，贷记“其他应付款”等科目，完成股权变更手续后，借记“其他应付款”等科目，贷记“长期股权投资”科目。

项目公司完成股权变更手续后，借记“实收资本——原股东”科目，贷记“实收资本——新股东”科目。

【例4-14】 中联房地产公司与某信托公司达成信托融资协议，融资金额8亿元，用于中联房地产公司所属上海中联房地产公司在上海某项目的开发建设，融资期限为1年，年利率为10%。上海中联房地产公司注册资金为2亿元，由中联房地产公司100%持股，2011年年初中联房地产公司与信托公司签订股权转让协议，信托公司出资1亿元，受让中联房地产公司持有的上海中联房地产公司50%的股权。2011年3月1日中联房地产公司收到信托公司的股权款1亿元。

1. 中联房地产公司：

(1) 中联房地产公司收到股权款时，编制会计分录如下：

借：银行存款　　100 000 000

　贷：其他应付款　　100 000 000

(2) 双方完成股权变更手续后，编制会计分录如下：

借：其他应付款　　100 000 000

　贷：长期股权投资　　100 000 000

2. 上海中联房地产公司：

股权变更手续完成后，编制会计分录如下：

借：实收资本——中联房地产公司　　100 000 000

　贷：实收资本——信托公司　　100 000 000

(二) 增资扩股的核算

房地产企业对项目公司增资时，按实际出资额，借记“长期股权投资”科目，贷记“银行存款”科目。

项目公司收到房地产企业和信托公司增资款时，按实际收到的金额，借记“银行存款”科目，按新增注册资本的金额，贷记“实收资本”科目，如属于溢价增资，同时按实际投资额与新增注册资本额的差额，贷记“资本公积”科目。

【例4-15】 续上例，2011年4月1日信托公司和中联房地产公司同时向上海中联房地产公司增资扩股，上海中联房地产公司新增并由信托公司和中联房地产公司认缴的注册资本为4亿元，双方采取溢价增资方式，实际出资14亿元，双方各占新增注册资本的50%。

1. 中联房地产公司：

中联房地产公司对上海中联房地产公司增资时，编制会计分录如下：

借：长期股权投资　700 000 000

　贷：银行存款　700 000 000

2. 上海中联房地产公司：

上海中联房地产公司收到增资款时，编制会计分录如下：

借：银行存款　1 400 000 000

　贷：实收资本——信托公司　200 000 000

　　实收资本——中联房地产公司　200 000 000

　　资本公积　1 000 000 000

（三）股权回购的核算

房地产企业回购项目公司股权时，按实际支付的回购款金额，借记“长期股权投资”科目，贷记“银行存款”科目。

项目公司完成股权变更手续后，按注册资本变更金额，借记“实收资本——原股东”科目，贷记“实收资本——新股东”科目。

【例4-16】 续上例，2012年3月31日中联房地产公司回购信托公司持有的上海中联房地产公司的全部股权，回购款包括股权收购基本价款8亿元（包括购买股权价款1亿元和增资款7亿元），及股权收购溢价款8 000万元（8亿元融资款×年利率10%），共计88 000万元。

1. 中联房地产公司：

中联房地产公司支付股权回购款时，编制会计分录如下：

借：长期股权投资　880 000 000

　贷：银行存款　880 000 000

2. 上海中联房地产公司：

上海中联房地产公司完成股权变更手续后，编制会计分录如下：

借：实收资本——信托公司　300 000 000

　贷：实收资本——中联房地产公司　300 000 000

三、按借款处理的核算

（一）股权转让的核算

房地产企业转让项目公司股权，收到股权转让款时，借记“银行存款”科目，贷记“其他应付款”等科目，将股权转让款拨付项目公司时，借记“其他应付款”等科目，贷记“银行存款”科目。

项目公司收到房地产公司拨付的信托资金时，借记“银行存款”科目，贷记“短期借款”科目。

【例 4-17】 中联房地产公司与某信托公司达成信托融资协议，融资金额 8 亿元，用于中联房地产公司所属上海中联房地产公司在上海某项目的开发建设，融资期限为 1 年，年利率为 10%。上海中联房地产公司注册资金为 2 亿元，由中联房地产公司 100%持股，2011 年年初中联房地产公司与信托公司签订股权转让协议，信托公司出资 1 亿元，受让中联房地产公司持有的上海中联房地产公司 50%的股权。2011 年 3 月 1 日中联房地产公司收到信托公司的股权款 1 亿元，同时将资金拨付上海中联房地产公司。

1. 中联房地产公司：

（1）中联房地产公司收到股权款时，编制会计分录如下：

借：银行存款	100 000 000	
贷：其他应付款——上海中联房地产公司		100 000 000

（2）拨付上海中联房地产公司时，编制会计分录如下：

借：其他应付款——上海中联房地产公司	100 000 000	
贷：银行存款		100 000 000

2. 上海中联房地产公司：

收到资金时，编制会计分录如下：

借：银行存款	100 000 000	
贷：短期借款——信托公司		100 000 000

（二）增资扩股的核算

房地产企业对项目公司增资时，按实际出资额，借记“其他应付款”等科目，贷记“银行存款”科目。收到项目公司返还的增资款时，借记“银行存款”科目，贷记“其他应付款”等科目。

项目公司收到房地产企业和信托公司增资款时，按实际收到的金额，借记“银行存款”科目，按收到的房地产企业增资款金额，贷记“其他应付款”等科目，按收到的信托公司增资款金额，贷记“短期借款”科目。

【例 4-18】 续上例，2011 年 4 月 1 日信托公司和中联房地产公司同时向上海中联房地产公司增资扩股，上海中联房地产公司新增并由信托公司和中联房地产公司认缴的注册资本为 4 亿元，双方采取溢价增资方式，实际出资 14 亿元，双方各占新增注册资本的 50%。

2011 年 4 月 30 日上海中联房地产公司将收到的中联房地产公司增资款 7 亿元返还中联房地产公司。

1. 中联房地产公司：

(1) 中联房地产公司对上海中联房地产公司增资时，编制会计分录如下：

借：其他应付款——上海中联房地产公司	700 000 000	
贷：银行存款		700 000 000

(2) 中联房地产公司收回增资款时，编制会计分录如下：

借：银行存款	700 000 000	
贷：其他应付款——上海中联房地产公司		700 000 000

2. 上海中联房地产公司：

(1) 上海中联房地产公司收到增资款时，编制会计分录如下：

借：银行存款	1 400 000 000	
贷：其他应付款——中联房地产公司		700 000 000
短期借款——信托公司		700 000 000

(2) 上海中联房地产公司归还中联房地产公司增资款时，编制会计分录如下：

借：其他应付款——中联房地产公司	700 000 000	
贷：银行存款		700 000 000

(三) 股权回购的核算

房地产企业支付股权回购款时，按实际支付的回购款金额，借记

“其他应付款”等科目，贷记“银行存款”科目。收到项目公司股权回购款时，借记“银行存款”科目，贷记“其他应付款”等科目。

项目公司将股权回购款支付给房地产企业时，按信托资金本金金额，借记“短期借款”科目，按信托资金利息金额，借记“应付利息”科目，按实际支付本息总金额，贷记“银行存款”科目。

【例 4-19】 续上例，2012 年 3 月 31 日中联房地产公司回购信托公司持有的上海中联房地产公司的全部股权，回购款包括股权收购基本价款 8 亿元（包括购买股权价款 1 亿元和增资款 7 亿元），及股权收购溢价款 8 000 万元（8 亿元融资款×年利率 10%），共计 88 000 万元。

1. 中联房地产公司：

（1）中联房地产公司支付股权回购款时，编制会计分录如下：

借：其他应付款——上海中联房地产公司	880 000 000	
贷：银行存款		880 000 000

（2）中联房地产公司收到上海中联房地产公司股权回购款时，编制会计分录如下：

借：银行存款	880 000 000	
贷：其他应付款——上海中联房地产公司		880 000 000

2. 上海中联房地产公司：

上海中联房地产公司将股权回购款支付给中联房地产公司时，编制会计分录如下：

借：短期借款——信托公司	800 000 000	
应付利息	80 000 000	
贷：银行存款		880 000 000

第六节　内部资金拆借的核算

为满足集团内部成员企业的资金需求，提高资金使用效率，集团性企业往往通过内部资金拆借的形式进行资金调配，具体包括统借统还和委托贷款两种方式。

一、统借统还的核算

房地产企业一般是以项目公司为融资主体，但有些集团性企业为了对融资工作进行统一管理，采用统借统还的融资模式。

统借统还是指企业集团从金融机构取得统借统还贷款后，由集团公司与集团内下属企业签订统借统还贷款合同并分拨借款，按支付给金融机构的借款利率向集团内下属企业收取用于归还金融机构借款的利息，由集团公司统一归还金融机构的业务。

（一）集团公司的核算

1. 贷款本金的核算

取得银行贷款资金时，借记“银行存款”科目，贷记“长期借款”科目。将贷款资金拨付给项目公司时，借记“其他应收款——转出开发贷款”科目，贷记“银行存款”科目。

取得项目公司上缴的还贷资金时，借记“银行存款”科目，贷记“其他应收款——转出开发贷款”科目。归还银行贷款时，借记“长期借款”科目，贷记“银行存款”科目。

【例 4-20】 中联房地产公司于 2010 年 1 月 20 日取得农业银行开发贷款 20 亿元用于在各地开发房地产项目，1 月 30 日中联公司将其中 5 亿元支付给上海中联房地产开发公司。2013 年 1 月 10 日，上海中联房地产开发公司将 5 亿元贷款资金归还给中联房地产公司。中联公司根据有关原始凭证，会计分录如下：

（1）取得贷款时：

借：银行存款 2 000 000 000

　贷：长期借款 2 000 000 000

（2）转出贷款时：

借：其他应收款——转出开发贷款 500 000 000

　贷：银行存款 500 000 000

（3）收回贷款时：

借：银行存款 500 000 000

　贷：其他应收款——转出开发贷款 500 000 000

2. 借款费用的核算

每月计提贷款利息时，借记“其他应收款——分摊利息”科目，贷记“应付利息”科目。取得项目公司上缴的还息资金时，借记“银行存款”科目，贷记“其他应收款——分摊利息”科目。支付银行贷款利息时，借记“应付利息”科目。贷记“银行存款”科目。

【例 4-21】 续上例，中联房地产公司 2010 年 2 月和 3 月每月计提 20 亿元开发贷款的贷款利息为 800 万元，其中应分摊给上海中联房地产开发公司的贷款利息为 200 万元。中联房地产公司于 2010 年 3 月 10 日收到上海中联房地产开发公司汇来的贷款利息 400 万元。并于 3 月 20 日支付银行贷款利息 1 600 万元。中联公司根据有关原始凭证，会计分录如下：

(1) 每月计提贷款利息时：

借：其他应收款——分摊利息　　8 000 000

　贷：应付利息　　8 000 000

(2) 取得上缴还息资金时：

借：银行存款　　4 000 000

　贷：其他应收款——分摊利息　　4 000 000

(3) 支付贷款利息时：

借：应付利息　　16 000 000

　贷：银行存款　　16 000 000

(二) 项目公司的核算

1. 贷款本金的核算

取得集团拨付的贷款资金时，借记“银行存款”科目，贷记“其他应收款——转入开发贷款”科目。将贷款资金归还给集团时，借记“其他应收款——转入开发贷款”科目，贷记“银行存款”科目。

【例 4-22】 续上例，上海中联房地产开发公司根据有关原始凭证，会计分录如下：

(1) 取得贷款时：

借：银行存款　　500 000 000

　贷：其他应收款——转入开发贷款　　500 000 000

（2）归还贷款时：

借：其他应收款——转入开发贷款 500 000 000

贷：银行存款 500 000 000

2. 借款费用的核算

根据税法规定，企业集团或其成员企业统一向金融机构借款分摊集团内部其他成员企业使用的，借入方凡能出具从金融机构取得借款的证明文件，可以在使用借款的企业间合理地分摊利息费用，使用借款的企业分摊的合理利息准予在税前扣除。

企业根据集团每月计提的贷款利息金额，借记“生产成本”、“在建工程”、“财务费用”等科目，贷记“其他应收款——上缴利息”科目。将还息资金归还给集团时，借记“其他应收款——上缴利息”科目，贷记“银行存款”科目。

这里需要注意的是，集团企业不能通过“应收利息”科目核算应收取项目公司的贷款利息，只能通过“其他应收款”科目核算。因为，此业务既不是转贷业务，又不属于交易性金融资产（交易性金融资产必须是以增值、换取差价或取得收益为目的）。

【例 4-23】 续上例，上海中联房地产开发公司根据有关原始凭证，会计分录如下：

（1）集团每月计提贷款利息时：

借：生产成本 2 000 000

贷：其他应收款——上缴利息 2 000 000

（2）上缴贷款利息时：

借：其他应收款——上缴利息 4 000 000

贷：银行存款 4 000 000

二、委托贷款的核算

委托贷款指由委托人提供合法来源的资金，委托银行根据委托人确定的贷款对象、用途、金额、期限、利率等代为发放、监督使用并协助收回的贷款业务。

对于房地产企业来讲，已进入预售阶段的项目公司资金充裕、闲置；而尚处在征地、前期开发的项目公司因投入资本有限，导致开发资金捉襟见肘。为此，房地产开发企业对集团下属的项目公司的资金进行统一调配使用，以提高整个集团的资金使用效率，而委托贷款即为其中通常使用的方式之一。

（一）委托方的核算

1. 委托贷款的会计科目

新企业会计准则应用指南中有“1303 贷款”科目，核算企业（银行）按照规定发放的各种客户贷款，企业委托银行或其他金融机构向其他单位贷出的款项，可将该科目改为“1303 委托贷款”科目，核算非金融企业的委托贷款业务。也就是说，可以设置“委托贷款”科目。

2. 委托贷款的报表列示

鉴于一般会计报表中，未单独列示委托贷款，而新会计准则应用指南将委托贷款归类到持有至到期投资，所以委托贷款在会计报表中的“持有至到期投资”科目中列示。

3. 委托贷款的核算

企业设置“委托贷款”科目，并在此科目下设“本金”、“应计利息”、“减值准备”明细科目，贷款借出时，借记“委托贷款——本金”科目，贷记“银行存款”科目，收回本金时，借记“银行存款”科目，贷记“委托贷款——本金”科目。计提利息时，借记“委托贷款——应计利息”科目，贷记“投资收益”科目，收取利息时，借记“银行存款”科目，贷记“委托贷款——应计利息”科目。利息收入应交5%的营业税，借记“投资收益”科目，贷记“应交税金——营业税”科目。

【例4-24】 中联房地产公司于2010年1月20日将5亿元资金通过农业银行委托贷款方式贷给上海中联房地产开发公司，贷款年利率为6%，每月计提利息为250万元，2010年3月20日收到上海中联公司一季度贷款利息500万元，计算缴纳营业税25万元，2013年1月10日，上海中联房地产开发公司将5亿元贷款资金归还给中联房地产公司。中联公司根据有关原始凭证，会计分录如下：

（1）贷款借出时：

借：委托贷款——本金　　500 000 000

　贷：银行存款　　500 000 000

（2）收回贷款本金时：

借：银行存款　　500 000 000

　贷：委托贷款——本金　　500 000 000

（3）每月计提利息时：

借：委托贷款——应计利息　　2 500 000

　贷：投资收益　　2 500 000

（4）收到一季度利息时：

借：银行存款　　5 000 000

　贷：委托贷款——应计利息　　5 000 000

（5）计算利息收入营业税时：

借：投资收益　　250 000

　贷：应交税金——营业税　　250 000

（二）借款方的核算

对于借款方来讲，通过委托贷款方式取得的借款与从金融机构直接取得的借款没有区别，借款方按照金融机构贷款进行核算，这里不再赘述。

5 CHAPTER 第五章 房地产企业成本的核算

第一节　成本核算概述

为了加强开发产品成本的管理，降低开发过程中的各种耗费，提高房地产企业的效益，必须正确核算开发产品的成本，在各个开发环节控制各项费用支出。

开发产品成本是指房地产企业在开发过程中所发生的各项费用支出。为正确核算开发产品成本，房地产企业要按照成本核算的基本程序，科学、合理、严密地组织本企业的成本核算工作，最终达到成本控制的目的。

一、成本核算的基本程序

为正确核算开发产品的成本，房地产企业应严格按照成本核算的程序进行成本核算，成本核算的基本程序如下：

- 确定成本核算对象。根据成本核算对象的确定原则和项目特点，确定成本核算对象。
- 归集开发成本。设置有关成本核算会计科目，建立成本合同台账，核算和归集开发成本。
- 确定成本分摊方法。按受益原则和配比原则，确定应分摊成本费用在各成本核算对象之间的分配方法和标准。
- 在成本核算对象之间分摊成本。将归集的开发成本费用按确定的方法和标准在各成本核算对象之间进行分配。
- 计算各成本核算对象的开发总成本。编制项目开发成本计算表，计算各成本核算对象的开发总成本。

● 正确划分完工和在建开发产品之间的开发成本，分别结转完工开发产品成本，按建筑面积计算完工产品单位成本。

● 正确划分可售面积、不可售面积（由主管部门划分提供），根据有关规定分别计算可售面积、不可售面积应负担的成本，按与结算销售收入配比的原则正确结转完工开发产品的销售成本。

● 编制成本报表，根据成本管理和核算要求，总括反映各成本核算对象的成本情况。

综上所述，对于房地产企业的成本核算来讲，成本对象和成本项目的划分和确定是正确核算开发成本的基础。

二、确定成本核算对象

为满足核算企业经营成果需要，必须按照一定的原则和方法确定成本核算对象，以归集不同开发产品成本支出，正确配比不同开发产品的收入和成本，准确核算项目开发经营成果。

（一）成本对象的概念

成本核算对象是房地产企业在开发经营过程中，为归集和分配费用而确定的费用承担者。合理确定成本核算对象是正确组织企业成本费用核算的重要条件。成本核算对象不同于最终开发产品，成本核算对象是具有不同使用功能的开发成本归集单元，可以理解为归集最终开发产品成本的手段和中间步骤。归集不同最终开发产品成本才是成本核算的目的，以实现和不同开发产品产生的收入进行配比。房地产企业在确定成本核算对象时，要把握以下前提：

● 确定成本核算对象之前，要透彻了解开发项目的经营计划，合理确定项目分期，清楚项目立项文件、"四证"等项目合法性文件中关于项目建设内容、土地性质等方面的规定，清楚所有开发产品的处理方式或处理方式可能发生的变化，提高成本核算对象划分的合理性。

● 确定成本核算对象时，企业财务部门要和预算或成本部门充分沟通，规范成本核算对象使用的名称，保持两个部门成本核算对象划分一致，以提高成本信息的通用性。

● 在项目策划阶段、项目实施阶段和项目决算阶段，要保持成本核算对象划分一致，保持项目预算和项目决算成本核算数据口径一致。

● 成本核算对象不同于开发产品种类，确定成本核算对象宜细不宜粗，以适应开发产品处理方式可能发生的变化，满足土地增值税计算、对成本核算进行策划和共同成本分配的需要。

● 成本核算对象的划分应满足成本计算的需要，便于成本费用的归集，适应成本监控的要求。

（二）确定成本对象的原则

● 可否销售原则：开发产品能够对外经营销售的，应作为独立的成本核算对象进行成本核算；不能对外经营销售的，先作为一般成本核算对象进行成本归集，然后再将其成本摊入能够对外经营销售的成本核算对象。

● 分类归集原则：对不同开发地点、竣工时间跨年度或产品结构类型存在明显差异的群体开发的项目，应分别作为成本核算对象进行核算。

● 功能区分原则：开发项目某组成部分相对独立，且具有不同使用功能时，可以作为独立的成本核算对象进行核算。

● 定价差异原则：开发产品因其产品类型或功能不同而导致其预期售价存在较大差异的，可以分别作为成本核算对象进行核算。

● 成本差异原则：开发产品因建筑上存在明显差异可能导致其建造成本出现较大差异的，可以分别作为成本核算对象进行核算。

● 权益区分原则：开发项目属于受托代建的或多方合作开发的，应结合上述原则分别划分成本核算对象进行核算。

（三）确定成本核算对象方法

根据上述原则，房地产企业应结合项目开发地点、规模、周期、开发产品处理方式、功能设计、结构类型、装修档次、施工队伍等因素和管理需要等实际情况，确定具体成本核算对象。具体确定方法如下：

● 单体开发项目，一般以每一独立编制设计概算或施工图预算的单项开发工程为成本核算对象。

● 在同一开发地点、结构类型相同、开竣工时间相近、由同一施工单位施工或总包的群体开发项目，可以合并为一个成本核算对象。

- 对于开发规模较大、工期较长的开发项目，可以结合项目特点和成本管理的需要，按开发项目的一定区域或部位或周期划分成本核算对象。
- 成片分期开发的项目，可以以各期为成本核算对象。
- 同一项目有裙房、公寓、写字楼等不同功能的，在按期划分成本核算对象的基础上，还应按功能划分成本核算对象。
- 同一分期有高层、多层、复式等不同结构类型的，还应按结构类型划分成本核算对象。
- 根据核算和管理需要，对独立编制设计概算或施工图预算的配套设施，不论其支出是否摊入房屋等开发产品成本，均应单独作为成本核算对象。对于只为一个单体开发项目服务的、应摊入开发项目成本且造价较低的配套设施，可以不单独作为成本核算对象，发生的开发费用直接计入单体开发项目的成本。

三、划分成本核算项目

（一）成本核算项目的分类

开发产品成本核算应视开发产品的具体情况，按制造成本法设置成本项目。成本项目一般包括下列七项：

- 土地征用及拆迁补偿费；
- 前期工程建设费；
- 基础设施建设费；
- 建筑安装工程费；
- 公共配套设施费；
- 开发间接费；
- 借款费用。

（二）成本项目的核算内容

1. 土地征用及拆迁补偿费

指为取得土地开发使用权而发生的各项费用，主要包括以下内容：

• 土地征用费：支付的土地出让金、土地转让费、土地效益金、土地开发费，缴纳的契税、耕地占用税、土地使用费、土地闲置费，土地变更用途和超面积补交的地价、补偿合作方地价、合作项目建房转入分给合作方的房屋成本和相应税金等。

• 拆迁补偿费：有关地上、地下建筑物或附着物的拆迁补偿支出，安置及动迁支出，回迁房建造费用，农作物补偿费，危房补偿费等；拆迁旧建筑物回收的残值应估价入账，分别冲减有关成本。

• 市政配套费：指向政府部门缴纳的大市政配套费，征用生地向当地市政公司缴纳的红线外道路、水、电、气、热、通信等的建造费、管线铺设费等。

• 其他：如土地开发权批复费、土地面积丈量测绘费等。

2. 前期工程费

指在取得土地开发权之后、项目开发前期的筹建、规划、设计、可行性研究、水文地质勘察、测绘、“三通一平”等前期费用。主要包括以下内容：

• 项目整体性批报建费：项目报建时按规定向政府有关部门缴纳的报批费。如：人防工程建设费、规划管理费、新材料基金（或墙改专项基金）、教师住宅基金（或中小学教师住宅补贴费）、拆迁管理费、招标代理费等。

• 规划设计费：项目立项后的总体规划设计、单体设计费、管线设计费、改造设计费、可行性研究费（含支付社会中介服务机构的市场调研费），制图、晒图费，规划设计模型制作费，咨询论证费，方案评审费。

• 勘测丈量费：水文、地质、文物和地基勘察费，沉降观测费，日照测试费、拨地钉桩验线费、复线费、定线费、放线费、建筑面积丈量费等。

• “三通一平”费：接通红线外施工用临时给排水（含地下排水管、沟开挖铺设费用）、供电、道路（含按规定应交的占道费、道路挖掘费）等设施的设计、建造、装饰和进行场地平整发生的费用（包括开工前垃圾清运费）等。

• 临时设施费：工地甲方临时办公室，临时场地占用费，临时借用空地租费，以及沿红线周围设置的临时围墙、围栏等设施的设计、建造、装饰等费用。临时设施内的资产，如空调、电视机，家具等不属于临时设施费。

● 预算编审费：支付给社会中介服务机构受聘为项目编制或审查预算而发生的费用。

● 其他：包括挡光费、危房补偿鉴定费、危房补偿鉴定技术咨询费等。

3. 基础设施建设费

指项目开发过程中发生的小区内、建筑安装工程施工图预算项目之外的道路、供电、供水、供气、供热、排污、排洪、消防、通讯、照明、有线电视、宽带网络、智能化等社区管网工程费、园林绿化等园林、景观环境工程费用，红线外两米与大市政接口的费用，以及向水、电、气、热、通信等大市政公司缴纳的费用。主要包括以下内容：

● 道路工程费：小区内道路铺设费。

● 供电工程费：变（配）电设备的购置费，设备安装及电缆铺设费，供（配）电贴费、电源建设费，缴纳的电增容费等。

● 给排水工程费：自来水、雨（污）水排放、防洪等给排水设施的建造、管线铺设费用，以及向自来水公司缴纳的水增容费等。

● 煤气工程费：煤气管道的铺设费、增容费、集资费，煤气配套费，煤气发展基金、煤气挂表费等。

● 供暖工程费：暖气管道的铺设费、集资费。

● 消防工程费：火灾自动报警、消火栓、自动喷淋、气体灭火、防排烟、消防应急疏散、防火隔断、消防电梯、消防供水等支出。

● 通讯工程费：电话线路的铺设、电话配套费，电话电缆集资费，缴纳的电话增容费等。

● 电视工程费：小区内有线电视（闭路电视）的线路铺设和按规定应缴纳的有关费用。

● 宽带网络工程费：小区内宽带的线路铺设和按规定应交纳的有关费用。

● 智能化工程费：包括计算机管理系统、楼宇设备自控系统、保安监控及防盗报警系统、智能卡系统等工程支出。

● 照明工程费：小区内路灯照明设施支出。

• 绿化工程费：小区内人工草坪、栽花、种树等绿化支出；绿地建设费。

• 环卫工程费：指小区内的环境卫生设施支出，如垃圾站（箱）、公厕等支出。

• 其他：小区周围设置的永久性围墙、围栏支出、园区大门、园区监控工程费、自然下沉整改费等。

4. 建筑安装工程费

指项目开发过程中发生的列入建筑安装工程施工图预算项目内的各项费用（含设备费、出包工程向承包方支付的临时设施费和劳动保险费），有甲供材料、设备的，还应包括相应的甲供材料、设备费。发包工程应依据承包方提供的经甲方审定的"工程价款结算单"来确定。建筑安装工程费主要包括以下内容：

• 土建工程费：包括基础工程费、主体工程费。有甲供材料的，还应包括相应的甲供材料费。

• 安装工程费：包括电气（强电）安装工程费、电讯（弱电）安装工程费、给排水安装工程费、电梯安装工程费、空调安装工程费、消防安装工程费、煤气安装工程费、采暖安装工程费。上述各项如有甲供材料、设备，还应分别包括相应的甲供材料、设备费。

• 装修工程费：内外墙、地板（毯）、门窗、厨洁具、电梯间、天（顶）蓬、雨篷等的装修费及室内精装修费，有甲供材料的，还应包括相应的甲供材料费。

• 项目或工程监理费：指支付给聘请的项目或工程监理单位的费用。

• 其他：工程收尾所发生的零星工程费和乙方保修期后应由开发商承担的维修费（零星工程费和乙方保修期后应由开发商承担的维修费能够归类的，应按从属主体原则归类计入上述相应费用中），现场垃圾清运费、工程保险费等。

5. 公共配套设施费

指开发项目内发生的、独立的、非营利性的且产权属于全体业主的，或无偿赠与地方政府、政府公共事业单位的公共配套设施费用等。该成本项目下按各项配套设施设立明细科目，具体核算内容可区别以下情况：

• 在开发小区内发生的不会产生经营收入的不可经营性公共配套设施支出，如建造消防、水泵房、水塔、锅炉房（建筑成本）、变电所（建筑成本）、居委会、派出所、岗亭、儿童乐园、自行车棚、景观（建筑小品）、环廊、街心公园、凉亭等设施的支出。

• 在开发小区内发生的根据法规或经营惯例，其经营收入归经营者或业委会的可经营性公共配套设施的支出，如建造幼托、邮局、图书馆、阅览室、健身房、游泳池、球场等设施的支出。

• 开发小区内城市规划中规定的大配套设施项目不能有偿转让和取得经营收益权时，发生的没有投资来源的费用。

• 对于产权、收入归属情况较为复杂的地下室、车位等设施，应根据当地政府法规、开发商的销售承诺等具体情况确定是否摊入成本项目。如开发商通过补交地价或人防工程费等措施，得到政府部门认可，取得了该配套设施的产权，则应作为经营性项目独立核算。

6. 开发间接费

指房地产企业为直接组织和管理开发项目所发生的，且不能将其直接归属于成本核算对象的工程监理费、造价审核费、结算审核费、工程保险费等。为业主代扣代缴的公共维修基金等不计入产品成本。

7. 借款费用

指项目开发过程中符合资本化条件的借款费用。

四、成本对象和成本项目之间的关系

所有房地产企业开发项目中，成本项目的划分是相同的，也就是说，成本项目的划分和确定不是企业自行确定的，而是由房地产行业有关规定所确定的。而成本对象的确定，则是房地产企业自行确定的，不同的房地产开发项目，其成本核算对象也是不相同的。因此，成本核算对象的确定是企业在成本核算中面临的首要任务，也就是说，房地产企业在项目开发前，首先要确定开发项目的成本核算对象。

房地产开发企业的开发总成本由各个成本对象的成本组成，而每个成本对象又由各个具体的成本项目组成。如图 5-1 所示。

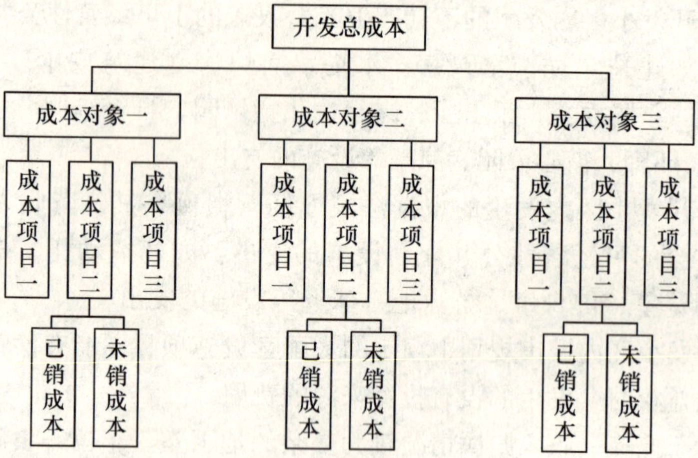

图 5-1　房地产项目开发成本组成图

五、会计科目的设置

（一）“生产成本”科目

“生产成本”科目核算在房屋等产品开发过程中所发生的各项费用。“生产成本”科目可按“土地开发成本”、“房屋开发成本”、“配套设施开发成本”、“代建工程开发成本”进行明细核算，其中“房屋开发成本”应当分别按照成本核算对象设置明细账，并按规定的成本项目设置专栏。

- 土地开发成本：指房地产企业开发土地所发生的各项费用支出。
- 房屋开发成本：指房地产企业开发各种房屋所发生的各项费用支出。
- 配套设施开发成本：指房地产企业开发能有偿转让的大配套设施及不能有偿转让、不能直接计入开发产品成本的公共配套设施所发生的各项费用支出。
- 代建工程开发成本：指房地产企业接受单位的委托，代为开发除土地、房屋以外的其他工程（如市政工程）等所发生的各项费用支出。

（二）“开发间接费”科目

归集和分配在房屋等产品开发过程中，本单位项目、设计、工程、预算、材料等业务部门为组织与管理开发项目建设而发生的各项费用。这类费用由本科目归集并按一定方法、标准分配后，再计入各成本核算对象的“开发间接费”成本项目中去。

（三）“库存商品”科目

核算已开发完成并验收合格的开发产品的实际成本。房地产企业在进行库存商品核算的同时，应收集、整理具体到每户的可售面积构成、销售及其回款情况的详细资料。“库存商品”科目按成本对象设置明细科目，用于核算各成本对象的实际成本。

第二节 房屋开发成本的核算

房地产企业对于房屋开发成本的核算过程，实际上就是在确定成本对象的基础上，合理地进行成本归集和分配的过程。因此，房屋开发成本的归集和分配是房地产企业成本核算的重要内容。

成本归集就是将成本支出计入成本项目的过程，而成本分配就是将计入成本项目的成本支出分配计入成本对象的过程。房地产企业通过成本归集和成本分配，就可以反映出每个成本对象的成本支出，为计算销售成本创造条件。

一、成本分摊方法

企业开发、建造的开发产品应按制造成本法进行计量与核算。其中，应计入开发产品成本中的费用属于直接成本和能够分清成本对象的间接成本，直接计入成本对象；共同成本和不能分清负担对象的间接成本，应按受益的原则和配比的原则分配至各成本对象。具体分配方法可按以下规定选择其一：

1. 占地面积法

指按已动工开发成本对象占地面积占开发用地总面积的比例进行分配。

● 一次性开发的，按某一成本对象占地面积占全部成本对象占地总面积的比例进行分配。

● 分期开发的，首先按本期全部成本对象占地面积占开发用地总面积的比例进行分配，然后再按某一成本对象占地面积占期内全部成本对象占地总面积的比例进行分配。

● 期内全部成本对象应负担的占地面积为期内开发用地占地面积减除应由各期成本对象共同负担的占地面积。

2. 建筑面积法

指按已动工开发成本对象建筑面积占开发用地总建筑面积的比例进行分配。

● 一次性开发的，按某一成本对象建筑面积占全部成本对象建筑面积的比例进行分配。

● 分期开发的，首先按期内成本对象建筑面积占开发用地计划建筑面积的比例进行分配，然后再按某一成本对象建筑面积占期内成本对象总建筑面积的比例进行分配。

3. 直接成本法

指按期内某一成本对象的直接开发成本占期内全部成本对象直接开发成本的比例进行分配。

4. 预算造价法

指按期内某一成本对象预算造价占期内全部成本对象预算造价的比例进行分配。

二、土地征用及拆迁补偿费的归集与分配

土地征用费及拆迁补偿费是指为取得土地开发使用权（或开发权）而发生的各项费用，主要包括土地买价或出让金、大市政配套费、契税、耕地占用税、土地使用费、土地闲置费、土地变更用途和超面积补交的地价及相关税费、拆迁补偿支出、安置及动迁支出、回迁房建造支出、农作物补偿费、危房补偿费等。

房地产项目开发过程中发生的土地征用及拆迁补偿费。能分清成本核算对象的，应直接计入有关房屋开发成本核算对象的“土地征用及拆迁补偿费”成本项目，并记入“生产成本——房屋开发成本——某成本对象——土地征用及拆迁补偿费”账户的借方。分不清成本核算对象的，应将其支出先通过“生产成本——房屋开发成本——待分摊成本——土地征用及拆迁补偿费”账户进行归集，会计期末按照一定的分配标准分配给各受益对象。

应由开发产品受益的，将其分配计入有关成本核算对象，并记入“生产成本——房屋开发成本（或配套设施开发成本）——某成本对象——土地征用及拆迁补偿费”账户的借方。应由投资性房地产或固定资产受益的，将其分配记入“在建工程”账户的借方。

（一）土地价款支付的特殊处理

房地产企业在支付土地价款时，根据不同情况采取账务处理方法如下：

- 支付全部或部分土地价款但尚未取得土地的，由于不符合资产定义，所付款项在“预付账款”中核算，不能确认土地资产。
- 凡已签订土地出让合同，确认了土地价款并已取得土地的，未全部支付的土地价款作为负债挂账。
- 凡已取得土地，未取得土地使用证的，要在会计报告附注的其他重要事项或存货中披露。

【例 5-1】 2012 年 6 月 7 日，中联房地产公司通过竞拍拍得了 A、B 两个地块，其中 A 地块支付全额地价款 4 亿元，但至今未实际取得土地，B 地块地价款总额为 5 亿元，中联公司已支付 3 亿元，并已实际取得了该地块。中联房地产公司根据有关原始凭证，会计分录如下：

（1）A 地块。

借：预付账款　　400 000 000

　贷：银行存款　　400 000 000

（2）B 地块。

借：生产成本　　500 000 000

贷：银行存款　　300 000 000

　　应付账款　　200 000 000

（二）土地成本分摊的一般方法

按照税法的有关规定，土地成本一般按占地面积法进行分配。如果确需结合其他方法进行分配的，应经税务机关同意。

房地产企业在会计核算上，如果成本对象的占地面积可以取得，原则上房地产企业应该按占地面积进行分摊。房地产企业取得成本对象占地面积的途径有两个：一是政府规划审批部门在项目规划中测定的占地面积，二是房地产企业根据项目规划自行测定的占地面积。

但在实际项目运作时，并不是所有的成本对象都可以单独取得其占地面积的。垂直排列的成本对象就无法取得各自的占地面积，如有的项目的开发产品，一至三层裙房为购物中心，三层以上是写字楼，作为成本对象，购物中心和写字楼的占地面积是重合的，因此，这种情况下就不能按占地面积分摊土地价款。

无法按占地面积进行土地价款分摊的，从现在可以采用的分摊方法来看，建筑面积法是最合理的方法。

【例 5-2】　2012 年 6 月 7 日，中联房地产公司通过竞拍拍得了某地块，土地总价 5 亿元，该地块占地面积 10 万平方米，总建筑面积为 30 万平方米。整体项目分为商业区、住宅区和别墅区三个区域，规划指标如下：

（1）商业区：总占地面积 2 万平方米，开发产品为三层裙房和 20 层写字楼，总建筑面积 15 万平方米，其中：裙房建筑面积 5 万平方米，写字楼建筑面积 10 万平方米。

（2）住宅区：占地面积 3 万平方米，建筑面积 12 万平方米。

（3）别墅区：占地面积 5 万平方米，建筑面积 3 万平方米。

中联房地产公司根据有关原始凭证，编制会计分录如下：

（1）土地价款的归集。

借：生产成本——待分摊成本——土地征用及拆迁补偿费

500 000 000

贷：银行存款 500 000 000

(2) 土地价款的分摊。

根据该项目实际情况，中联房地产公司确定成本对象分别为：裙房、写字楼、住宅和别墅。各成本对象分摊的土地成本如下：

①裙房和写字楼的土地成本：商业区的土地成本，按占地面积法进行分摊。

商业区的土地成本＝50 000×2÷10＝10 000(万元)

裙房和写字楼的土地成本按建筑面积法进行分摊。

裙房的土地成本＝10 000×5÷15＝3 333(万元)

写字楼的土地成本＝10 000×10÷15＝6 667(万元)

②住宅的土地成本：按占地面积进行分摊。

住宅的土地成本＝50 000×3÷10＝15 000(万元)

③别墅的土地成本：按占地面积进行分摊。

别墅的土地成本＝50 000×5÷10＝25 000(万元)

会计分录如下：

借：生产成本——裙房——土地征用及拆迁补偿费 33 330 000

——写字楼——土地征用及拆迁补偿费 66 670 000

——住宅——土地征用及拆迁补偿费 150 000 000

——别墅——土地征用及拆迁补偿费 250 000 000

贷：生产成本——待分摊成本——土地征用及拆迁补偿费

500 000 000

(三) 土地成本分摊的特殊处理

在进行土地成本分摊时，还应注意以下几种特殊情况的处理方法：

- 在进行土地成本分摊时，如果属于单独建造的、具有独立使用功能的地下建筑物，应分摊土地成本；如果属于为建造地上建筑物而形成的、不具有独立使用功能的地下基础设施，不分摊土地成本。
- 回迁房成本如果作为拆迁补偿费，不分摊土地成本。

- 单独建造应该由开发产品承担的配套设施，应分摊土地成本。

三、前期工程费的归集与分配

（一）前期工程费的归集

房地产项目开发过程中发生的规划、设计、可行性研究以及水文地质勘察、测绘、场地平整等各项前期工程支出，能分清成本核算对象的，应直接计入有关房屋开发成本核算对象的前期工程费成本项目，即记入“生产成本——房屋开发成本——某成本对象——前期工程费”账户的借方。分不清成本核算对象的，应先将其支出通过“生产成本——房屋开发成本——待分摊成本——前期工程费”账户进行归集，会计期末按照一定的分配标准分配给各受益对象。

应由开发产品受益的，将其分配计入有关成本核算对象，记入“生产成本——房屋开发成本（或配套设施开发成本）——某成本对象——前期工程费”账户的借方；应由投资性房地产或固定资产受益的，将其分配记入“在建工程”账户的借方。

（二）前期工程费的分配

前期工程费的分配方法包括：占地面积法、建筑面积法、直接成本法和预算造价法。房地产企业在分配时，可以自行选择其中的一种分配方法。对于前期工程费中的具体支出项目，应具体分析，分别采用不同的分配方法。如果没有确实的理由，前期工程费的支出项目应采用统一的分配方法，也就是不能人为地通过分配方法的选择来调节各成本对象的成本。

四、建筑安装工程费的归集与分配

房地产项目开发过程中发生的建筑安装工程支出，应根据工程的不同施工方式，采用不同的核算方法。

（一）采用发包方式的核算

采用发包方式进行建筑安装工程施工的开发项目，其建筑安装工程支出，应根据企业承付的已完工程价款确定，直接计入有关开发成本核算对象的“建筑安装工程费”成本项目，记入“生产成本——房屋开发成本——某成本对象——建筑安装工程费”账户的借方和“应付账款——应付工程款”等账户的贷方。

1. 工程价款结算办法

对发包的基础设施和建筑安装工程，一般采用招标、议标方式，通过工程公开招标或邀请施工企业议标，将工程发包给施工企业的，按工程标价进行结算。开发企业与施工企业在工程承包合同中规定的工程价款的结算，应根据国家有关工程价款结算办法，结合当地的有关规定具体确定。从目前各个地区所采用的工程价款结算办法来看，归纳起来，主要有如下三种：

- 按月结算，就是按照每月实际完成的分部分项工程进行结算。根据经验收合格的各月份的已完分部分项工程的工程数量和预算单价等计算的工程造价，就是各该月份应结算和支付的工程款。目前一般都实行月中预付、月末结算，即在月中按照当月施工计划所列的工作量一半预付，月末（实际为下月初）按照各工程当月实际完成工作量（即预算造价或调整计算后的工程标价）扣除月中预付款后进行结算。

- 分段结算，就是将一个单位工程按形象进度划分为几个阶段（部位），如基础、结构、装饰、竣工等；按照完成阶段，分段验收结算工程价款。分段结算也可按月预付工程款，即在月中按照当月施工计划工作量预付，于工程阶段完成验收后按分段工程预算造价或调整计算后的工程标价扣除预付款后进行结算。

- 竣工一次结算，开发项目或单项工程施工工期在 12 个月以内，或者工程承包合同价值较小的，可以实行工程价款每月月中预支、竣工后一次结算。即在工程开工后，每月按当月施工计划所列工作量预付工程款，于工程竣工验收后，按工程承包合同价值扣除预付工程款后进行结算。

不论采用何种结算办法，施工期间结算的工程价款一般都不得超过承包工程合同价值的 95%。尾款应专户存入银行，待工程竣工验收后清算。但如承包施工企业已向开发企业出具履约保函或有其他保证的，可以不留工程尾款。

2. 非合同建筑安装工程费支出的核算

非合同建筑安装工程费支出（简称“非合同建安支出”）需要通过“应付账款”科目转入“生产成本”科目，具体为：在“应付账款”科目下按成本项目设置明细，发生支出时先借记“应付账款”科目，贷记“银行存款”科目，同时借记“生产成本”科目，贷记“应付账款”科目。

从以上可以看出，对于非合同建安支出，应通过“应付账款”科目进行过渡，不能直接记入“生产成本”。这样操作的理由是：如果直接记入“生产成本”，“应付账款”科目的累计发生额就不能完整反映项目建安支出的情况。

这里要注意的是，非合同建安支出核算时，应付账款的明细科目是按生产成本的成本项目来设置的，这与支付工程合同款时，按客户单位设置应付账款明细科目不同。

3. 支付工程合同款的核算

开发企业与施工企业有关发包工程款和预付备料款、工程款的核算，应在“应付账款——应付工程款”和“预付账款——预付承包单位款”两个账户进行，“应付账款”和“预付账款”科目均应按客户单位名称设置明细科目。

开发企业按照规定预付给承包施工企业的备料款和工程款，应记入“预付账款——预付承包单位款”账户的借方；按照工程价款结算账单应付给承包施工企业的工程款，应记入“生产成本”等账户的借方和“应付账款——应付工程款”账户的贷方。如有扣除应付工程款的预付备料款和预付工程款时，应将扣回的预付备料款和预付工程款记入“预付账款——预付承包单位款”账户的贷方，“应付账款——应付工程款”账户的贷方仅记减去扣回预付备料款和预付工程款后的应付账款。支付工程款时，记入“应付账款——应付工程款”账户的借方和“银行存款”等账户的贷方。

合同最后结算时，按最终结算值与已累计结算值差额结转生产成本，借记“生产成本”科目，贷记“应付账款”科目，“应付账款”贷方余额反映尚欠施工单位款项。

【例5-3】 中联房地产公司与中宏建筑公司发包工程年度合同总值

为 60 000 万元，按照合同规定，开工前应付预付备料款 15 000 万元，用银行存款支付，应作如下分录入账：

(1) 预付备料款时。

借：预付账款——预付承包单位款——中宏公司 150 000 000

贷：银行存款 150 000 000

(2) 预付工程款时。

9 月份，根据施工企业当月施工计划所列工作量的 1/2 即 350 万元，用银行存款预付工程款。

借：预付账款——预付承包单位款——中宏公司 3 500 000

贷：银行存款 3 500 000

10 月初，根据施工企业提出 9 月份工程价款结算账单中的已完工程价值为 750 万元，减去应扣回预付备料款 180 万元，月中预付工程款 350 万元，尚应支付工程款 220 万元（750—180—350）。

(3) 工程价款结算时。

借：生产成本 7 500 000

贷：预付账款——预付承包单位款——中宏公司 5 300 000

应付账款——应付工程款——中宏公司 2 200 000

(4) 支付应付工程款时。

借：应付账款——应付工程款——中宏公司 2 200 000

贷：银行存款 2 200 000

房地产企业按照发包工程合同与承包施工单位定期进行工程价款结算，既可以保证房地产企业开发产品成本的准确性，也可以准确反映房地产企业的负债情况。如果由于种种原因，房地产企业未能按期与承包施工单位进行工程价款结算，为真实反映开发产品成本和负债情况，房地产企业应根据发包工程合同，计提工程结算价款，按其金额，借记“生产成本”科目，按应扣回的预付工程款和备料款金额，贷记“预付账款”科目，按其差额，贷记“应付账款”科目。待以后进行工程价款结算时，相应调整相关科目的金额。

计提工程结算价款属于预提费用，一般发生在会计期末。在会计处理上，房地产企业可以根据实际情况进行预提，但根据税法规定，出包工程未最终办理结算而未取得全额发票的，在证明资料充分的前提下，其发票不足金额可以预提，但最高不得超过合同总金额的10%。因此，在税务处理上可能存在纳税调整的问题。

4. 支付甲供材料款的核算

甲供材料是指房地产企业代承包商采购材料，并将其交付给承包商。甲供材料的价款应包含在双方的工程合同中。房地产企业为了保证开发产品的质量，往往对重要的材料实行甲供。

(1) 房地产企业支付甲供材料款时，借记“应付账款——甲供材料”科目，贷记“银行存款”科目，即：

借：应付账款——甲供材料

　贷：银行存款

(2) 房地产企业支付施工单位工程款时，需扣除领用的甲供材料。

借：应付账款——施工单位（应付款总额）

　贷：应付账款——甲供材料（扣款金额）

　　银行存款（实际支付金额）

“应付账款——甲供材料”期末借方余额反映施工单位未领用甲供材料的金额。

(3) 甲供材料结算后，按结算额和已扣款差额进行账务处理如下：

借：应付账款——施工单位（实际领用－已扣款）

　原材料（剩余不能退货部分）

　贷：应付账款——甲供材料（结算额－已扣款）

需要注意的是施工单位的决算额应包括甲供材料。如果施工单位提供包含甲供材料的决算额发票，直接按决算额结转成本；如果不包含甲供材料，根据甲供材料发票结转成本，此时施工单位应提供甲供材料完税凭证。

【例5-4】 中联房地产公司根据与中宏公司的工程合同，于2011年2月10日购买了一批甲供石材，支付货款200万元。石材到货后，中宏公司当月陆续领用了150万元的石材，本月应付中宏公司工程款800万元，领用石材已从当月工程款中扣除。2011年年底，在甲供材料结算时，发现中宏公司实际领用的石材为180万元，另20万元的石材已存在破损，无法退回厂家。

(1) 支付石材款时。

借：应付账款——甲供材料　　2 000 000
　贷：银行存款　　2 000 000

(2) 扣除领用的石材时。

借：应付账款——中宏公司　　8 000 000
　贷：应付账款——甲供材料　　1 500 000
　　　银行存款　　6 500 000

"应付账款——甲供材料"期末借方余额为50万元，为中宏公司未领用的石材金额。

(3) 与中宏公司进行石材结算时。

借：应付账款——中宏公司　　300 000
　　原材料　　200 000
　贷：应付账款——甲供材料　　500 000

5. **工程水电费的核算**

施工期间工程临时水电费一般由开发商直接支付，施工合同中约定开发商和施工单位分担比例。实际支付时，应该由开发商承担的部分直接记入"生产成本"科目，应该由施工单位承担的部分直接记入该施工单位"应付账款"科目借方。

发生时不能准确确定的，可以通过"其他应收款"科目先归集，借记"其他应收款"科目，贷记"银行存款"科目。最后将开发商应承担的部分借记"生产成本"科目，将由施工单位承担的部分借记"应付账款——施工单位"科目，按全部的水电费贷记"其他应收款"科目。

在进行工程水电费的核算时，在从施工单位工程款中扣除房地产企业代垫工程水电费时的账务处理与甲供材料的账务处理有所不同。水电费发生时，直接借记"应付账款——施工单位"科目，并没有像甲供材料一样，从"应付账款——甲供材料"中过渡，这样做的原因是，工程水电费不存在分批领用的问题，而甲供材料存在分批领用的问题，因此，必须先在"应付账款——甲供材料"科目中过渡，每次领用时，再冲减该科目，并按领用的金额，借记"应付账款——施工单位"科目。

这里要注意，房地产企业应将取得的水电费发票复印件及原始凭证分割单一并交与施工单位，施工单位据此入账。

6. 建筑安装工程费的分配

如果开发企业对建筑安装工程采用招标方式发包，并将几个工程一并招标发包，房地产企业在发生建筑安装工程费时，应先将其支出通过“生产成本——房屋开发成本——待分摊成本——建筑安装工程费”账户进行归集，会计期末按照一定的分配标准分配给各受益对象。

应由开发产品受益的，将其分配计入有关成本核算对象，即记入“生产成本——房屋开发成本（或配套设施开发成本）——某成本对象——建筑安装工程费”账户的借方。应由投资性房地产或固定资产受益的，将其分配记入“在建工程”账户的借方。

（1）按工程结算额分配。建筑安装工程费与其他成本项目不同，开发产品一般以每一独立编制设计概算或施工图预算的单项开发工程为成本核算对象，也就是说，成本对象都具有独立的设计概算或施工图预算，因此，根据每一个成本对象的设计概算或施工图预算，房地产企业发生的建筑安装工程费在最后完工结算工程价款时，都可以准确确定每一个成本对象的建筑安装工程费。因此，一般情况下，房地产企业应在工程完工时，按照工程结算值分配计入相应的成本对象。

（2）按工程预算造价分配。如果开发企业对建筑安装工程采用招标方式发包，并将几个工程一并招标发包，则在工程完工结算工程价款时，也可以按各项工程的预算造价的比例，计算它们的标价即实际建筑安装工程费，并计入相应的成本对象，公式如下：

$$\frac{\text{某项工程实际}}{\text{建筑安装工程费}}=\frac{\text{工程}}{\text{标价}}\times\frac{\text{该项工程}}{\text{预算造价}}\div\frac{\text{各项工程}}{\text{预算造价合计}}$$

总之，建筑安装工程费不能按占地面积法、建筑面积法等分摊方法进行分摊，只能按照工程结算额或工程预算造价进行分摊。

【例 5-5】 中联房地产公司将两幢商品房建筑安装工程进行招标，标价为 1 080 000 元，这两幢商品房的预算造价为：101 商品房为 630 000 元，102 商品房为 504 000 元，合计 1 134 000 元。

工程完工结算工程价款时，计算各幢商品房的实际建筑安装工程费：

101 商品房建安工程费 $=1\ 080\ 000\times 630\ 000\div 1\ 134\ 000=600\ 000$（元）

102 商品房建安工程费 $=1\ 080\ 000\times 504\ 000\div 1\ 134\ 000=480\ 000$（元）

（二）采用自营方式的核算

采用自营方式进行建筑安装工程施工的开发项目，其发生的各项建筑安装工程支出，一般可直接计入有关开发成本核算对象的“建筑安装工程费”成本项目，即记入“生产成本——房屋开发成本——某成本对象——建筑安装工程费”账户的借方和“库存材料”、“应付职工薪酬”、“银行存款”等账户的贷方。

如果开发企业自行施工大型建筑安装工程，可以设置“工程施工”、“施工间接费用”等账户，用来核算和归集各项建筑安装工程支出，月末将其实际成本转入“生产成本——房屋开发成本——某成本对象——建筑安装工程费”账户。

企业用于项目开发的各项设备，即附属于工程主体的各项设备，应在出库交付安装时，计入有关项目开发成本核算对象的“建筑安装工程费”成本项目，即记入“生产成本——房屋开发成本——某成本对象——建筑安装工程费”账户的借方和“库存设备”账户的贷方。

五、基础设施建设费的归集与分配

（一）基础设施建设费的归集

房地产项目开发过程中发生的小区内、建筑安装工程施工图预算项目之外的道路、供电、供水、供气、供热、排污、排洪、消防、通讯、照明、有线电视、宽带网络、智能化等社区管网工程费、园林绿化等园林、景观环境工程费用，红线外两米与大市政接口的费用，以及向水、电、气、热、通信等大市政公司交纳的费用。能分清成本核算对象的，应直接计入有关房屋开发成本核算对象的“基础设施建设费”成本项目，即记入“生产成本——房屋开发成本（或配套设施开发成本）——某成本对象——基础设施建设费”账户的借方；分不清成本核算对象的，应先将其支出通过“生产成本——房屋开发成本——待分摊成本——基础设施建设费”账户进行归集，会计期末按照一定的分配标准分配给各受益对象。

应由开发产品受益的，将其分配计入有关成本核算对象，记入“生产成本——房屋开发成本（或配套设施开发成本）——某成本对象——基础设施建设费”账户的借方。应由投资性房地产或固定资产受益的，将其分配记入“在建工程”账户的借方。

（二）基础设施建设费的分配

基础设施建设费的分配方法包括：占地面积法、建筑面积法、直接成本法和预算造价法。房地产企业在分配时，可以自行选择其中的一种方法。对于基础设施建设费中的具体支出项目，可以具体分析，分别采用不同的分配方法。如果没有确实的理由，基础设施建设费的支出项目应采用统一的分配方法，也就是不能人为地通过分配方法的选择来调节各成本对象的成本。

六、开发间接费的归集与分配

（一）开发间接费的归集

房地产企业为直接组织和管理开发项目所发生的，且不能将其直接归属于成本核算对象的工程监理费、造价审核费、结算审核费、工程保险费等各项费用属于开发间接费。

开发间接费虽也属于直接为房地产开发而发生的费用，但它不能确定应由哪项开发产品所负担，因而无法将其直接计入各项开发产品成本。为了简化核算手续，应将其先记入“开发间接费用”账户，然后按照适当分配标准，分配计入各项开发产品成本。

房地产企业发生的各项开发间接费用，都要自“银行存款”等账户的贷方转入“开发间接费用”账户的借方。

（二）开发间接费的分配

每月终了，应对开发间接费用进行分配，按实际发生数计入有关开发产品的成本。开发间接费用的分配方法包括占地面积法、建筑面积法、直接成本法和预算造价法等，企业可根据开发经营的特点自行确定。

不论土地开发、房屋开发、配套设施和代建工程，均应分配开发间接费用。为了简化核算手续并防止重复分配，对应计入房屋等开发成本的自用土地和不能有偿转让的配套设施的开发成本，均不分配开发间接费用。这部分开发产品应负担的开发间接费用，可直接分配计入有关房屋开发成本。也就是说，企业发生的开发间接费用，可仅对有关开发房屋、商品性土地、能有偿转让配套设施及代建工程进行分配。

除了开发产品应负担开发间接费用以外，如果房地产企业同时开发应计入投资性房地产或固定资产的房屋，开发间接费用还应对投资性房地产或固定资产项目进行分配，分配金额相应记入“在建工程”账户的借方。

七、借款费用的归集和分配

（一）借款费用的归集

项目开发过程中发生的符合资本化条件的借款费用，能分清成本核算对象的，应直接记入有关房屋开发成本核算对象的“借款费用”成本项目，并记入“生产成本——房屋开发成本（或配套设施开发成本）——某成本对象——借款费用”账户的借方。

项目开发过程中发生的符合资本化条件的借款费用，如分不清成本核算对象的，应先将其支出先通过“生产成本——房屋开发成本——待分摊成本——借款费用”账户进行归集，会计期末按照一定的分配标准分配给各受益对象。

应由开发产品受益的，将其分配记入有关成本核算对象，并记入“生产成本——房屋开发成本（或配套设施开发成本）——某成本对象——借款费用”账户的借方。应由投资性房地产或固定资产受益的，将其分配记入“在建工程”账户的借方。

（二）借款费用的分配

借款费用的分摊方法包括：直接成本法和预算造价法。房地产企业在分摊时，可以自行选择其中一种分摊方法。

第三节　公共配套设施的核算

一、公共配套设施成本对象的确定

（一）公共配套设施的分类

房地产开发企业开发的配套设施，可以分为如下两类：

- 非营利性公共配套设施。
- 营利性公共配套设施。

1. 非营利性公共配套设施

非营利性公共配套设施是指房屋开发过程中，根据有关法规，其产权及收益权不属于开发商，开发商不能有偿转让也不能转作自留固定资产的公共配套设施。具体核算内容可区别以下情况：

- 在开发小区内发生的不会产生经营收入的不可经营性公共配套设施支出，如建造消防、水泵房、水塔、锅炉房（建筑成本）、变电所（建筑成本）、居委会、派出所、岗亭、儿童乐园、自行车棚、景观（建筑小品）、环廊、街心公园、凉亭等设施的支出。
- 在开发小区内发生的根据法规或经营惯例，其经营收入归经营者或业委会的可经营性公共配套设施的支出，如建造幼托、邮局、图书馆、阅览室、健身房、游泳池、球场等设施的支出。
- 开发小区内城市规划中规定的大配套设施项目不能有偿转让和取得经营收益权时，发生的没有投资来源的费用。
- 对于产权、收入归属情况较为复杂的地下室、车位等设施，应根据当地政府法规、开发商的销售承诺等具体情况确定是否摊入成本项目。如开发商通过补交地价或人防工程费等措施，得到政府部门认可，取得了该配套设施的产权，则应作为经营性项目独立核算。
- 开发项目外为居民服务的给排水、供电、供气的增容增压、交通道路等，这类配套设施没有投资来源，不能有偿转让。

2. 营利性公共配套设施

营利性公共配套设施是指能有偿转让的城市规划中规定的大配套设施

项目以及属于营利性的，或产权归企业所有的，或未明确产权归属的，或无偿赠与地方政府、公用事业单位以外其他单位的公共配套设施。

营利性公共配套设施一般包括：开发小区内营业性公共配套设施，如商店、银行、邮局等；开发小区内非营业性配套设施，如中小学、文化站、医院等。

（二）公共配套设施的成本核算对象

1. 非营利性公共配套设施的成本对象

对非营利性公共配套设施，如果工程规模较大，可以将各配套设施作为成本核算对象。在“生产成本——配套设施开发成本”科目下按各项配套设施设立明细科目，如物业服务用房、业主会所、幼儿园、学校、儿童游乐设施、环卫设施、运动设施、超市（配套商业设施）等。

如果工程规模不大，与其他项目建设地点较近，且开竣工时间相差不多，并由同一施工单位施工的，也可考虑将它们合并作为一个成本核算对象。

对于只为一个单体开发项目服务的、应摊入开发项目成本且造价较低的配套设施，可以不单独作为成本核算对象，发生的开发费用直接计入单体开发项目的成本。

2. 营利性公共配套设施的成本对象

一般来说，营利性的大配套设施项目，应以各配套设施项目作为成本核算对象，以正确计算各配套设施的开发成本。

二、非营利公共配套设施费的核算

为了正确核算和反映企业开发建设中各种非营利性配套设施所发生的支出，并准确地计算房屋开发成本和各种大配套设施的开发成本，对非营利性公共配套设施支出的核算可分为以下两种：

- 配套设施单独作为过渡性成本对象的核算。
- 配套设施不作为成本对象的核算。

以上两种情况，其公共配套设施费的归集与分配方法是不相同的。

（一）作为成本对象的核算

单独作为过渡性成本对象核算的公共配套设施开发成本，通过“生产成本——配套设施开发成本——配套设施成本对象”科目进行归集，会计期末按照一定的分配标准分配给各受益对象。

应由开发产品受益的，将其分配计入有关成本核算对象，即记入“生产成本——房屋开发成本——某成本对象——公共配套设施费”账户的借方。应由投资性房地产或固定资产受益的，将其分配记入“在建工程”账户的借方。

根据税法规定，单独作为过渡性成本对象核算的公共配套设施开发成本，应按建筑面积法进行分配。因此，在会计期末最好按照建筑面积法进行分配，这样可以保证会计处理与税务处理的一致，省去纳税调整给企业会计人员带来的不必要的工作量。

（二）不作为成本对象的核算

对于只为一个单体开发项目服务的、应摊入开发项目成本且造价较低的配套设施，发生的开发费用直接计入单体开发项目的成本。借记“生产成本——房屋开发成本——成本对象”科目，贷记“银行存款”、“应付账款”等科目。

（三）非营利公共配套设施成本项目的设置

对于作为成本对象核算的非营利公共配套设施的开发成本，在核算时一般可仅设置如下四个成本项目：

- 土地征用及拆迁补偿费；
- 前期工程费；
- 基础设施建设费；
- 建筑安装工程费。

由于这些配套设施的支出需由房屋等开发成本负担，为简化核算手续，对这些配套设施，可不再分配其他配套设施支出。它本身应负担的开发间接费用，也可直接分配计入有关房屋开发成本。因此，对这些配套设施，在核算时也就不必设置配套设施费和开发间接费两个成本项目。

三、营利性公共配套设施费的核算

（一）营利性公共配套设施的核算

营利性公共配套设施应当单独核算其成本。除企业自用应按建造固定资产进行处理外，其他一律按建造开发产品进行处理。营利性公共配套设施支出，应在“开发成本——配套设施开发成本——配套成本对象”账户进行归集，会计期末按照建筑面积法分配给各受益对象，并记入“生产成本——房屋开发成本——某成本对象——公共配套设施费”账户的借方。

（二）营利性公共配套设施成本项目的设置

对这些配套设施的开发成本，应设置如下六个成本项目：

- 土地征用及拆迁补偿费；
- 前期工程费；
- 基础设施建设费；
- 建筑安装工程费；
- 公共配套设施费；
- 开发间接费；
- 借款费用。

其中配套设施费项目用以核算分配的其他配套设施费。因为要使这些设施投入运转，有时也需要其他配套设施为其提供服务，所以理应分配为其服务的有关设施的开发成本。

对营利性配套设施分配的非营利配套设施支出，应计入各营利配套设施开发成本明细分类账的“配套设施费”项目，即记入“开发成本——配套设施开发成本——配套设施成本对象（营利性）”账户的借方和“开发成本——配套设施开发成本——配套设施成本对象（非营利性）”账户的贷方。

对营利性配套设施分配的借款费用，应记入各营利配套设施开发成本明细分类账的“借款费用”项目，并记入“开发成本——配套设施开发成本——配套设施成本对象（营利性）”账户的借方。

【例 5-6】 中联房地产公司根据建设规划要求，在开发小区内负责建设一间商店、一座水塔和一所幼托。上述设施均发包给施工企业施工，其中商店建成后，有偿转让给商业部门。水塔和幼托的开发支出按规定计入有关开发产品的成本。水塔与商品房等同步开发，幼托与商品房等不同步开发，其支出经批准采用预提办法。上述各配套设施共发生的有关支出见表 5-1。

表 5-1 **配套设施支出明细表** 单位：元

项目	商店	水塔	幼托	合计
支付征地拆迁费	50 000	5 000	50 000	105 000
支付前期工程费	30 000	20 000	30 000	80 000
应付基础设施费	50 000	30 000	50 000	130 000
应付建安工程费	200 000	245 000	190 000	635 000
分配水塔配套费	35 000	－35 000		—
分配开发间接费	55 000			55 000
预提幼托配套费	40 000			40 000
合计	460 000	265 000	320 000	1 045 000

中联公司相关账务处理如下：

(1) 用银行存款支付征地拆迁费时。

借：生产成本——配套设施开发成本 105 000

贷：银行存款 105 000

(2) 用银行存款支付设计单位前期工程款时。

借：生产成本——配套设施开发成本 80 000

贷：银行存款 80 000

(3) 将应付施工企业基础设施工程款和建筑安装工程款入账时。

借：生产成本——配套设施开发成本 765 000

贷：应付账款——应付工程款 765 000

(4) 按规定应将其开发成本分配计入商品房等开发产品成本的非营利公共配套设施，如上述水塔设施，在完工验收后，应将其发生的实际开发成本按一定的标准（有关开发产品的实际成本、预算成本或计划成本），分配计入有关房屋和营利性公共配套设施的开发成本，作如下分录入账：

借：生产成本——房屋开发成本　　265 000
　　——配套设施开发成本——商店　　35 000
　贷：生产成本——配套设施开发成本——水塔　　300 000

（5）分配应计入商店配套设施开发成本的开发间接费用时。

借：生产成本——配套设施开发成本——商店　　55 000
　贷：开发间接费用　　55 000

（6）预提应由商店配套设施开发成本负担的幼托设施支出时，应作：

借：生产成本——配套设施开发成本——商店　　40 000
　贷：应付账款——预提费用　　40 000

同时应将各项配套设施支出分别记入各配套设施开发成本明细分类账。

已完成全部开发过程并经验收的配套设施，应按其用途结转其开发成本。

（7）对能有偿转让给有关部门的营利性公共配套设施，如上述商店设施，应在完工验收后将其实际成本自“生产成本——配套设施开发成本——商店”账户的贷方转入“库存商品——配套设施——商店”账户的借方。

借：库存商品——配套设施——商店　　460 000
　贷：生产成本——配套设施开发成本——商店　　460 000

营利性公共配套设施有偿转让收入，应作为销售收入处理。

（8）对用预提方式将配套设施支出记入有关开发产品成本的公共配套设施，如幼托设施，应在完工验收后，将其实际发生的开发成本冲减预提的配套设施费，作如下分录入账：

借：生产成本——房屋开发成本　　280 000
　　应付账款——预提费用　　40 000
　贷：生产成本——配套设施开发成本——幼托　　320 000

如预提配套设施费大于或少于实际开发成本，可将其多提数或少提数冲减有关开发产品成本或作追加分配。如有关开发产品已完工并办理竣工决算，可将其差额冲减或追加分配于尚未办理竣工决算的开发产品的成本。

四、预提配套设施费的核算

（一）预提配套设施费的范围

一个小区的开发所用时间较长，有的需要几年，开发企业在开发进度安排上，有时先建房屋，后建配套设施。这样，往往出现房屋已经建成而有的配套设施可能尚未完成，或者是商品房已经销售，而幼托、消防设施等尚未完工的情况。这种房屋开发与配套设施建设的时间差，使得那些已具备使用条件并已出售的房屋应负担的配套设施费，无法按配套设施的实际开发成本进行结转和分配，只能以未完成配套设施的预算成本或计划成本为基数，计算出已出售房屋应负担的数额，用预提方式计入出售房屋等的开发成本。

但并不是所有的配套设施都可以预提成本，只有非营利性公共配套设施最终可以分配计入房屋开发成本，因此，在房屋竣工时，对于营利性公共配套设施尚未建造或尚未完工的，不能预提该公共配套设施费。而对于非营利公共配套设施尚未建造或尚未完工的，可按预算造价合理预提建造费用。此类公共配套设施必须符合已在售房合同、协议或广告、模型中明确承诺建造且不可撤销，或按照法律法规规定必须配套建造的条件。

（二）预提配套设施费的账务处理

对于非营利公共配套设施与房屋等开发产品不同步开发，或房屋等开发完成等待出售或出租，而该配套设施尚未全部完成的，可按该配套设施的预算成本或计划成本，预提配套设施费，将其记入房屋等开发成本明细分类账的“配套设施费”项目。

1. 预提成本时的账务处理

预提配套设施费时，根据预提金额，借记“生产成本——房屋开发成本”等科目，贷记“应付账款——预提费用”科目。

2. 实际发生时的账务处理

实际发生配套设施费时，按支付款项的金额，借记“应付账款——预提费用”科目，贷记“银行存款”、“应付账款——应付工程款”等科目。

3. 完工结算时的账务处理

当成本结算完毕，对已经按照预提成本结转的销售成本和资产账面价值以及库存开发产品成本进行调整。

如果实际成本大于预提成本，按其差额，借记“主营业务成本”、“投资性房地产”、“固定资产”、“库存商品”等科目，贷记“银行存款”、“应付账款——应付工程款”等科目。

如果实际成本小于预提成本，按其差额，借记“应付账款——预提费用”科目，贷记“主营业务成本”、“投资性房地产”、“固定资产”、“库存商品”等科目。

（三）预提配套设施费的计算方法

开发产品预提的配套设施费的计算，一般可按以下公式进行：

$$\text{某项开发产品预提的配套设施费} = \text{该项开发产品预算成本（或计划成本）} \times \text{配套设施费预提率}$$

$$\text{配套设施费预提率} = \text{该配套设施的预算成本（或计划成本）} \div \text{应负担该配套设施费各开发产品的预算成本（或计划成本）合计} \times 100\%$$

式中应负担配套设施费的开发产品一般应包括开发房屋和营利性公共配套设施。

【例 5-7】 中联房地产公司开发项目内幼托设施开发成本应由住宅、公寓、写字楼、商铺和营利性公共配套设施商店负担。由于幼托设施在其他销售物业完工出售时尚未完工，为了及时结转完工的销售物业成本，应先将幼托设施配套设施费预提计入销售物业的开发成本。假定各项开发产品和幼托设施的预算成本如下：

- 住宅 1 000 000 元
- 公寓 900 000 元
- 写字楼 800 000 元
- 商铺 800 000 元
- 商店 500 000 元

- 幼托设施 320 000 元

幼托设施配套设施费预提率 =320 000÷(1 000 000+900 000+800 000+800 000+500 000)×100%
=8%

各项开发产品预提幼托设施的配套设施费为：

- 住宅：1 000 000×8%=80 000（元）
- 公寓：900 000×8%=72 000（元）
- 写字楼：800 000×8%=64 000（元）
- 商铺：800 000×8%=64 000（元）
- 商店：500 000×8%=40 000（元）

按预提率计算各项开发产品的配套设施费时，其与实际支出数的差额，应在配套设施完工时，按预提数的比例，调整增加或减少有关开发产品的成本。本例中假设实际支出数为350 000 元。

(1) 预提配套设施费时。

借：生产成本——房屋开发成本——住宅——配套设施费　80 000
　　——公寓——配套设施费　72 000
　　——写字楼——配套设施费　64 000
　　——商铺——配套设施费　64 000
　　——商店——配套设施费　40 000
　贷：应付账款——预提费用　320 000

(2) 配套设施建造时。

借：应付账款——预提费用　320 000
　贷：银行存款（或应付账款）　320 000

(3) 配套设施完工时（实际成本大于预提成本）。

如果开发产品没有全部销完，则：

借：库存商品　30 000
　贷：银行存款（或应付账款）　30 000

如果开发产品已全部销完，则：

借：销售费用　　30 000

　贷：银行存款（或应付账款）　　30 000

第四节　开发产品成本的结转

一、计算各成本核算对象的开发总成本

（一）计算总成本的原则

房地产企业在计算成本核算对象开发总成本时，应重点关注以下几点：

- 房地产企业在结转完工开发产品成本前，要和企业内部各业务部门沟通，确认是否还有应该属于待结转产品承担的成本还没有发生的情况，确认开发总成本的完整性，防止归集的开发成本发生重大遗漏。
- 在复核开发成本的完整性时，重点关注报批报建项目和项目后期待建的配套设施。如有应支未支的报批报建项目，应根据相关收费文件和收费标准等规定进行预提。对项目规划应该建设而计划在后期项目建设的应在本期分摊的配套设施等成本支出，应该按照成本分摊原则进行预提。
- 对于本期发生的应该由前期、本期或后期项目分摊的支出，应该按照权责发生制原则作待摊处理。

（二）成本预提

1. 配套设施成本的预提

（1）预提范围：非营利性配套设施将发生的费用可以预提。但营利性配套设施将发生的费用不得预提。

（2）预提条件：房屋与配套设施非同步开发（有前有后、穿插进行）；先建房屋，后建配套设施。

（3）预提时间：应在结转房屋等开发产品时预提。

（4）预提依据：拟建配套设施的预算成本或计划成本。

$$\text{某项开发产品预提的配套设施费}=\text{该项开发产品预算成本（或计划成本）}\times\text{配套设施费预提率}$$

$$\text{配套设施费预提率}=\text{该配套设施的预算成本（或计划成本）}\div\text{应负担该配套设施费各开发产品的预算成本（或计划成本）合计}\times100\%$$

式中，应负担配套设施费的开发产品一般应包括开发房屋和营利性公共配套设施。

2. 开发产品成本的预提

（1）预提范围：会计期末，当开发产品符合确认收入条件时，必须确认取得的销售收入，并结转销售成本，如果此时项目决算工作尚未完成，就需要对开发产品成本进行预提。自持经营用途开发产品和投资性房地产投入使用时，也需要确定原值，对发生的成本支出进行预提，并计提折旧。

（2）预提时间：一般在确认收入或资产投入使用时预提。

（3）预提依据：由企业预算或成本部门根据成本预算结合实际成本发生情况确定。

3. 报批报建费用的预提

应向政府上交但尚未上交的报批报建费用、物业完善费用可以按规定预提。物业完善费用是指按规定应由企业承担的物业管理基金、公建维修基金或其他专项基金。

4. 预提费用的核算

成本预提在“应付账款——预提费用”科目核算。该科目核算按权责发生制原则计提的，应由本受益期、受益对象承担的已经发生或将要发生但尚未结算或支付的成本、费用。当成本结算完毕，对已经按照预提成本结转的销售成本和资产账面价值以及库存开发产品成本进行调整，对已经计提的折旧不再调整。

发生预提情况时，按预算成本或相关合同和收费文件规定标准，借记“生产成本”科目的相应明细科目，贷记“应付账款——预提费用”。实际发生时，借记“应付账款——预提费用”科目，贷记“银行存款”、“应付账款——应付工程款”等科目。实际结算时，按实际结算大于预提成本之间的差额，借记“主营业务成本”、“投资性房地产”、“库存商品”等科目，贷记“银行存款”、“应付账款——应付工程款”等科目；按实际结算小于预提成本之间的差额，借记“应付账款——预提费用”科目，贷记“主营业务成本”、“投资性房地产”、“库存商品”等科目。

（三）成本核算对象总成本计算表

成本核算对象的成本归集完后，需要确定哪些成本核算对象是开发产品，哪些不是开发产品。

不是开发产品的成本核算对象就是非营利性公共配套设施，其发生的各项费用支出属于待分摊配套设施成本（共同成本），其归集的成本按照受益原则和配比原则分摊到开发产品中。不是开发产品的成本核算对象（非营利性公共配套设施）之间不再确定分摊关系，其成本直接分摊到开发产品中去。是开发产品的成本核算对象发生的各项费用支出属于不需再分摊成本，其归集的成本无须再进行任何分摊。

房地产企业在结转开发产品成本时，先通过成本的归集和分配，确定各成本核算对象的开发总成本，然后，再将不是开发产品的成本核算对象中归集的成本按照建筑面积法分摊到开发产品中，最终确定开发产品的开发总成本。在实际操作中，房地产企业一般采用成本核算对象成本明细表来完成这一过程。如表 5-3 所示。

表 5-3　　成本核算对象成本明细表　　单位：元

成本类别		不需再分摊成本				待分摊配套设施成本（共同成本）				合计	分摊方法简要说明
一级	二级	多层	高层	公寓	…	学校	幼儿园	会所	…		
土地征用及拆迁补偿费											
前期工程费											
基础设施建设费											
建筑安装工程费											
公共配套设施费											
开发间接费											
借款费用											

续表

成本类别		不需再分摊成本				待分摊配套设施成本（共同成本）				合计	分摊方法简要说明
一级	二级	多层	高层	公寓	…	学校	幼儿园	会所	…		
待分摊配套设施成本（共同成本）	学校										
	幼儿园										
	会所										
	⋮										
	合计										
成本合计											
建筑面积（平方米）											
单位建筑面积成本											
销售面积（平方米）											
单位销售面积成本											

二、结转完工开发产品成本

开发产品竣工验收达到预定可使用状态，成本结算完成后，编制库存产品成本明细表，详细列明每种开发产品的总成本、总面积、单位面积成本和总套数等信息，使用的面积要和测绘部门出具的实测面积一致。

库存产品的分类要根据核算对象的划分和实际核算需要进行确定。库存产品成本明细表作为开发产品成本结转为库存产品成本的依据，结转时借记“库存商品”科目的相关明细科目，贷记“生产成本”科目的相关明细科目。“生产成本”科目的期末余额反映在产品的实际成本。

（一）库存商品的科目设置

房地产企业的产成品通过库存商品科目核算。库存商品是指建造完成后以备出售、出租的开发产品。

为区分不同用途开发产品的成本，实现不同开发产品的销售收入和发生的成本准确配比，应该按照开发产品的不同类别在“库存商品”科目下设置“已完工开发产品”和“出租开发产品”两个二级明细科目，在明细科目下按照项目，分期、分产品进行辅助核算。

- “出租开发产品”是指根据经营需要短期（一般不超过一个年度）

作为出租用途，以后再对外销售的开发产品。此处的开发产品不计提折旧。

- "已完工开发产品"核算出售开发产品、投资性房地产开发产品、自持经营开发产品等内容。

（二）库存产品成本明细表

库存产品明细表的格式如表 5-4 所示。

表 5-4　　库存产品成本明细表　　单位：元

产品名称 成本项目	多层	高层	公寓	…	合计
土地征用及拆迁补偿费					
前期工程费					
基础设施建设费					
建筑安装工程费					
公共配套设施费					
开发间接费					
借款费用					
成本合计					
建筑面积（平方米）					
单位建筑面积成本					
销售面积（平方米）					
单位销售面积成本					

三、结转开发产品销售成本

会计期末根据收入确认原则分产品确认实现的销售收入和销售面积，同时根据实现的销售面积结转相应的开发产品销售成本。

$$\text{结转的某已实现销售开发产品成本} = \text{实现的销售面积} \times \text{该开发产品单位面积成本}$$

账务处理为：借记"主营业务成本"科目，贷记"库存商品"科目。结转销售成本时，编制销售产品成本明细表，该表详细登记实现销售的每套房源信息，如表 5-5 所示。

（一）销售产品成本明细表

表 5-5　　销售产品成本明细表

项目分期：　　面积：平方米　金额单位：元

项目档案	公寓	车位	底商	合计	备注
本期总面积					实测面积
本期总成本					
单位成本					
待结转总面积					
待结转总成本					
本次结转面积					
本次结转成本					
未结转总面积					
未结转总成本					
未结转比例					

（二）成本差的账务处理

开发产品完工并结转后又发生成本支出，或者竣工结算完成后原预提成本与实际结算值有差异的，会造成已结转成本与实际成本不符，两者的差异叫成本差。

- 将成本差配比结转至相应的成本核算对象内，分别增加固定资产、投资性房地产原值或库存开发产品。如库存开发产品已销售，将分配给库存开发产品的成本差按已售比例计算，增加或冲减当期“主营业务成本”。
- 如固定资产、投资性房地产原值发生调整，则从调整次月起重新计算折旧。

（三）库存商品期末计量

在资产负债表日，库存商品应当按照成本与可变现净值孰低计量。当市场发生重大变化，预计可变现净值低于库存成本时，在取得确凿证据的情况下，按照预计可变现净值进行计量并进行相应的账务处理。

6 CHAPTER 第六章 房地产企业土地整理的核算

第一节　土地整理业务的特点

房地产企业除了进行房地产开发业务之外，可能还参与政府的土地整理业务。土地整理也叫土地一级开发，是指由政府或其授权委托的企业，对一定区域范围内的城市国有土地（毛地）或乡村集体土地（生地）进行统一的征地、拆迁、安置、补偿，并进行适当的市政配套设施建设，使该区域范围内的土地达到“三通一平”、“五通一平”或“七通一平”的建设条件（熟地）的过程。

一、土地整理业务的界定

房地产开发是指从事房地产开发的企业为了实现城市规划和城市建设（包括城市新区开发和旧区改建）而从事的土地开发和房屋建设等行为的总称。从这个概念可以看出，无论是土地开发还是房屋开发，房地产开发的对象和产品都是不动产，而土地整理业务中的土地并不属于企业，企业土地整理的行为属于投资行为，其取得的收益属于投资收益，这是与房地产开发业务最大的区别。

二、土地整理业务的特点

土地整理业务的主要特点如下：

- 房地产企业整理的土地不属于企业，整理完成的土地并不构成企业的产品，所以，对于房地产企业来讲，土地整理是一种投资行为，而非房地产开发行为。

● 土地整理收入的主要来源是政府财政拨款收入，土地整理项目完工交付时，政府需对房地产企业的土地整理支出进行结算和审计，根据结算和审计的结果确定土地整理收入。

● 土地整理的模式是政府主导、企业运作，因此，具有投资大、周期长、收益低的特点，但相对于房地产开发，风险较低，收益比较稳定。

三、土地整理业务核算的特点

土地整理业务与房地产开发业务具有本质的差别，因此，土地整理业务的核算方法与房地产开发业务也有所不同，其主要特点如下：

● 土地整理收入的主要来源是财政拨款收入，其核算主要体现收付实现制的原则，即以收到财政拨款为收入确认的时点。

● 土地整理成本项目的设置与房地产开发不同，主要体现为各种土地补偿费及基础设施支出。

● 土地整理收益作为土地整理专项资金结余进行账务处理，并最终确认为投资收益。

● 土地整理业务对资金要求按照整理项目进行单独核算，体现政府财政资金的专款专用。

● 土地整理业务在税务处理上与房地产开发不同，根据税法规定，土地整理业务作为投资行为，不属于营业税的征税范围。

财政部发布的《土地储备资金会计核算办法（试行）》（财会〔2008〕10号）中对土地整理业务的核算方法作出了详细的规定。以下就是在此规定基础上，房地产企业进行相关核算的具体方法。

第二节　土地整理收入的核算

房地产企业土地整理收入的主要来源为财政拨款收入以及存款利息收入等。

一、财政拨款收入的核算

房地产企业收到财政部门拨付的土地整理资金时，借记“银行存款”科目，贷记“财政拨款收入”科目，“财政拨款收入”科目应按土地整理项目设置明细科目，进行明细核算。月末，将“财政拨款收入”科目贷方余额转入“土地储备资金”科目，借记“财政拨款收入”科目，贷记“土地储备资金”科目，“财政拨款收入”科目期末结转后无余额。

【例 6-1】 中联房地产公司参与政府双塔村地块的土地整理，2010 年 3 月 15 日收到政府财政部门拨付的土地整理资金 2 000 万元，中联房地产公司编制会计分录如下：

（1）收到土地整理资金时，编制会计分录如下：

借：银行存款　　20 000 000

　　贷：财政拨款收入——双塔村项目　　20 000 000

（2）3 月末结转收入，编制会计分录如下：

借：财政拨款收入——双塔村项目　　20 000 000

　　贷：土地储备资金——双塔村项目　　20 000 000

二、其他收入的核算

房地产企业除财政拨款收入以外，还应设置“其他收入”科目，用于核算土地整理项目除财政拨款外的其他收入，如利息收入等。

房地产企业取得利息收入等其他收入时，借记“银行存款”等科目，贷记“其他收入”科目。月末，将“其他收入”科目贷方余额转入“土地储备资金”科目，借记“其他收入”科目，贷记“土地储备资金”科目，“其他收入”科目结转后无余额。

【例 6-2】 续上例，2010 年 3 月 20 日中联房地产公司收到银行存款利息 10 万元，中联房地产公司编制会计分录如下：

（1）收到存款利息时，编制会计分录如下：

借：银行存款　　100 000

　　贷：其他收入——双塔村项目　　100 000

（2）3 月末结转收入，编制会计分录如下：

借：其他收入——双塔村项目　　100 000

　　贷：土地储备资金——双塔村项目　　100 000

第三节　土地整理支出的核算

一、土地整理成本项目的设置

房地产企业应按土地整理项目设置核算对象，同时，按土地整理支出类别和工程项目设置成本项目明细科目，核算土地整理项目支出及其构成情况。

土地整理支出类别主要包括征地和拆迁补偿支出、土地开发支出、其他直接支出、待摊支出等。

（一）征地和拆迁补偿支出

征地和拆迁补偿支出是指征收、收购、优先购买或收回土地需要支付的土地价款或征地和拆迁补偿费用，包括土地补偿费和安置补助费、地上附着物和青苗补偿费、拆迁补偿费、被征地农民社会保障支出，以及依法需要支付的与征收、收购、优先购买或收回土地有关的其他费用。

（二）土地开发支出

土地开发支出是指征收、收购、优先购买或收回土地后进行必要的前期土地开发的费用，包括前期土地开发性支出以及按照财政部门规定与前期土地开发相关的费用等，含因出让土地涉及的需要进行相关道路、供水、供电、供气、排水、通讯、照明、绿化、土地平整等基础设施建设支出。

（三）其他直接支出

其他直接支出是指经同级财政部门批准的可直接归属于土地整理项目成本的其他支出。

（四）待摊支出

待摊支出是指多个土地整理项目共同发生的、按照规定应当分摊计入项目成本的各项费用支出，如借款利息支出、金融机构手续费、可行性研究费、勘探设计费、储备保管费、评估费、临时用水用电费、临时设施支出、土地使用税等。

二、土地整理成本的核算

土地整理成本包括直接成本和待摊支出。直接成本是指可直接归属于土地整理项目的成本。待摊支出是指多个整理项目共同发生的、按照规定应当分摊计入项目成本的各项费用支出。

（一）直接成本的核算

房地产企业设置“收储项目”科目，用于核算土地储备机构发生的可直接归属于土地整理项目的实际成本。“收储项目”科目按照土地整理项目设置明细账，并在土地整理项目下设置“征地和拆迁补偿支出”、“土地开发支出”、“其他直接支出”、“待摊支出转入”、“交付成本”等明细科目进行二级明细核算，具体明细科目核算内容如下：

- “征地和拆迁补偿支出”明细科目，核算征收、收购、优先购买或收回土地需要支付的土地价款或征地和拆迁补偿费用。
- “土地开发支出”明细科目，核算征收、收购、优先购买或收回土地后进行必要的前期土地开发费用。
- “其他直接支出”明细科目，核算经同级财政部门批准的可直接归属于土地整理项目成本的其他支出。
- “待摊支出转入”明细科目，核算分摊计入土地整理项目成本的待摊支出。
- “交付成本”明细科目，核算本期已交付项目的成本。

房地产企业发生土地整理支出时，借记“收储项目”科目“征地和拆迁补偿支出”、“土地开发支出”、“其他直接支出”明细科目，贷记“银行存款”等科目。对出包工程，房地产企业定期与施工单位进行工程结算，办理结算时，按照实际发生的项目支出，借记“收储项目”科目，按照可抵扣的预付工程款，贷记“预付账款”科目，按照应付未付的工程款项，贷记“应付账款”科目。

【例 6-3】 续上例，中联房地产公司于 2010 年 5 月支付给双塔村土地补偿款5 000万元，2010年6月中联房地产公司将土地平整工程发包给某建筑公司，预付工程款100万元，2010年9月该工程完工并办理完结算，结算金额300万元，2010年10月中联房地产公司支付工程结算款200万元，中联房地产公司编制会计分录如下：

（1）中联房地产公司支付土地补偿款时，编制会计分录如下：

借：收储项目——双塔村项目——征地和拆迁补偿支出　　50 000 000

　贷：银行存款　　50 000 000

（2）支付土地平整工程预付工程款时，编制会计分录如下：

借：预付账款　　1 000 000

　贷：银行存款　　1 000 000

（3）土地平整工程完工并办理完结算时，编制会计分录如下：

借：收储项目——双塔村项目——土地开发支出　　3 000 000

　贷：预付账款　　1 000 000

　　　应付账款　　2 000 000

（4）支付土地平整工程结算款时，编制会计分录如下：

借：应付账款　　2 000 000

　贷：银行存款　　2 000 000

（二）待摊支出的核算

房地产企业设置“待摊支出”科目，用于核算多个土地整理项目共同发生的、按照规定应当分摊计入项目成本的各项费用支出，“待摊支出”科目按照待摊支出的内容进行明细核算。月末借方余额，反映多个土地整理项目共同发生的尚未分摊的待摊支出，年末，“待摊支出”科目应分配完毕，无余额。

房地产企业为土地整理项目借款发生的利息支出，借记“待摊支出”科目，贷记“应付利息”等科目，发生其他待摊支出时，借记“待摊支出”科目，贷记“银行存款”科目。房地产企业按合理的方法（如按照各项目概预算占所有项目概预算总额的比例）将发生的待摊支出分摊计入有关项目成本时，借记“收储项目——待摊支出转入”科目，贷记“待摊支出”科目。

【例 6-4】 续上例，中联房地产公司为多个土地整理项目（包括双塔村项目）向金融机构进行融资，2010 年 12 月 20 日支付四季度银行贷款利息 600 万元，按照融资款项的分配金额，计算应分摊给双塔村项目的利息支出为 400 万元，水泥厂项目利息支出为 200 万元。中联房地产公司编制会计分录如下：

（1）中联房地产公司计提贷款利息时，编制会计分录如下：

借：待摊支出 6 000 000

贷：应付利息 6 000 000

（2）中联房地产公司支付贷款利息时，编制会计分录如下：

借：应付利息 6 000 000

贷：银行存款 6 000 000

（3）中联房地产公司分摊贷款利息时，编制会计分录如下：

借：收储项目——双塔村项目——待摊支出转入 4 000 000

——水泥厂项目——待摊支出转入 2 000 000

贷：待摊支出 6 000 000

三、土地整理成本结转的核算

房地产企业设置“交付项目支出”科目，用于核算本期已交付的土地整理项目的实际支出。

房地产企业在土地整理项目完工并交付政府相关部门验收合格后，应结转已交付项目实际成本，按照“收储项目”科目“征地和拆迁补偿支出”、“土地开发支出”、“其他直接支出”、“待摊支出转入”各明细科目的借方余额合计，借记“收储项目——交付成本”科目，贷记“收储项目”科目相应明细科目。

同时，借记“交付项目支出”科目，贷记“收储项目——交付成本”科目，“收储项目”科目期末借方余额反映尚未交付的土地整理项目累计发生的土地整理成本。期末，将“交付项目支出”科目借方余额转入“土地储备资金”科目，借记“土地储备资金”科目，贷记“交付项目支出”科目，“交付项目支出”科目期末结转后无余额。

【例 6-5】 续上例，中联房地产公司双塔村土地整理项目于 2012 年 9 月完工，经政府相关部门验收合格后移交给政府土地管理部门。

2012年9月末中联房地产公司双塔村土地整理项目成本明细科目余额见表6-1：

表6-1　　双塔村土地整理项目成本明细科目余额情况表

序号	成本明细科目	金额（万元）
1	征地和拆迁补偿支出	20 000
2	土地开发支出	8 000
3	其他直接支出	2 000
4	待摊支出转入	5 000
合计		35 000

2012年9月末，中联房地产公司对双塔村项目土地整理成本进行结转，编制会计分录如下：

(1) 中联房地产公司结转双塔村项目实际成本时，编制会计分录如下：

借：收储项目——双塔村项目——交付成本　　350 000 000

　贷：收储项目——双塔村项目——征地和拆迁补偿支出

　　　　200 000 000

　　　　——土地开发支出　　80 000 000

　　　　——其他直接支出　　20 000 000

　　　　——待摊支出转入　　50 000 000

同时：

借：交付项目支出——双塔村项目　　350 000 000

　贷：收储项目——双塔村项目——交付成本　　350 000 000

(2) 月末转入“土地储备资金”科目时，编制会计分录如下：

借：土地储备资金——双塔村项目　　350 000 000

　贷：交付项目支出——双塔村项目　　350 000 000

第四节　土地整理收益的核算

一、土地整理收益的核算

房地产企业设置“土地储备资金”科目，用于核算土地整理资金各项收入与交付项目支出的差额，“土地储备资金”科目期末余额，反映土地整理资金各项收入与交付项目支出的累计差额。

房地产企业期末，将各收入科目贷方余额转入“土地储备资金”科目，借记“财政拨款收入”、“其他收入”科目，贷记“土地储备资金”科目。将“交付项目支出”科目借方余额转入“土地储备资金”科目，借记“土地储备资金”科目，贷记“交付项目支出”科目。

二、项目节超的核算

项目完工验收合格后，房地产企业应与政府相关部门确认项目预算结余或超支额。

项目结余或超支额＝应结算的预算支出额－实际成本

应结算的预算支出额是指批准的项目预算投资额，实际成本是指批准核销的支出额，前者大于后者的差为项目结余额，前者小于后者的差为项目超支额。项目结余额或超支额作为房地产企业的投资收益处理。

房地产企业如果存在土地整理项目结余额，借记“土地储备资金”科目，贷记“投资收益”科目。如果存在土地整理项目超支额，借记“投资收益”科目，贷记“土地储备资金”科目。

【例 6-6】 续上例，中联房地产公司 2012 年末双塔村土地整理项目实际成本 35 000 万元，政府应结算的预算支出金额为 38 000 万元，截至 2012 年末中联房地产公司该项目应结算金额已全部取得，应结算的预算支出额与实际成本的差额 3 000 万元属于中联房地产公司的土地整理收益。编制会计分录如下：

(1) 中联房地产公司将土地整理收益从资金专户中转出，编制会计分录如下：

借：银行存款——一般账户　　30 000 000

　贷：银行存款——资金专户　　30 000 000

(2) 同时，确认土地整理收益，编制会计分录如下：

借：土地储备资金——双塔村项目　　30 000 000

　贷：投资收益　　30 000 000

7 CHAPTER 第七章 房地产企业销售物业的核算

第一节 销售收款的核算

房地产行业与其他行业最大的区别在于预售制的存在。一般行业都是在交付产品的同时收取销售款，而房地产企业的销售收款是在产品建造过程中实现的，这是房地产企业与其他行业企业最大的不同。这就产生了一个问题，即销售收款与销售收入并不在一个时点，销售收款在前，而销售收入在后。因此，对于房地产企业来讲，销售收款的核算与销售收入的核算是两个不同的概念，核算的方法也各不相同。

房地产企业的销售收款包括以下内容：

- 会员费及诚意金；
- 销售定金；
- 预售款。

一、会员费及诚意金的核算

（一）会员费及诚意金的概念

会员费、诚意金是在签订“商品房认购协议书”之前收取的款项，最终退还给客户或转作购房款。

按照国家关于商品房预售的有关规定，商品房认购协议书要在房地产企业取得政府行政主管部门核发的商品房预售许可证以后才能够与客户签订，也就是说，房地产企业收取的会员费和诚意金是在企业预售之前收取的款项。这部分款项因为没有预售证的支撑，其约束性很低，购房者可随时收回此款项。

（二）会员费及诚意金的账务处理

由于会员费及诚意金的非约束性，不能将其作为预收款项处理，而应作为企业的应付款处理。

会员费、诚意金在“其他应付款”科目下核算，房地产企业可根据实际情况设置明细科目进行辅助核算，以满足管理的需要。该科目贷方核算收到的上述款项，借方核算退还的款项或转入“预收账款”等科目的款项。

【例 7-1】 中联房地产公司开发的项目，预计在 2012 年 9 月份能够取得商品房预售许可证，并计划于取得该证后马上开盘销售。中联公司为了做好销售开盘前的准备，于 2012 年 8 月 7 日开始收取有购买意向客户的诚意金，诚意金为每套商品房 2 万元，当日共收取诚意金 100 万元。中联公司根据有关原始凭证，编制会计分录如下：

借：银行存款　　1 000 000

　贷：其他应付款——诚意金　　1 000 000

中联公司于 9 月 10 日正式开盘销售，当日退还诚意金 20 万元，有部分诚意金客户签订了商品房认购协议，这部分客户原交付的 40 万元诚意金转为商品房销售定金。中联公司根据有关原始凭证，编制会计分录如下：

借：其他应付款——诚意金　　600 000

　贷：预收账款——销售定金　　400 000

　　　银行存款　　200 000

（三）会员费及诚意金的管理

房地产企业在收取会员费及诚意金之前，必须以协议或其他方式明确退还时不计利息。收取会员费及诚意金时只能开具收款收据，不能开具商品房预售款发票和商品房销售结算发票。

退回会员费及诚意金时，房地产企业在退款业务操作过程中要审核是否符合协议约定，确认客户手中的会员卡、协议书、收款收据等是否已经收回。

二、销售定金的核算

（一）定金的概念

定金是在签订商品房销售（预售）合同之前收取的款项，在销售合同签订后转作购房款，如果客户在协议规定的期限内不签订购房合同，房地产企业一般情况下将不再退还客户已经缴纳的定金。

（二）定金的账务处理

房地产企业收取的定金，是在企业已取得预售房许可证并已与客户签订商品房认购协议基础上收取的款项，从实质上，它属于销售款的一部分。因此，定金应视同收取购房款，在“预收账款”科目核算。

房地产企业收取销售定金时，借记“银行存款”科目，贷记“预收账款——销售定金”科目。房地产企业与客户正式签订商品房预售合同时，按转出销售定金的金额，借记“预收账款——销售定金”科目，贷记“预收账款——销售款”科目，如果客户违反认购协议的规定，未能最终签订商品房预售合同，按不再退还的定金的金额，借记“预收账款——销售定金”科目，贷记“营业外收入”科目。

【例 7-2】 中联房地产公司于 9 月 20 日共收取销售定金 50 万元，按照双方认购协议的规定，9 月 30 日，房地产企业与其中部分客户正式签订了商品房预售合同，这部分客户已交付的销售定金为 30 万元。中联公司根据有关原始凭证，编制会计分录如下：

（1）收取销售定金时。

借：银行存款	500 000	
贷：预收账款——销售定金		500 000

（2）签订商品房预售合同时。

借：预收账款——销售定金	300 000	
贷：预收账款——销售款		300 000

（三）销售定金的管理

房地产企业在收取定金之前，必须和客户签订商品房认购协议书，在协议中要明确约定超过一定期限后定金不予退还的条款。

收取定金时，视同收取购房款，开具票据（商品房预售款发票），但票据上要明确注明收取定金字样。

三、预售款的核算

（一）预售款的概念

预售款是指房地产企业在所售房屋未竣工前收取的商品房销售款，属于预收性质的款项。而相对应的，销售款是指房地产企业在所售房屋已经竣工后收取的商品房销售款。这里所说的预售款和销售款均包括银行发放的按揭贷款。

对所售房屋未竣工前收取的预售款，房地产企业应开具商品房预售款发票。对在竣工后收取的销售款，房地产企业应开具商品房销售结算发票。

（二）预售款的账务处理

虽然预售款和销售款收取的时间不同，但所有房屋销售款项，包括预售款和销售款，都必须先通过“预收账款”科目进行核算，以保证销售过程收入数据的完整。

“预收账款”科目核算按销售合同约定应收取的售房款，销售过程中收取的其他款项，不管是什么性质以及税收如何处理，都不在此科目下核算。该科目按照不同的项目、分期、业态、楼栋、房号等设置核算项目。

该科目贷方核算实际收到的售房款、工程款抵房款转入的房款、因换房从其他房源转入的房款等，其中也包括银行发放的按揭贷款。借方核算结转的销售收入。销售退款、更名和换房等统一在贷方核算。

房地产企业在进行账务处理时，要注意相关资料的完整性，包括银行进账单、POS 机小票、发票记账联、各种与交款方式相关的证明文件、销售换房审批表、销售退房审批表、销售更名审批表等。

【例 7-3】 中联房地产公司 9 月 30 日从销售定金转入预售款 30 万元，另外收取客房预售款 800 万元。该项目于 2012 年 12 月份竣工。中联公司当月结转收入5 000万元。中联公司根据有关原始凭证，编制会计分录如下：

（1）销售定金转入时。

借：预收账款——销售定金　　300 000

　　贷：预收账款——销售款　　300 000

（2）收取预售款时。

借：银行存款　　8 000 000

　　贷：预收账款——销售款　　8 000 000

（3）竣工入住时。

借：预收账款　　50 000 000

　　贷：主营业务收入　　50 000 000

（三）预售款的管理

房地产企业在对预售款进行管理时，应重点做到以下几点：

- 在收取房款前，必须签订商品房销售（预售）合同，不能收取无合同房款。
- 设立“销售台账”，在签订合同和收取房款等环节详细登记相关房源信息、客户信息和交款过程信息。

四、销售更名、销售退房、销售换房的核算

房地产企业在销售过程中，可能会存在销售更名、销售退房、销售换房等业务，这部分业务的会计处理也是房地产企业销售核算的重要内容之一。

（一）销售更名的核算

1. 销售更名的概念

销售更名是指在商品房预售阶段，原购买人将所购买的商品房转让给新的购买人的行为。

这里需要说明的是，只有在商品房预售阶段才存在销售更名的问题，因为预售阶段商品房还未竣工交付，也就是我们通常所说的期房，对房地产企业来讲，还未确认为销售收入，因此，可以进行销售更名的

操作。如果商品房已经交付，就不能采用更名的方式，而应该进行商品房转让，原购买人与新购买人之间进行转让，与房地产企业是不相关的。

2. 销售更名的账务处理

按照规定房地产企业应收取更名费的，应按收到的更名费，借记“银行存款”、“库存现金”等科目，贷记“营业外收入”科目。

同时，发生销售更名时，应单独编制会计分录反映，按已交房款，在“预收账款”科目贷方作相反登记，直接从原客户“预收账款”科目贷方红字转入新客户“预收账款”科目贷方。摘要注明“×××更名为×××”字样。

3. 销售更名的管理

在商品房销售（预售）合同备案之后，原则上不能办理销售更名，确需办理的，必须在政府相关部门更名手续办妥之后才能办理。房屋交付入住后不能办理更名手续。

如果更名时按揭贷款已经发放，必须在按揭事项处理完毕后办理更名手续。

（二）销售退房的核算

1. 销售退房的概念

销售退房和销售更名一样，只是局限于商品房预售阶段的业务。商品房已经竣工并交付给购房人后发生的退房业务不属于这里所说的销售退房。

2. 退房的账务处理

购房者在商品房预售阶段发生退房时，按购房者原交付的房款金额，登记“预收账款”的贷方红字，按收取的罚款等金额，贷记“营业外收入”科目，按实际退回的销售款，贷记“银行存款”、“库存现金”等科目。

3. 退房的管理

在办理销售退房业务时，应认真审核房号、姓名、面积、实收房款等信息是否与账面记载一致，审核按协议或合同约定是否应当收取违约金等。

销售合同已经备案的，必须完成撤销备案手续方可办理退房手续。

实际退房款时，应将客户手中的合同、协议、发票等全部收回。

（三）销售换房的核算

1. 销售换房的概念

销售换房是指在商品房预售阶段发生的，购买人将其原购买的商品房更换为新的商品房，并相应结算销售差价的行为。如果购买人所购商品房已经竣工交付，所发生的销售换房就成为购买人的行为，属于先退房，再从房地产企业买房的行为。这里讲的销售换房，仅指商品房预售阶段的销售换房行为。

2. 销售换房的账务处理

账务处理时不走退房程序，直接从原房源“预收账款”科目贷方红字转入新房源“预收账款”科目贷方。

3. 销售换房的管理

销售换房业务发生时必须按新房源开具发票，并收回原开具的发票。同时，房地产企业销售部门及财务部门要及时调整房屋销售台账，保持销售信息的准确性和统一性。

销售合同已经备案的，必须在撤销备案手续后办理换房业务。

如果按揭贷款已经发放，必须在按揭贷款处理完后才能办理换房手续。

五、销售收款的管理

（一）销售台账管理

为加强销售过程管理，弥补账务处理信息记载的不足，完善销售过程数据资料，确保销售业务信息处理准确，房地产企业财务部门应设立销售台账，全面登记房源信息、成交客户信息、合同信息、收付款过程信息和按揭贷款信息。

登记销售台账时，应关注取得信息的合规性和准确性，必须以完整有效、数据准确无误的信息登记和更新台账。

财务部门的销售台账每月至少要和销售部门全面核对一次，及时解决发现的问题，不断完善台账登记规则，确保相关信息记录准确、一致。

（二）销售现场管理

为保证销售收款的资金和票据安全，房地产企业应注意以下几点：

● 销售现场配专职人员负责发票和收款工作，并完善收款业务内部控制体系。专职人员更换时，必须严格履行票据交接手续，详细登记票据交接信息。

● 房地产企业应该全力协调银行上门或住场收取房款，银行人员不在时，尽量采取通知客户刷卡交款或直接把现金存到公司指定账户的方式交款。

● 每次收款前，必须查看客户提供的认购协议书或商品房销售（预售）合同，出示已交款项票据，按照协议或合同约定及已交款情况重新审核计算应交款项金额。

● 收取客户直接存到公司账户款项进账单时，要取得公司财务部款项到账确认通知。收取支票时，可以直接开具正式收款收据。开出票据书写信息要全面、准确，且必须与合同内容保持一致。

第二节　商品房销售收入的核算

一、商品房销售收入的核算

（一）收入确认的条件

按照《企业会计准则》关于收入确认条件的规定，销售方在将商品所有权上的重要风险和报酬转移给买方，不再对该商品实施继续管理权和实际控制权，与交易相关的经济利益能够流入企业，相关的收入和成本能够可靠地计量时，确认营业收入的实现。

对于房地产企业，商品房销售收入实现的具体条件为：

● 工程已经竣工并通过有关部门验收。通过有关部门验收，是指取得政府有关部门发放的“竣工备案表”。

● 实际销售面积符合合同规定。在实际操作中，实际销售面积往往与合同规定的面积存在一定的差异，应取得面积测绘表，按实测面积计算房屋总价。

- 完成房屋交付手续或购买方已接到书面交房通知，且购买方在通知确定的交付使用时限结束后无正当理由拒绝收房。房地产企业在实际交付时可能存在以下两种情况：

▪ 业主方正常来公司办理房屋交接手续：填写“房屋交接单”，凭业主方签字确认的房屋交接单确认销售收入。如果业主已签房屋交接单但因各种原因不去领取钥匙，必须要有业主签字并交物业公司的“钥匙委托保管书”，否则不确认该项销售的收入。

▪ 业主没来办理房屋手续：按销售合同规定的送达方式送达后，业主在合同约定的时限内未来办理手续的，如按合同规定可以视同房屋已交付的，则确认销售收入。送达的标识：采取报纸公告的，留存报纸原件；采用快递方式的，留存快递底单；邮局寄出的，留存邮局回执；采用传真、电话等其他方式的，都要有相应的记录或回单。

- 履行了合同规定的义务，且价款取得或确信可以取得。一般情况下，客户交清全部房款后方可办理房屋交接手续，才能确认收入。但对于按合同约定分期付款的，则按合同约定的时点履行交接房手续，在办理房屋交接手续后可以确认收入。

- 成本能够可靠地计量。成本可靠计量是指工程成本已结算完毕或虽未结算但可以按确定的工程完工量准确预估。

（二）销售收入的账务处理

房地产企业符合商品房销售收入确认的条件时，应借记“预收账款”科目，贷记“主营业务收入”科目。

在达到收入确认条件时，应将在收入结转之前收到的商品房销售款全部记入“预收账款”科目的贷方，在结转收入时，全部由“预收账款”科目转入“主营业务收入”科目，这样能够保证“预收账款”科目的完整性。

【例 7-4】 中联房地产公司开发的项目，自 2011 年 9 月份开始预售，到 2012 年 12 月份项目所建商品房竣工交付时，共收得销售回款 5 亿元。2012 年 12 月份，中联公司根据有关原始凭证结转销售收入，编制会计分录如下：

借：预收账款　　500 000 000

贷：主营业务收入　　500 000 000

（三）销售发票的管理

房地产企业在进行销售收入的账务处理时，应注意销售发票的管理。销售发票的处理原则如下：

- 原则上不管销售过程开具何种发票，销售结算发票统一在办理入住时换开，并收回已经开具票据，收回的票据附在相应结算发票存根后保管。如已开票据丢失，须购房人出具声明，附身份证复印件，复印已入账的记账联，一并附在结算发票存根后。当地税务机关要求登报遗失声明才予认可的，要取得登报声明。
- 发生销售更名、换房、退房等情况时，要结合当地情况对已开票据进行处理，原则是发票更改要符合发票管理的有关规定；要保留完整信息链，便于相关事项查询；作废的发票要附在原发票存根处保管；建立作废发票登记簿，详细登记发票作废情况。
- 结转销售收入凭证后附结算发票记账联。视实际情况，如果发票数量过多，也可单独进行保管。

二、分期收款销售的核算

（一）分期收款销售的概念

分期收款销售是指房屋已经交付，房款尚未全部收回，按合同约定未收房款在未来一定时期内收回的销售方式。

（二）分期收款销售的账务处理

对于按合同约定分期付款的，应按合同约定的时点履行交接房手续，在办理房屋交接手续后可以确认收入。账务处理分以下两种情况进行：

1. 从房屋交付日算起，剩余房款收回期在 3 年以内的账务处理

从房屋交付日算起，剩余房款收回期在 3 年以内的，按照正常销售方式处理。在房屋交付日，按未收款金额，借记“应收账款”科目，贷

记“主营业务收入”科目。

【例7-5】 中联房地产公司开发的项目，自2011年9月份开始预售，到2012年12月份项目所建商品房竣工交付时，共收得销售回款5亿元，尚有3 000万元未取得回款，这部分款项均是按销售合同规定应在2012年12月份房屋交付后3年之内取得。2012年12月份，中联公司根据有关原始凭证结转销售收入，会计分录如下：

（1）已回款结转收入时。

借：预收账款　　500 000 000

　贷：主营业务收入　　500 000 000

（2）未收款结转收入时。

借：应收账款　　30 000 000

　贷：主营业务收入　　30 000 000

2. 从房屋交付日算起，剩余房款收回期在3年以上的账务处理

从房屋交付日算起，剩余房款收款期在3年以上的，应当按照《企业会计准则第14号——收入》理解为“实质上具有融资性质”的收入。

按照准则要求，采用递延方式分期收款、实质上具有融资性质的销售商品或提供劳务等经营活动产生的长期应收款，满足收入确认条件的，按应收的合同或协议价款，借记“长期应收款”科目，按应收的合同或协议价款的公允价值，贷记“主营业务收入”等科目，按其差额，贷记“未实现融资收益”。采用实际利率法按期计算确定的利息收入，借记“未实现融资收益”，贷记“财务费用”科目。

房地产企业应收合同或协议价款的公允价值的确定方法为：按合同价款未来现金流量现值确定，折现率采用同期银行贷款利率。房地产企业确定利息收入采用的实际利率按同期银行贷款利率确定。

因此，房地产企业超过3年的分期收款的账务处理如下：按应收的合同价款未来现金流量现值确定为当期的收入金额。折现率采用同期银行贷款利率。应收的合同价款和折现后的收入金额之间的差额，应当在合同期间内按照应收款项的摊余成本和同期银行贷款利率计算确定的金额进行摊销，作为财务费用的抵减处理。

账务处理：

（1）确认销售收入时。

借：长期应收款（合同价款）

贷：主营业务收入（应收的合同价款未来现金流量现值）

未实现融资收益（差额）

（2）分期收取款项时。

借：银行存款

贷：长期应收款

（3）未实现融资收益摊销时。

借：未实现融资收益

贷：财务费用

【例 7-6】 中联房地产公司与客户与 2009 年 9 月 10 日签订了房屋销售合同，合同总价 3 000 万元，付款条件为：合同签订时付 500 万元，竣工交付时付 500 万元（竣工交付日为 2010 年 12 月 10 日），剩余款项 2 000 万元在竣工交付日起 5 年内付清。中联公司根据有关原始凭证结转销售收入，账务处理如下：

合同约定价款为 2 000 万元，分 5 期于期末平均收回，按同期银行贷款利率 7.93%（5 年期）折现计算收入额为 1 600.03 万元，两者差额 399.97 万元按表中金额分期抵减财务费用。具体见表 7-1。

表 7-1 单位：万元

日期	未收本金	财务费用	分期收款	已收本金
	(1)＝上期 (1)－上期 (4)	(2)＝(1) ×7.93%	(3)	(4)＝(3)－(2)
销售日	1 600.03			
收款日 1	1 600.03	126.88	400	273.12
收款日 2	1 326.91	105.22	400	294.78
收款日 3	1 032.13	81.85	400	318.15
收款日 4	713.98	56.62	400	343.38
收款日 5	370.60	29.40	400	370.60
合计		399.97	2 000	1 600.03

（1）2010 年 12 月 10 日确认销售收入时。

借：长期应收款 20 000 000

贷：主营业务收入 16 000 300

未实现融资收益 3 999 700

（2）收款日 1 分期收取款项时。

借：银行存款　　4 000 000

　贷：长期应收款　　4 000 000

(3) 收款日1未实现融资收益摊销时。

借：未实现融资收益　　1 268 800

　贷：财务费用　　1 268 800

不管采取上述何种方式，会计期末“长期应收款”科目应按相关规定计提坏账准备。

分期收款销售方式的税务处理不同于会计处理，税务上按照合同约定的收款时间和金额（提前收到的按照实际收到的时间和金额确认）计算应纳营业税。在企业所得税方面，财务上按照全额结转收入和成本，税务上按照实现的收入结转成本，因此需要进行纳税调整，把两者的差额确认为“递延所得税负债”。

三、面积差的核算

面积差是指房地产企业销售的商品房竣工交付时，实际销售面积与原签订销售合同时的预计销售面积之间存在的差异。

面积差的处理方式是房地产企业与客户在销售合同中重要的约定事项，一般情况下，其约定的处理方式有以下两种：

- 按实际销售面积结算价款，多退少补。
- 实际销售面积超出原预售面积的部分，由房地产企业负担，客户不需要补交房款。

根据不同的处理方式，关于面积差的账务处理如下：

房地产企业退还面积差涉及的房款，应按退还的金额，借记“预收账款”科目，贷记“银行存款”等科目。房地产企业收到客房补交的面积差房款，应按收到的金额，借记“银行存款”等科目，贷记“预收账款”科目。竣工交付时，将其从“预收账款”科目转入“主营业务收入”科目。

如果面积差由房地产企业承担，房地产企业则不需要进行账务处理。

【例7-7】　中联房地产公司于2012年12月份项目所建商品房竣工交付时，共收取面积差200万元。2012年12月份，中联公司根据有关原始凭证结转销售收入，编制会计分录如下：

（1）收到补交面积差房款时。

借：银行存款　　2 000 000

　贷：预收账款　　2 000 000

（2）结转收入时。

借：预收账款　　2 000 000

　贷：主营业务收入　　2 000 000

四、回迁房收入的核算

（一）回迁房的概念

回迁房或拆迁安置房是指按照城市危旧房改造的政策，将危改区内的私房或承租的公房拆除，然后按照回迁或安置的政策标准，被拆迁人回迁，取得改造后新建的房屋。回迁的新建房屋产权按经济适用房产权管理。

回迁房政策的一般规定如下：

- 拆除住宅房屋以产权调换形式偿还的，偿还的建筑面积与原建筑面积相等的部分，按照重置价格结合成新结算结构差价；
- 偿还建筑面积不足原建筑面积的部分，按照评估的市场价格结算；
- 偿还建筑面积超过原建筑面积的部分属于安置标准内的，按市人民政府颁布的上年房屋建安造价结算；
- 超过安置标准的，按商品房价格结算。

（二）回迁房的账务处理

回迁房视回迁方式、是否收取价款以及收取价款性质不同，采取不同的会计处理方式：

- 如果不收取价款，回迁房发生的支出作为土地成本计入拆迁补偿费用。此种情况属于非货币性资产交换，但其不具有商业实质，因此，应当以换出资产的账面价值和应支付的相关税费作为换入资产的成本，不确认损益。

● 收取价款的情况下，要根据合同约定具体判断收取的价款是补偿性的还是约定了一个较低销售价格（价格高于成本低于市场售价）分别处理：

（1）如果属于以较低价格销售的，按销售业务处理。此情况因涉及大量的货币性资产，所以不属于非货币性资产交换，应按销售业务处理。

（2）如果属于补偿性的，回迁房发生的建造成本和其他相关支出（包括税金支出）作为土地成本计入拆迁补偿费用，收到的价款冲减上述成本支出。此种情况因为只涉及少量的货币性资产，所以也属于非货币性资产交换，与不收取价款的账务处理基本相同。

通常情况，房地产企业建设回迁房是不收取价款的。以下举例说明在不收取价款情况下，回迁房支出作为土地成本计入拆迁补偿费的账务处理过程。

【例 7-8】 中联房地产公司开发项目占地 10 000m²，土地成本已发生货币性支出 5 000 万元，其中支付土地价款 3 500 万元，拆迁货币补偿 1 500 万元。另外，在本项目中，需要按照 1∶1 的比例，与拆迁户兑现回迁房 60 套（平均每套 150m²）。

开发项目分两期进行建设。一期项目占地面积 6 000m²，二期项目占地面积 4 000m²。2012 年 9 月，完成一期 12 座 500 套75 000m² 楼房建设，建安成本实际支出 7 000 万元（基础设施费、公共配套设施费等暂不计），一期有回迁房 40 套，剩余的 20 套回迁房在二期待建。假设一期房屋对外售价为 3 000 元/m²。中联公司根据有关原始凭证结转销售收入，编制会计分录如下：

（1）支付货币性土地成本支出时。

土地成本货币性支出＝3 500＋1 500＝5 000(万元)

借：生产成本——土地征用及拆迁补偿费　　50 000 000

　贷：银行存款　　50 000 000

（2）分摊已建回迁房建造成本时。

第一期回迁房 40 套建造支出＝7 000÷75 000×40×150

＝560(万元)

借：生产成本——土地征用及拆迁补偿费　　5 600 000

　贷：生产成本——建筑安装工程费　　5 600 000

（3）预提未建回迁房建造成本时。

第二期回迁房 20 套因未实际发生，为反映成本的完整性，按照预算成本或第一期成本预提入账：

7 000÷75 000×20×150＝280（万元）

借：生产成本——土地征用及拆迁补偿费　　2 800 000

　贷：应付账款——预提费用　　2 800 000

（4）分配一期土地成本时。

土地成本合计＝5 000＋560＋280＝5 840（万元）

第一期分配土地成本＝5 840÷（6 000＋4 000）×6 000＝3 504（万元）

单位可售建筑面积土地成本＝35 040 000÷（75 000－40×150）

＝507.83（元/m^2）

单位可售建筑面积建筑成本＝（70 000 000－5 600 000）÷（75 000－40×150）

＝933.33（元/m^2）

一期建安成本＝7 000－560＝6 440（万元）

借：库存商品——一期　　99 440 000

　贷：生产成本——土地征用及拆迁补偿费　　35 040 000

　　　　　　——建筑安装工程费　　64 400 000

（5）结转收入成本时。

一期销售款＝（75 000－40×150）×0.3＝20 700（万元）

借：预收账款　　207 000 000

　贷：主营业务收入　　207 000 000

借：主营业务成本　　99 440 000

　贷：库存商品——一期　　99 440 000

（三）回迁房的税务处理与会计处理的差异

土地征用费和拆迁补偿费构成房地产项目开发成本的重要组成部

分，《房地产开发经营业务企业所得税处理办法》（国税发［2009］31号）规定，土地征用及拆迁补偿费支出是指为取得土地开发使用权（或开发权）而发生的各项费用，主要包括土地买价或出让金、大市政配套费、契税、耕地占用税、土地使用费、土地闲置费、土地变更用途和超面积补交的地价及相关税费、拆迁补偿支出、安置及动迁支出、回迁房建造支出、农作物补偿费、危房补偿费等。

其中，直接以货币形式支付的成本支出，会计和税务处理基本一致，而以非货币性形式支付的拆迁补偿支出、安置及动迁支出、回迁房建造支出，由于其行为的特殊性，会计和税务处理有所不同，这种不同直接影响到开发产品计税成本的确认。

1. 回迁房视同销售的规定

房地产开发业务中，拆迁补偿主要有三种方式：即产权调换、作价补偿、产权调换与作价补偿相结合。

其中产权调换就涉及回迁房问题，产权调换属于房地产企业以自己的开发产品换取被拆迁人的土地使用权。企业所得税税务处理上，一般情况下作非货币性交易处理，即按"以物易物"处理，根据国税发［2009］31号文件的规定，企业将开发产品用于捐赠、赞助、职工福利、奖励、对外投资、分配给股东或投资人、抵偿债务、换取其他企事业单位和个人的非货币性资产等行为，应视同销售，于开发产品所有权或使用权转移，或于实际取得利益权利时确认收入（或利润）的实现。

2. 回迁房换入土地成本确认的规定

对于非货币交易的产权调换方式，同时涉及换入资产（土地）的计税成本确认问题，国税发［2009］31号文件规定，企业以非货币交易方式取得土地使用权的，按下列规定处理：

- 换取的开发产品如为该项土地开发、建造的，接受投资的企业在接受土地使用权时暂不确认其成本，待首次分出开发产品时，再按应分出开发产品（包括首次分出的和以后应分出的）的市场公允价值和土地使用权转移过程中应支付的相关税费计算确认该项土地使用权的成本。如涉及补价，土地使用权的取得成本还应加上应支付的补价款或减除应收到的补价款。

● 换取的开发产品如为其他土地开发、建造的，接受投资的企业在投资交易发生时，按应付出开发产品市场公允价值和土地使用权转移过程中应支付的相关税费计算确认该项土地使用权的成本。如涉及补价，土地使用权的取得成本还应加上应支付的补价款或减除应收到的补价款。

【例 7-9】 续上例，第一期会计成本为：单位可售建筑面积土地成本为 507.83 元/m²，单位可售建筑面积建筑成本为 933.33 元/m²。计算第一期商品房的计税成本如下：

第一期回迁房视同销售处理，销售收入为 1 800 万元（40×150×0.3）。本例中，房地产开发企业在接受土地使用权时，暂不确认计税成本，第一期 40 套回迁房交付后，按照其公允价值，即视同销售收入 1 800 万元计入土地计税成本。

第二期 20 套回迁房因未建造且没有公允价值，不属于国税发［2009］31 号文件规定的可以预提的计税成本，暂按成本为零计算。另外，根据国税发［2009］31 号文件的规定，企业在结算计税成本时其实际发生的支出应当取得但未取得合法凭据的，不得计入计税成本，待实际取得合法凭据时，再按规定计入计税成本。这 20 套回迁房计税成本可以在二期房产中直接列支，以后结算二期房产计税成本时，不需要再调整一期的计税成本。

该项目在第一期开发产品完工后，可以计入的计税土地成本为：6 800 万元（3 500＋1 500＋1 800）。因为该项目分两期开发，所以土地成本需要按照各期占地面积进行分配。第一期分配土地成本 4 080 万元［6 800÷(6 000＋4 000)×6 000］，单位可售建筑面积土地成本为 544 元/m²，单位可售建筑面积建筑成本为 933（元/m²）。

以上计税成本高于会计入账成本，形成差异的原因可以归纳为：一是回迁房视同销售的处理。二是以回迁房换取的土地使用权价值是否可以预提入账的问题。假如在分配一期回迁房时，二期回迁房公允价值也能够确定，则根据国税发［2009］31 号文件的规定，可以将全部回迁房公允价值计入换取的土地计税成本并再行分配。

第三节　商品房销售成本的核算

房地产企业销售成本的核算是本着收入和成本配比的原则进行的。即：房地产企业根据收入确认原则确认实现销售收入和销售面积时，应同时结转相应的开发产品销售成本。

一、销售成本结转的科目设置

销售成本结转主要涉及两个会计科目，即“库存商品”科目和“主营业务成本”科目。

（一）“库存商品”科目

库存商品是指建造完成后以备出售的开发产品。为区分不同用途开发产品成本、实现不同开发产品销售收入和发生的成本准确配比，应该按照开发产品不同类别在“库存商品”科目下设置“已完工开发产品”和“出租开发产品”两个二级明细科目，在明细科目下按照项目，分期、分产品进行辅助核算。

- “出租开发产品”是指根据经营需要短期（一般不超过一个年度）作为出租用途，以后再对外销售的开发产品。此处的开发产品不计提折旧。
- “已完工开发产品”核算出售开发产品。

库存商品在资产负债表日应当按照成本与可变现净值孰低计量。当市场发生重大变化，预计可变现净值低于库存成本时，在取得确凿证据的情况下，报相关部门和领导批准后按照预计可变现净值进行计量并进行相应的账务处理。对于房地产企业来讲，一般不存在减值的问题，因此，在这里不再对减值的核算进行介绍。

（二）“主营业务成本”科目

“主营业务成本”科目核算房地产企业对外转让、销售、结算开发产品等应结转的成本。与投资性房地产和固定资产有关的成本不在本科目中核算。

项目结转销售收入时，根据结转收入的房号，相应地结转成本。借记“主营业务成本”科目，贷记“库存商品”科目。

期末，应将“主营业务成本”科目的余额转入“本年利润”科目，结转后“主营业务成本”科目应无余额。

二、产成品入库的核算

开发产品竣工验收达到预定可使用状态、成本结算完成后，编制库存产品成本明细表，详细列明每种开发产品的总成本、总面积、单位面积成本和总套数等信息，使用的面积要和测绘部门出具的实测面积一致。库存产品的分类要根据核算对象的划分和实际核算需要进行确定。

《库存产品成本明细表》作为开发产品成本结转库存产品成本的依据，附在凭证后面，借记“库存商品”的相关明细科目，贷记“生产成本”的相关明细科目。

【例 7-10】 中联房地产公司开发的项目，于 2012 年 12 月份竣工交付，该商品房全部对外销售，开发过程中共发生生产成本 50 000 万元。商品房竣工交付时，中联公司根据有关原始凭证结转库存产品成本，编制会计分录如下：

借：库存商品　　500 000 000

　贷：生产成本　　500 000 000

三、产成品出库的核算

会计期末根据收入确认原则分产品确认实现的销售收入和销售面积，同时根据实现的销售面积结转相应的开发产品销售成本。

$$\text{结转的某已实现销售开发产品成本} = \text{实现的销售面积} \times \text{该开发产品单位面积成本}$$

账务处理为：借记“主营业务成本”科目，贷记“库存商品”科目。结转销售成本时，编制销售产品成本明细表并附凭证后，该表详细登记实现销售的每套房源信息。

【例 7-11】 续上例，中联房地产公司开发的项目，于 2012 年 12

月份竣工交付，该商品房全部对外销售，开发过程中共发生生产成本50 000万元。该项目总可售建筑面积为10万平方米，商品房竣工交付时，已实现销售建筑面积6万平方米，中联公司根据有关原始凭证结转开发产品销售成本，账务处理如下：

该开发产品单位面积成本＝总成本÷总可售建筑面积

＝50 000÷10＝5 000(元/平方米)

结转的某已实现销售开发产品成本＝实现的销售面积×该开发产品单位面积成本

＝6×5 000＝30 000(万元)

借：主营业务成本　　300 000 000

　贷：库存商品　　300 000 000

四、产成品出库后成本支出的核算

开发产品成本结转完后又发生成本支出情况下，会造成库存开发产品成本与实际成本不符，两者的差异叫成本差。

在发生差异的开发产品已经全部销售情况下，“成本差”记入“销售费用——其他”科目。

在没有全部销售的情况下，发生的成本差先通过“生产成本”科目归集，然后转入“库存商品”科目，调整剩余库存商品成本，重新计算未售库存商品单位面积成本。

【例7-12】 中联房地产公司开发的项目，于2012年12月份竣工交付，并相应结转收入和成本。2013年1月份该项目又发生成本2 000万元，累计销售比例为80%。中联公司根据有关原始凭证结转开发产品销售成本，编制会计分录如下：

(1) 归集成本差时。

借：生产成本　　20 000 000

　贷：银行存款　　20 000 000

(2) 结转成本差时。

借：库存商品　　20 000 000

　贷：生产成本　　20 000 000

2013年3月份，该项目又发生成本500万元，2013年2月底时，该项目已全部销售完毕，并结转了收入和成本。中联公司作会计分录如下：

借：销售费用　　5 000 000

　贷：银行存款　　5 000 000

第四节　代收款项的核算

房地产企业在销售房屋的同时，往往需要代收水电初装费、燃（煤）气费、维修基金等各种配套设施费。对于房地产企业来说，这些配套设施费属于代收应付款项，不作为房屋的销售收入。对于代收款项，房地产企业在会计核算与税务处理上存在一定的差异。

一、代收款项的账务处理

代收款项通过“其他应付款”科目核算，在此科目下设置“代收款”二级科目，按照代收款项种类不同分别设置契税、维修基金、产权证手续费等三级科目，并合理进行辅助核算。

如果有代收的煤气气源费，可按上述方法核算收取情况，在“气源费”明细科目下单设“气源费支出”明细科目，核算按工程进度支付的煤气建设费。

二、代收款项的税务处理

根据我国营业税有关规定，企业向购买方收取的手续费、基金、集资费、代收款项、代垫款项及其各种性质的价外收费，无论会计制度规定如何核算，均应并入营业额计算应纳税额。

对于房地产企业来讲，除了代收的住房专项维修基金以及契税以外的代收款项，均应计入营业税的计税收入，征收营业税。也就是说，房地产企业发生的某些代收款项，虽然在会计核算上不做为收入处理，但在税务处理上应做计税收入处理。

8 CHAPTER 第八章 房地产企业持有物业的核算

第一节 持有物业核算概述

房地产企业的持有物业是指房地产企业开发的非销售的经营性物业。

所谓经营性物业，就是指经营性、收益性房屋，如写字楼、商场、购物中心、购物广场以及工业厂房和仓库等。相对于作为最终消费品的住宅而言，经营性物业具有长期收益的特点，而一个国家经营性物业发展的水平体现了一个国家整体经济发展水平和可持续发展能力。

一、房地产企业持有经营性物业的动因

（一）分割销售存在弊端

写字楼分割销售，产权分散，后期运营会受到限制。一些地段优越、硬件设施先进的写字楼物业，房地产企业免不了会“惜售”。这类优质写字楼如果建设后分割销售，也很难体现其远期的价值，而且分割后物业管理、楼宇租金等都很难协调一致，会影响整个写字楼的形象。如果说写字楼分割带来的仅仅是经营与管理的阻力，那么商铺的分割销售却可能带来巨大的投资风险，进而有可能引发社会矛盾。

（二）长期持有是商业地产的良性发展之路

资金紧张是多数房地产企业选择分割销售的主要原因，上市、REITs等融资手段还仅仅是少数房地产企业的“盛宴”。今后几年，在商业地产

开发中“卖掉就走”的房地产营销策略将会减少，商业地产开发“金融产品化”是商业地产发展的长远趋势，国内持有型商业物业项目也会更多。

（三）适度资产组合有利于房地产企业现金流稳定

在宏观经济调控之下，房地产企业的可持续经营能力面临考验，依靠内生资金提升业绩、扩展规模的企业更容易受到投资者的青睐。而内生资金主要来源于企业自有经营性物业产生的长期收益。可售物业与自有经营性物业之间形成的适度资产组合将成为房地产企业的现金流“稳定器”。

（四）增加自有资产是向不动产企业转变的有效途径

国外房地产企业绝大多数是不动产企业，而国内房地产企业仅仅是简单的建房卖房。然而，相对于开发商，不动产商具有更强的抵抗风险和持续发展的能力。因此，通过发展经营性物业增加自有资产，最终转变为不动产企业是房地产公司的必然选择。

二、持有物业的特点

（一）收益稳定，回收期长

房地产企业对持有物业的经营，一般只有两种方式，一是出租，二是自营。但无论是出租还是自营，租金收入或自营收入都相对稳定，这是由房屋作为不动产的特性所决定的。

与销售物业一次性取得收入不同，持有物业的收益是分期取得的，也就是说，房地产企业通过持有物业，将一次性收入转变为分期收取，虽然回收期变长，但收入持久而稳定。

（二）投资额大，回报率低

房地产企业持有的经营性物业，为满足出租和自营的要求，一般面积都很大，因此，房地产企业为开发持有物业的投入很大，相对来说，回报率就会很低。

（三）有充足的现金流

对于持有物业产生的收益来讲，最大的成本就是持有物业的折旧，而折旧是不需要支付现金的，因此，持有物业可以产生大量的现金流。

三、持有物业核算的特点

（一）持有物业与销售物业的核算方法不同

持有物业与销售物业在开发阶段的会计核算方法不同。持有物业作为在建工程核算，并最终转入投资性房地产或固定资产中；销售物业作为生产成本核算，并最终转入库存商品中。

另外，持有物业与销售物业在核算时期上也存在不同。销售物业完工并销售完毕后不需要再进行会计核算，而持有物业则要长期进行核算。

（二）出租与自营的核算方法不同

根据用途不同，可以将持有物业分为出租经营和自营两类，其核算方法也不尽相同。具体如下：

- 对于以出租为目的的持有物业，应将持有物业转入“投资性房地产”科目。
- 对于以自营为目的的持有物业，应将自营物业转入“固定资产”科目。

（三）持有物业存在公允价值核算模式

持有物业如果对外出租则作为投资性房地产处理，而作为投资性房地产，按《企业会计准则》的规定，在符合一定条件的情况下，可以按照公允价值进行计量。而销售物业则只能按历史成本进行计量。

第二节　出租物业的核算

一、出租物业开发的核算

出租物业是指房地产企业开发的以出租为目的的房地产。

根据《企业会计准则》的要求，房地产企业出租物业作为投资性房地产进行核算。投资性房地产是指房地产企业以取得租金或资本增值为目的而持有的房地产，包括已出租的土地使用权、已出租的建筑物。

（一）出租物业的确认和初始计量

1. 出租物业的确认条件

根据《企业会计准则》的要求，投资性房地产同时满足下列条件的，才能予以确认：

- 与该投资性房地产有关的经济利益很可能流入企业；
- 该投资性房地产的成本能够可靠地计量。

对于房地产企业的出租物业来讲，作为投资性房地产确认的条件包括以下两点：

- 出租物业竣工验收并达到预定可使用状态。
- 出租物业的租赁期开始。

2. 出租物业的初始计量

根据《企业会计准则》的要求，投资性房地产应当按照成本进行初始计量。自行建造投资性房地产的成本，由建造该项资产达到预定可使用状态前所发生的必要支出构成（包括土地开发费、建安成本、应予以资本化的借款费用、支付的其他费用和分摊的间接费用等）。

对于房地产企业的出租物业来讲，出租物业按照出租物业开发产品成本进行初始计量。

（二）出租物业开发的账务处理

1. 出租物业成本支出的账务处理

出租物业的成本支出通过"在建工程"科目进行核算，并按照出租物业的不同产品进行明细核算。发生成本支出时，借记"在建工程"科目，贷记"银行存款"、"应付账款"等科目。

出租物业成本支出项目的设置与开发产品的成本支出项目相同。包括：土地征用及拆迁补偿费、前期工程费、基础设施费、建筑安装工程费、配套设施费、开发间接费等。

【例 8-1】 2012 年 6 月 30 日，中联房地产公司为开发购物中心支付土地价款 1 亿元。中联公司根据有关原始凭证，应作如下分录入账：

借：在建工程——购物中心　　100 000 000
　贷：银行存款　　100 000 000

2. 出租物业竣工的账务处理

出租物业竣工且租赁期开始时，已租赁部分成本从“在建工程”科目转入“投资性房地产”科目。借记“投资性房地产”科目相关明细科目，贷记“在建工程”科目。

由于出租物业分区域出租，因此要按照不同业态设置辅助核算，单独归集每个出租业态的建造成本，使每个业态成本具有“可计量”性，防止因部分出租造成投资性房地产难以确认。

“投资性房地产”科目按照不同的业态分别设置明细科目，计提折旧时可以按类进行。

【例 8-2】 续上例，中联房地产公司竣工的购物中心于 2013 年 2 月 1 日开业，总成本为 5 亿元，总建筑面积 10 万平方米，出租面积比例为 80%。中联公司根据有关原始凭证，应作如下账务处理：

已租赁部分成本＝总成本÷总建筑面积×出租面积比例
＝50 000÷10×80%＝40 000(万元)

借：投资性房地产——购物中心　　400 000 000
　贷：在建工程——购物中心　　400 000 000

(三) 出租物业暂估入账的账务处理

房地产企业出租物业开业产生租金收入时，如果成本决算还没有完成，应按照预算成本暂估入账并提取折旧，待实际成本确定时再进行调整。

【例 8-3】 2012 年 12 月 31 日，中联房地产公司开发的购物中心竣工，但成本决算还未完成，按预算成本该购物中心开发成本总计 5 亿元，总建筑面积 10 万平方米。2013 年 2 月该购物业中心成本决算完成，实际成本总计为 5.5 亿元。中联公司根据有关原始凭证，应作如下账务处理：

(1) 暂估入账时。

借：投资性房地产——购物中心——暂估入账　　500 000 000

贷：在建工程——购物中心——暂估入账 500 000 000

(2) 实际成本确定时。

先按暂估入账时的会计分录用红字冲回，再作会计分录如下：

借：投资性房地产——购物中心 550 000 000

贷：在建工程——购物中心 550 000 000

二、出租物业收入的核算与管理

(一) 出租物业租金的计算

出租物业每一期间应收取的租金，应根据租赁合同或协议规定的收取时间和标准进行计算。在计算租金时应重点关注以下几点：

- 房地产企业应根据进场交付确认书与承租客户书面确认起始计租日，并提交企业财务部门和经营部门作为计算和收取租金的依据。
- 房地产企业经营部门应根据合同约定及确认后的起始计租日，计算应收取的租金，并负责完成租金的收取工作。
- 房地产企业财务部门应根据合同约定、确认后的起始计租日及已收款情况，完成与租金相关的账务处理。

(二) 出租收入的账务处理

房地产企业出租物业的租金和出租收入是两个不同的概念。租金是按照租赁合同或协议定期收取的某一阶段的租金。而出租收入是合同或协议约定的租金在租赁期内的各个期间按权责发生制原则确认的营业收入。也就是说，租金是按照收付实现制收取的款项，而出租收入是按照权责发生制确认的账面金额。

会计期末根据相关出租合同约定按照权责发生制原则确认租金收入，房地产企业租金收入通过“其他业务收入”科目进行核算，确认的收入记入“其他业务收入”科目相关明细科目。

1. 租金收入的账务处理

房地产企业按合同约定收到租金时，借记“银行存款”等科目，贷记“预收账款”科目；如果房地产企业未能按合同约定收到租金，则应按房地产企业发出的租金催缴通知书的应收租金金额，借记“应收账款”科目，贷记“预收账款”科目。

每一会计期间确认租金收入时，根据权责发生制的原则计算的该会计期间应确认租金收入的金额，借记“预收账款”科目，贷记“主营业务收入”科目。发生租赁合同中止，退还租金时，按退还的租金金额，借记“预收账款”等科目，贷记“银行存款”等科目。

【例 8-4】 中联房地产公司与某客户签订租赁合同，租赁合同中的租赁期限为 2011 年 1 月 1 日到 2012 年 12 月 31 日，租金标准为每月 10 万元，租金支付方式为按季交付，租金支付的具体时间和金额为：

2011 年 1 月 5 日前：30 万元

2011 年 4 月 5 日前：30 万元

2011 年 7 月 5 日前：30 万元

2011 年 10 月 5 日前：30 万元

2011 年 1 月 2 日中联公司实际收到一季度租金 30 万元。会计分录如下：

(1) 1 月 2 日收到租金时。

借：银行存款 300 000

贷：预收账款 300 000

(2) 1 月末确认当月租金收入时。

借：预收账款 100 000

贷：主营业务收入 100 000

2008 年 4 月 5 日，中联公司未收到二季度租金，根据租赁合同向欠缴客户发出了催缴通知书，会计分录如下：

(1) 发出催缴通知书时。

借：应收账款 300 000

贷：预收账款 300 000

(2) 4 月末确认当月租金收入时。

借：预收账款 100 000

贷：主营业务收入 100 000

2011 年 5 月 30 日收到客户原欠缴房租款 30 万元，会计分录如下：

借：银行存款 300 000

贷：应收账款 300 000

2. 计提并缴纳相关税金的账务处理

房地产企业经营租赁业务应缴纳的税金包括营业税及附加、房产税、土地使用税、印花税等。凡与租赁相关的税金，均应记入“营业税金及附加”科目。

会计期末，房地产企业计算并计提应缴纳的各项税金，借记“营业税金及附加”科目，贷记“应交税费”科目。房地产企业实际缴纳税金时，借记“应交税费”科目，贷记“银行存款”科目。

这里要注意的是：根据税法规定，房地产企业发生的租赁税金包括营业税、房产税等，均应按照出租收入计算，而不应按实际收到的租金来计算，因为房地产企业实际收到的租金可能包含预收性质的租金。因此，在发票管理上，房地产企业在收到租金时，应按实际收到的租金金额开具收款收据，在确认租金收入时，才应向客户开具租赁发票。

【例 8-5】 续上例，中联房地产公司 2011 年 1 月 2 日实际收到一季度租金 30 万元，1 月末确认当月租金收入 10 万元。中联公司 1 月末计提 1 月份应缴税金如下：

营业税：5 000 元

城建税、教育费附加：500 元

房产税：12 000 元

土地使用税：300 元

印花税：1 200 元

1 月份租赁税金于 2011 年 2 月 2 日缴纳，中联公司根据有关原始凭证，编制会计分录如下：

(1) 1 月末计提租赁税金时。

借：营业税金及附加	17 800	
贷：应交税费——应交营业税		5 000
——应交城建税		350
——应交教育费附加		150
——应交房产税		12 000
——应交土地使用税		300

这时，应向客户开具金额为 10 万元、时间为 1 月份的租赁业统一发票。

(2) 2月2日缴纳1月份税金时。

借：应交税费——应交营业税　　5 000
　　　　　　——应交城建税　　350
　　　　　　——应交教育费附加　　150
　　　　　　——应交房产税　　12 000
　　　　　　——应交土地使用税　　300
　　贷：银行存款　　17 800

（三）免租期收入的账务处理

房地产企业在出租业务中，有时会给承租人一定额度的租金优惠，而租金优惠往往以免租期的形式体现。

免租期租金收入确认的原则为：出租人提供免租期的，租赁期间总租金在租赁期内（含免租期）按直线法分摊，按分摊金额确认免租期以及非免租期的租金收入。

【例8-6】 中联房地产公司将一房产出租给一客户，租赁合同从2009年10月1日至2012年12月31日，免租期为3个月（即从2009年10月1日至2009年12月31日），第一年租金为210万元，此后每年递增10%。租金分3年支付，每年于年底支付当年租金。

(1) 计算租赁期间总租金：

总租金＝210＋210×110%＋210×110%×110%＝695(万元)

(2) 计算每月租金收入。

每月租金收入＝695÷(36＋3)＝18(万元)

(3) 免租期与非免租期每月确认出租收入时。

借：预收账款　　180 000
　　贷：主营业务收入　　180 000

(4) 2010年年初收到租金时。

借：银行存款　　2 100 000
　　贷：预收账款　　2 100 000

在税务处理上应注意的是：

● 免租期虽然确认了收入，但不需要缴纳营业税。

● 免租期内企业所得税的计税收入为零，不需要计算缴纳企业所得税。待实际取得或按合同约定应取得租金的年度，再按合同约定金额确认计税收入，计算缴纳企业所得税。

● 免租期内应按会计确认的租金收入计算缴纳房产税。

三、出租物业后续支出的核算

（一）成本模式下后续支出的核算

出租物业的后续支出是指出租物业在使用过程中计提的折旧以及发生的更新改造支出、装修支出以及日常维修支出等。房屋的后续支出分为以下几类，处理方法也有所不同：

● 维修支出

● 装修支出

● 改建支出（改动建筑物结构并延长使用年限）

● 计提折旧

1. 维修的账务处理

《企业会计准则》规定，固定资产发生后续支出时，其确认原则同初始确认原则。初始确认原则为：该固定资产包含的经济利益很可能流入企业；该固定资产的成本能够可靠地计量。也就是说，出租物业的后续支出，如果能够使企业得到相应的经济利益，则应该计入出租物业成本；如果不能使企业得到相应的经济利益，则应该计入当期损益。

一般情况下，出租物业投入使用之后，由于建筑物磨损、各组成部分耐用程度不同，可能导致房屋设施的局部损坏，为了维持房屋的正常使用，企业将对房屋进行必要的维修。房屋的日常维修费用只是确保房屋的正常使用状况，一般不产生未来的经济利益。因此，日常维修通常不符合资产的确认条件，在发生时应直接计入当期损益。

房地产企业发生的日常维修支出应直接计入当期损益。发生时，按照支出的金额，借记“主营业务成本”科目，贷记“银行存款”等科目。

【例 8-7】 中联房地产公司将其拥有的房屋对外出租，租赁期限为

2010年1月1日至2011年12月31日。中联公司于2010年6月5日发生维修支出5 000元，根据相关原始凭证，中联公司账务处理如下：

借：主营业务成本　　5 000

　贷：银行存款　　5 000

根据企业所得税法，发生的房屋维修支出可以在企业所得税前直接扣除。

2. 装修的账务处理

根据《企业会计准则》，房地产企业发生的装修费用一般情况下可以对未来产生一定的经济利益，因此，房地产企业对于出租物业的装修费用符合资产确认的条件，应计入出租物业的成本。

房地产企业对于出租物业发生的装修费用，应借记“投资性房地产”科目，贷记“银行存款”等科目。

在实际操作中，对于出租物业装修费用，如果初始装修费用占房屋原值比例较低（20%以下），可以直接计入出租物业成本，通过出租物业本身来计提折旧；如果比例较高或再装修时发生的装修费用，在“投资性房地产”科目下设置“装修费用”明细科目核算，不计残值，按10年提取折旧。

对于二次装修发生的装修费用，根据《企业会计准则》的规定，应将发生的装修支出记入“投资性房地产”科目下的“装修费用”明细科目，同时，应当终止确认原装修部分的账面价值。

【例8-8】 2002年5月份中联房地产公司开发的大型购物中心竣工，为满足购物中心开业的要求，中联公司共花费6 000万元进行装修，通过银行存款支付，于2002年8月底装修完毕，该装修费用相对开发成本占比较大。中联公司根据相关原始凭证，编制会计分录如下：

借：投资性房地产——装修费用　　60 000 000

　贷：银行存款　　60 000 000

中联公司装修费用采用直接法，按10年计提折旧，2002年9月份计提折旧50万元（6 000÷10÷12），会计分录如下：

借：主营业务成本　　500 000

　贷：投资性房地产累计折旧　　500 000

2011年5月中联公司对该购物中心进行重新装修，装修费用总计

5 000 万元，于 2011 年 9 月份装修完毕。

借：投资性房地产——装修费用　　50 000 000

　贷：银行存款　　50 000 000

截至 2011 年 4 月底，中联公司已计提折旧 5 400 万元，2011 年 4 月份中联公司应补提折旧 600 万元，会计分录如下：

借：主营业务成本　　6 000 000

　贷：投资性房地产累计折旧　　6 000 000

同时终止原装修费用的账面价值，会计分录如下：

借：投资性房地产累计折旧　　60 000 000

　贷：投资性房地产——装修费用　　60 000 000

根据企业所得税法，发生的房屋装修支出应作为其他长期待摊费用在不短于 3 年内摊销。

3. 改建的账务处理

房屋的改建支出是指改动建筑物结构并延长该建筑物使用年限的支出。

根据《企业会计准则》，房地产企业发生的改建支出由于延长了该建筑物的使用年限，因此，对未来产生了一定的经济利益，因此，房地产企业对于出租物业的改建支出符合资产确认的条件，应该予以资本化。

在实际操作中，出租物业发生改建支出时，应将该出租物业原值、计提的累计折旧和减值准备转销，将出租物业的账面价值转入在建工程，并停止计提折旧。发生的改建支出，通过“在建工程”核算。在出租物业改建支出完工并达到预定可使用状态时，再从“在建工程”科目转为“投资性房地产”科目，并按重新确定的使用寿命、预计净残值和折旧方法计提折旧。

《企业会计准则》要求将改造的出租物业先转入在建工程，是基于出租物业停止使用，如果出租物业改造过程中，没有影响房屋的正常使用，则不应当通过“在建工程”科目过渡核算。应当先将改造支出在“在建工程”科目归集，在出租物业改造完成日，将原出租物业账面价值结转入“在建工程”科目，并于当月连同“在建工程”科目中的改造支出，一并结转记入“投资性房地产”科目。

【例 8-9】 2010 年 5 月份中联房地产公司对其拥有的大型购物中心进行改造，购物中心停止营业，改造时该购物业中心原值 30 000 万元，累计折旧 10 000 万元，账面净值 20 000 万元。共发生改造支出 5 000 万元。中联公司根据相关原始凭证，编制会计分录如下：

(1) 转销原值和已计提折旧时。

借：投资性房地产累计折旧　　100 000 000

　　在建工程　　200 000 000

　贷：投资性房地产　　300 000 000

(2) 发生改建支出时。

借：在建工程　　50 000 000

　贷：应付账款　　50 000 000

(3) 改造完成时。

借：投资性房地产　　250 000 000

　贷：在建工程　　250 000 000

如果改造时，该购物中心不停止营业，中联公司根据相关原始凭证，编制会计分录如下：

(1) 发生改建支出时。

借：在建工程　　50 000 000

　贷：应付账款　　50 000 000

(2) 完工时。

2010 年 5 月份改造开始时，累计折旧为 10 000 万元，假设改造完成时，累计折旧为 12 000 万元，则会计分录如下：

借：投资性房地产累计折旧　　120 000 000

　　在建工程　　180 000 000

　贷：投资性房地产　　300 000 000

借：投资性房地产　　230 000 000

　贷：在建工程　　230 000 000

从以上可以看出，出租物业改造时是否停用对改造后出租物业的入账价值是有影响的，也将影响改造后出租物业计提折旧的金额。

根据企业所得税法，发生的房屋改造支出按照延长后的使用年限计提折旧并进行税前扣除。

4. 计提折旧的账务处理

对于房地产企业来讲，出租物业的折旧是在预计使用年限内按直线法计提，即出租物业原值减去预计残值后除以预计使用年限。已计提减值准备的出租物业计提折旧时，按照出租物业原价减去累计折旧和已计提减值准备的账面净额以及尚可使用年限重新计算确定折旧率，未计提出租物业减值准备前已计提的累计折旧不作调整。公式如下：

每月计提折旧额＝资产原值×(1－预计净残值率)÷折旧年限÷12

出租物业的预计使用年限一般为所占用土地的土地使用权的年限，出租物业一般为商业地产，土地使用权的年限为40～50年。至于预计净残值，按税法规定，预计净残值率为5%以内的，可以在企业所得税税前列支，因此，房地产企业一般按税法规定的5%作为企业会计核算时的预计净残值率。出租物业按月计提折旧。

出租物业在计提当月折旧时，按计提的折旧额，借记“主营业务成本”科目，贷记“投资性房地产累计折旧”科目。

【例8-10】 2011年12月31日，中联房地产公司开发的购物中心竣工，该购物中心开发成本总计50 000万元，按50年计提折旧，预计净残值率为5%，2012年1月份开始计提折旧。中联公司根据有关原始凭证，应作如下账务处理：

每月计提折旧额＝50 000×(1－5%)÷50÷12＝79.17(万元)

每月计提折旧时，会计分录如下：

借：主营业务成本　　791 700

　　贷：投资性房地产累计折旧　　791 700

(二) 公允价值模式下后续支出的核算

有些房地产企业在核算出租物业时，采用的是公允价值的计量模式。也就是说，按照出租物业的公允价值对出租物业进行核算。

1. 公允价值模式的条件

有确凿证据表明出租物业的公允价值能够持续可靠取得的，可以对出租物业采用公允价值模式进行后续计量。采用公允价值模式计量的，应当同时满足下列条件：

● 出租物业所在地有活跃的房地产交易市场；

● 企业能够从房地产交易市场上取得同类或类似房地产的市场价格及其他相关信息，从而对出租物业的公允价值作出合理的估计。

从实际情况看，如果房地产企业持有的是大型自持物业，则不能够按公允价值模式核算；而如果房地产企业持有的是小型自持物业，则可以按公允价值模式核算。

2. 公允价值模式的账务处理

采用公允价值模式计量的，不对出租物业计提折旧或进行摊销，应当以资产负债表日出租物业的公允价值为基础调整其账面价值，公允价值与原账面价值之间的差额计入当期损益。

如果存在增值，则按增值额借记“投资性房地产”科目，贷记“公允价值变动损益”科目；如果存在减值，则按减值额借记“公允价值变动损益”科目，贷记“投资性房地产”科目。

公允价值模式下发生后续支出时，账务处理与成本模式下后续支出的账务处理是一致的。但在会计期末，应按公允价值调整“投资性房地产”科目，差额计入当期损益。

公允价值变动损益不计征企业所得税，在处置时，按初始价值确认计税基础。

【例 8-11】 2010 年 5 月份中联房地产公司对其拥有的大型购物中心进行改造，改造时购物中心停止营业，改造时该购物业中心账面价值为 20 000 万元。共发生改造支出 5 000 万元，改造完成时该购物中心公允价值为 30 000 万元。中联公司按公允价值模式进行核算，根据相关原始凭证，编制会计分录如下：

（1）转销账面价值时。

借：在建工程　　200 000 000

　贷：投资性房地产　　200 000 000

（2）发生改建支出时。

借：在建工程　　50 000 000

　贷：应付账款　　50 000 000

（3）改造完成时。

借：投资性房地产　　250 000 000

　贷：在建工程　　250 000 000

同时，

借：投资性房地产　　50 000 000

　贷：公允价值变动损益　　50 000 000

房地产企业对出租物业的计量模式一经确定，不得随意变更。成本模式转为公允价值模式的，应当作为会计政策变更处理。已采用公允价值模式计量的出租物业，不得从公允价值模式转为成本模式。

四、出租物业处置的会计核算

当出租物业被处置，或者永久退出使用且预计不能从其处置中取得经济利益时，应当终止确认该项出租物业。

企业出售、转让、报废投资性房地产或者发生投资性房地产毁损，应当将处置收入扣除其账面价值和相关税费后的金额计入当期损益。

处置投资性房地产时，应按实际收到的金额，借记"银行存款"等科目，贷记"主营业务收入"科目。按该项投资性房地产的累计折旧或累计摊销，借记"投资性房地产累计折旧"科目，按该项投资性房地产的账面余额，贷记"投资性房地产"科目，按其差额，借记"主营业务成本"科目。已计提减值准备的，还应同时结转减值准备。

【例 8-12】　2010 年 5 月份中联房地产公司将其拥有的大型购物中心进行转让，转让时该购物中心原值 30 000 万元，累计折旧 25 000 万元，账面净值为 5 000 万元。转让收入为 8 000 万元，转让时共缴纳各项税金 2 000 万元。中联公司根据相关原始凭证，编制会计分录如下：

（1）转销原值和已计提折旧时。

借：投资性房地产累计折旧　　250 000 000

　　主营业务成本　　50 000 000

　贷：投资性房地产　　300 000 000

（2）转让时。

借：银行存款　　80 000 000

　贷：主营业务收入　　80 000 000

（3）计提应缴纳的相关税金时。

借：营业税金及附加　　20 000 000
　贷：应交税费　　20 000 000

第三节　自营物业的核算

一、自营物业开发的核算

自营物业是指房地产企业开发的以自营为目的的房地产。根据《企业会计准则》的要求，房地产企业自营物业作为固定资产进行核算。

（一）自营物业的确认和初始计量

根据《企业会计准则》的要求，自营物业应在其竣工验收并达到预定可使用状态时确认为固定资产。这一点与出租物业不同，出租物业需要在租赁期开始时才能确认为投资性房地产，而自营物业在开始使用或营业前，只要达到了预定可使用状态就可以确认为固定资产。

根据《企业会计准则》的要求，自营物业作为固定资产应当按照成本进行初始计量。自行建造自营物业的成本，由建造该项资产达到预定可使用状态前所发生的必要支出构成。与建造出租物业不同的是：自营物业的成本中不包括为开发建造自营物业而购入的土地成本，也就是说，自营物业土地使用权的账面价值不与其地上建筑物合并计算成本，而仍作为无形资产进行核算，土地使用权与地上建筑物分别进行摊销和提取折旧。

（二）自营物业开发的账务处理

1. 自营物业成本支出的账务处理

自营物业的成本支出通过“在建工程”科目进行核算，并按照自营物业的不同产品进行明细核算。发生成本支出时，借记“在建工程”科目，贷记“银行存款”、“应付账款”等科目。

自营物业成本支出项目的设置与开发产品的成本支出项目相同。包括：土地征用及拆迁补偿费、前期工程费、基础设施费、建筑安装工程费、配套设施费、开发间接费等。

2. 自营物业竣工的账务处理

自营物业在竣工验收并达到预定可使用状态时，将自营物业成本从“在建工程”科目转入“固定资产”、“无形资产”等科目。按土地使用权成本金额，借记“无形资产——土地使用权”科目，按除土地成本外的其他成本金额，借记“固定资产”科目，按总成本金额，贷记“在建工程”科目。

“固定资产”科目按照不同的业态分别设置明细科目，折旧时可以按类进行。

自营物业在竣工的账务处理上与出租物业有所不同，具体有以下两点：

- 在竣工并达到预定可使用状态时，就可以转为固定资产，并不需要等待该物业开始使用才结转。
- 在结转自营物业成本时应划分地上建筑物成本和土地使用权成本，分别计入固定资产和无形资产。而出租物业是将地上建筑物成本和土地使用权成本全部计入投资性房地产成本。

【例 8-13】 2011 年 12 月 31 日，中联房地产公司开发的酒店竣工，该酒店开发成本总计 50 000 万元，其中土地成本 10 000 万元，总建筑面积 5 万平方米，该酒店于 2012 年 2 月 1 日开业。中联公司根据有关原始凭证，应作如下分录入账：

（1）支付土地成本时。

借：在建工程	100 000 000	
贷：银行存款		100 000 000

（2）2011 年 12 月 31 日结转成本时。

借：固定资产——酒店	400 000 000	
无形资产——土地使用权	100 000 000	
贷：在建工程——酒店		500 000 000

（三）自营物业暂估入账的账务处理

房地产企业自营物业竣工时，如果成本决算没有完成，应按照预算成本暂估入账并提取折旧，待实际成本确定时再进行调整。

二、自营物业收入的核算与管理

房地产企业往往设立分公司自营物业进行经营和管理，因此，自营物业的收入也要通过分公司进行核算。

（一）开办费的核算

开办费是指在自营物业开业前为筹备开业的必要支出。

为便于独立核算自营物业的收入，开办费应在分公司进行核算。分公司应根据发生费用的性质分别计入不同科目，如“固定资产”、“低值易耗品”、“管理费用”、“销售费用”、“长期待摊费用”等。

（二）资金往来的核算

房地产企业与分公司之间的资金往来通过“其他应收款”或“其他应付款”科目核算。房地产企业支付往来款时，借记“其他应收款——一般往来”科目，贷记“银行存款”等科目；房地产企业收到往来款时，借记“银行存款”等科目，贷记“其他应收款——一般往来”科目。

（三）自营收入的核算

房地产企业自营物业产生的自营收入是指分公司形成的利润。

1. 分公司利润的核算

分公司当期结转未分配利润时，按当期“本年利润”科目的余额，借记“本年利润”科目，贷记“利润分配——未分配利润”科目。同时，借记“利润分配——未分配利润”科目，贷记“其他应付款”科目。分公司上交利润时，借记“其他应付款”科目，贷记“银行存款”等科目。

2. 房地产企业自营收入的核算

对分公司当期未分配利润计提时，借记“其他应收款——自营收入”科目，贷记“主营业务收入”科目。收到分公司上交的利润时，借记“银行存款”等科目，贷记“其他应收款——自营收入”科目。

3. 相关税金的核算

分公司的营业税、增值税、个人所得税、印花税等与日常经营相关的税金由分公司提取和缴纳，按相关规定在分公司进行会计处理。

与土地使用权、房屋建筑物相关的税费（包括土地使用税、房产税等）依有关规定应由房地产企业承担的，按计提的金额，借记“管理费用”科目，贷记“应交税费”科目。实际缴纳时，借记“应交税费”科目，贷记“银行存款”等科目。

三、自营物业后续支出的核算

（一）装修的账务处理

自营物业装修支出在房地产企业核算，初次装修费用单独计价，在“固定资产”科目下设置“装修费用”明细科目核算，不计残值，按10年计提折旧。下次装修时如果没有提足折旧，剩余部分一次性计入当期损益，记入“主营业务成本”科目。二次装修发生的残值收入冲减装修费用后，记入“长期待摊费用”科目，按10年摊销，摊销时，借记“主营业务成本”科目，贷记“累计摊销”科目。装修时一并购入可单独辨认和计量的电器和家具等，单独作为固定资产管理和核算。

（二）自营物业改建的账务处理

自营物业改建支出在房地产企业进行核算，发生的改建支出予以资本化，记入房地产企业的“固定资产”科目，具体核算方法与出租物业相同。

（三）自营物业日常维修的账务处理

与出租物业相同，自营物业日常维修支出也应直接计入当期损益。但与出租物业不同的是，自营物业日常维修支出不是计入房地产企业的当期损益，而是计入分公司的当期损益。

（四）计提折旧的账务处理

房地产企业按期（月）计提自营物业的折旧，借记“其他业务成本”

科目，贷记“累计折旧”科目。处置自营物业时还应同时结转累计折旧。

（五）自营物业土地使用权摊销的账务处理

对于房地产企业自营物业所占用的土地，在自营物业达到可使用状态前记入“在建工程”科目，完工达到可使用状态后转入“无形资产——土地使用权”科目，从转入当月起在土地使用权剩余受益期内按直线法摊销时，借记“主营业务成本”科目，贷记“累计摊销”科目。处置自营物业时，还应同时结转这部分累计摊销。

四、自营物业处置的核算

当自营物业被处置，或者永久退出使用且预计不能从其处置中取得经济利益时，应当终止确认该项自营物业。

企业出售、转让、报废自营物业或发生自营物业毁损，应当将处置收入扣除账面价值和相关税费后的金额计入当期损益。自营物业的账面价值是自营物业成本扣减累计折旧和累计减值准备后的金额。具体核算过程如下：

房地产企业处置自营物业时，按该项固定资产账面价值，借记“固定资产清理”科目，按已提的累计折旧，借记“累计折旧”科目，按其账面原价，贷记“固定资产”科目。已计提减值准备的，还应同时结转已计提的减值准备。

处置自营物业时应支付的相关税费及其他费用，借记“固定资产清理”科目，贷记“银行存款”、“应交税费”等科目。

收回出售自营物业的价款时，借记“银行存款”等科目，贷记“固定资产清理”科目。

自营物业清理完成后，属于生产经营期间正常的处理损失，借记“营业外支出——处置非流动资产损失”科目，贷记“固定资产清理”科目；属于处理收益，借记“固定资产清理”科目，贷记“营业外收入”科目。

第四节 土地使用权的核算

一、用于出租和增值取得土地的核算与管理

企业取得的土地使用权，将其用于出租或增值目的的，应作为投资性房地产处理。支付土地价款时，借记“投资性房地产”科目，贷记“银行存款”科目。

【例 8-14】 2011 年 6 月，中联房地产公司取得土地 8 万平方米，支付土地价款 40 000 万元，支付土地契税 2 000 万元。中联公司拟将该土地长期出租，中联公司根据有关原始凭证，应作如下分录入账：

借：投资性房地产——土地　　420 000 000

　贷：银行存款　　420 000 000

二、为建造对外出售房屋取得土地的核算与管理

房地产企业取得土地用于建造对外出售的房屋建筑物，相关的土地使用权账面价值应当计入所建造的房屋建筑物成本，作为存货处理。支付土地价款时，借记“生产成本”科目，贷记“银行存款”科目。

【例 8-15】 2011 年 6 月，中联房地产公司取得土地 8 万平方米，支付土地价款 40 000 万元，支付土地契税 2 000 万元。中联公司将开发 30 万平方米的住宅并对外销售。中联公司根据有关原始凭证，应作如下分录入账：

借：生产成本——房屋开发成本　　420 000 000

　贷：银行存款　　420 000 000

三、用于自行开发房屋取得土地的核算与管理

土地使用权用于自行开发建造厂房等地上建筑物时，土地使用权的账面价值不与地上建筑物合并计算其成本，而仍作为无形资产进行核算，并与地上建筑物分别进行摊销和提取折旧。

无形资产按实际成本计价，使用寿命有限的无形资产在使用寿命内

（不超过经营期限）分期平均摊销，使用寿命无限的无形资产不摊销。房地产企业取得的土地使用权应按土地使用权年限分期平均摊销。

支付或分摊自行开发房屋相应的土地价款时，借记“在建工程”科目，贷记“银行存款”或“生产成本”等科目。

【例 8-16】 2011 年 6 月，中联房地产公司取得土地 8 万平方米，支付土地价款 40 000 万元，支付土地契税 2 000 万元。中联公司将开发 30 万平方米的住宅和酒店，其中住宅 25 万平方米，全部对外销售，相应土地价款为 34 000 万元，相应的契税为 1 700 万元；酒店 5 万平方米，建成后用于自营，相应土地价款为 6 000 万元，相应的契税为 300 万元。中联公司根据有关原始凭证，应作如下账务处理：

（1）住宅部分。

借：生产成本——房屋开发成本　　357 000 000

　贷：银行存款　　357 000 000

（2）酒店部分。

借：在建工程　　63 000 000

　贷：银行存款　　63 000 000

四、外购房屋取得土地的核算与管理

房地产企业外购的房屋建筑物，实际支付的价款中包括土地以及建筑物的价值，则应当对支付的价款按照合理的方法（如公允价值）在土地和地上建筑物之间进行分配，按土地分摊的金额，借记“无形资产”科目，按地上建筑物分摊的金额，借记“固定资产”科目，按支付的总价款，贷记“银行存款”等科目；如果确实无法在地上建筑物与土地使用权之间进行合理分配的，应当全部作为固定资产核算，按支付的总价款，借记“固定资产”科目，贷记“银行存款”等科目。

【例 8-17】 2011 年 6 月，中联房地产公司购入一酒店，总价款及相应契税共计 42 000 万元，其中建筑物分摊 35 000 万元，土地分摊 7 000 万元。中联公司根据有关原始凭证，应作如下分录入账：

借：固定资产　　350 000 000

　　无形资产　　70 000 000

　贷：银行存款　　420 000 000

五、房地产改变用途的核算

（一）转换的条件

企业有确凿证据表明房地产用途发生改变，满足下列条件之一的，应当将投资性房地产转换为其他资产或者将其他资产转换为投资性房地产：

- 投资性房地产开始自用。
- 作为存货的房地产改为出租。
- 自用土地使用权停止自用，用于赚取租金或资本增值。
- 自用建筑物停止自用，改为出租。

（二）成本模式下的转换

房地产改变用途时，将投资性房地产转换为其他资产，或将其他资产转换为投资性房地产，转换后的资产入账价值为转换前的资产账面价值。

【例 8-18】 2011 年 6 月，中联房地产公司将原对外出租的写字楼转为该公司办公使用，该写字楼账面原值为 10 000 万元（其中：房产原值 7 000 万元，土地原值 3 000 万元），累计折旧和摊销 2 000 万元（其中：房产折旧 1 400 万元，土地摊销 600 万元）。中联公司根据有关原始凭证，应作如下分录入账：

房产账面价值＝7 000－1 400＝5 600(万元)

土地账面价值＝3 000－600＝2 400(万元)

借：固定资产	56 000 000
无形资产	24 000 000
投资性房地产累计折旧	20 000 000
贷：投资性房地产	100 000 000

（三）公允价值模式下的转换

1. 投资性房地产转换为自用房地产的账务处理

采用公允价值模式计量的投资性房地产转换为自用房地产时，应当以其转换当日的公允价值作为自用房地产的账面价值，公允价值与原账面价值的差额计入当期损益。

【例 8-19】 2011 年 6 月，中联房地产公司将原对外出租的写字楼转为该公司办公使用，该写字楼按公允价值模式计量，2011 年 6 月份该写字楼账面原值 10 000 万元（其中：房产原值 7 000 万元，土地原值 3 000 万元），累计折旧和摊销 2 000 万元（其中：房产折旧 1 400 万元，土地摊销 600 万元），公允价值为 12 000 万元（其中：房产为 7 000 万元，土地 5 000 万元）。中联公司根据有关原始凭证，应作如下分录入账：

借：固定资产	70 000 000
无形资产	50 000 000
投资性房地产累计折旧	20 000 000
贷：投资性房地产	100 000 000
公允价值变动损益	40 000 000

2. 自用房地产或存货转换为投资性房地产的账务处理

自用房地产或存货转换为采用公允价值模式计量的投资性房地产时，投资性房地产按照转换当日的公允价值计价，转换当日的公允价值小于原账面价值的，其差额计入当期损益；转换当日的公允价值大于原账面价值的，其差额计入所有者权益。

【例 8-20】 2011 年 6 月，中联房地产公司将原自用的写字楼转为出租，该公司对投资性房地产采用公允价值模式计量，2011 年 6 月份该写字楼固定资产原值 7 000 万元，无形资产中土地原值 3 000 万元，累计折旧 1 400 万元，累计摊销 600 万元，该写字楼公允价值为 12 000 万元。中联公司根据有关原始凭证，应作如下分录入账：

借：投资性房地产	120 000 000
累计折旧	14 000 000
累计推销	6 000 000
贷：固定资产	70 000 000
无形资产	30 000 000
资本公积	40 000 000

9 CHAPTER 第九章 房地产企业纳税业务的核算

第一节　营业税的核算

一、房地产企业营业税的税务处理

（一）营业税的应税范围

根据《中华人民共和国营业税暂行条例实施细则》的规定，房地产开发企业，发生营业税应税劳务主要涉及以下几个方面：

1. 转让土地使用权

转让土地使用权是指土地使用者转让土地使用权的行为，土地所有者出让土地使用权和土地使用者将土地使用权归还给土地所有者的行为，不征收营业税。土地租赁，不按本税目征税。

2. 销售不动产

销售不动产是指有偿转让不动产所有权的行为。不动产，是指不能移动，移动后会引起性质、形状改变的财产。本税目的征收范围包括：销售建筑物或构筑物，销售其他土地附着物。

- 销售建筑物或构筑物：是指有偿转让建筑物或构筑物的所有权的行为。以转让有限产权或永久使用权方式销售建筑物，视同销售建筑物。
- 销售其他土地附着物：是指有偿转让其他土地附着物的所有权的行为。其他土地附着物，是指建筑物或构筑物以外的其他附着于土地的不动产。

在销售不动产时连同不动产所占土地的使用权一并转让的行为，比照销售不动产征税。不动产租赁，不按本税目征税。

3. 其他应税行为

其他应税行为包括：

● 单位将不动产无偿赠与他人，视同销售不动产。

● 以不动产投资入股，参与接受投资方利润分配、共同承担投资风险的行为，不征营业税。但转让该项股权，应按本税目征税。

（二）营业税的计税依据

1. 转让土地使用权的营业税计税依据

根据《中华人民共和国营业税暂行条例实施细则》的规定，纳税人的营业额为纳税人销售不动产向对方收取的全部价款和价外费用。因此，房地产企业转让土地使用权营业税的计税依据为房地产企业转让土地使用权向对方收取的全部价款和价外费用。

2. 销售不动产的营业税计税依据

根据《中华人民共和国营业税暂行条例实施细则》的规定，纳税人的营业额为纳税人销售不动产向对方收取的全部价款和价外费用。

营业税暂行条例实施细则第十五条规定，纳税人销售不动产价格明显偏低而无正当理由的，主管税务机关有权按下列顺序核定其营业额：

● 按纳税人当月提供的同类应税劳务或者销售的同类不动产的平均价格核定；

● 按纳税人最近时期提供的同类应税劳务或者销售的同类不动产的平均价格核定；

● 按下列公式核定计税价格：

计税价格＝营业成本或工程成本×(1＋成本利润率)÷(1－营业税税率)

3. 其他应税行为的营业税计税依据

单位将不动产无偿赠与他人，其营业额比照《营业税暂行条例实施细则》第十五条的规定确定。

（三）营业税的税率

房地产企业转让土地使用权或销售不动产缴纳的营业税税率

为5%。

二、销售物业营业税的账务处理

（一）转让土地使用权应纳营业税的账务处理

房地产企业在转让土地使用权时，应按收取的土地转让价款计算缴纳营业税。房地产企业计提营业税金时，借记“营业税金及附加”科目，贷记“应交税费——应交营业税”科目。实际支付时，借记“应交税费——应交营业税”科目，贷记“银行存款”科目。

【例9-1】 中联房地产公司2010年8月对外转让土地使用权，取得转让价款10 000万元，计算缴纳营业税金500万元。中联公司根据有关原始凭证，编制分计分录如下：

（1）计提营业税金时。

借：营业税金及附加　　5 000 000

　贷：应交税费——应交营业税　　5 000 000

（2）实际缴纳税金时。

借：应交税费——应交营业税　　5 000 000

　贷：银行存款　　5 000 000

（二）销售不动产应纳营业税的账务处理

房地产企业以房屋等不动产作为其经营的主要业务，因此，其缴纳的营业税，应和其他企业主营业务的核算一样，记入“营业税金及附加”账户。

房地产企业的特殊性在于房屋的预售制，即房地产企业在开发产品建造过程中就开始收取房屋的销售款，收取的款项记入“预收账款”科目，待开发产品竣工交付时，才将预收的销售款转为收入。

房地产企业按照预收款预缴营业税金时，借记“应交税费——应交营业税”科目，贷记“银行存款”科目。销售收入实现时，按实际应缴纳的营业税金，借记“营业税金及附加”科目，贷记“应交税费——应交营业税”科目。实际应缴纳金额大于预缴金额时，应补缴营业税金，借记“应交税费——应交营业税”科目，贷记“银行存款”科目。

在预缴企业所得时，预缴的营业税金可以扣除。

【例 9-2】 中联房地产公司 2010 年 8 月销售不动产，取得预售房款4 000 万元，应预缴营业税金 200 万元。余款 2 000 万元在交付该不动产时收取，应补缴营业税金 100 万元。中联公司根据有关原始凭证，编制会计分录如下：

（1）收到预售房款时。

借：银行存款	40 000 000	
贷：预收账款		40 000 000

（2）预缴营业税金时。

借：应交税费——应交营业税	2 000 000	
贷：银行存款		2 000 000

（3）收到余款时。

借：银行存款	20 000 000	
贷：预收账款		20 000 000

同时，

借：预收账款	60 000 000	
贷：主营业务收入		60 000 000

（4）计提实际应缴营业税金时。

借：营业税金及附加	3 000 000	
贷：应交税费——应交营业税		3 000 000

（5）补缴营业税金时。

借：应交税费——应交营业税	1 000 000	
贷：银行存款		1 000 000

房地产开发企业将作为固定资产管理和使用的房屋、建筑物对外销售、捐赠时，应视同非房地产开发企业销售不动产进行核算。

（三）其他应税行为应纳营业税的账务处理

1. 无偿赠送行为营业税的账务处理

房地产企业将开发产品无偿赠送他人，属于视同销售行为，应计算并缴纳营业税。

房地产企业将开发产品无偿赠送他人，在会计处理上应按成本结转，不作为销售处理。企业将开发产品移交受赠方时，应将开发产品的成本转入相应的科目中，借记“营业外支出”科目，贷记“库存商品”科目。按税法规定应缴纳的营业税金及附加，也应记入相应的科目，借记“营业外支出”科目，贷记“应交税费——应交营业税”科目。

【例 9-3】 中联房地产公司 2010 年 8 月将自己开发的商品房赠送给某公司，该商品房账面价值为 2 000 万元，按税法规定还应缴纳营业税 100 万元。中联公司根据有关原始凭证，编制分计分录如下：

（1）结转成本时。

借：营业外支出	20 000 000	
贷：库存商品		20 000 000

（2）计提营业税金及附加时。

借：营业外支出	1 000 000	
贷：应交税费——应交营业税		1 000 000

（3）实际缴纳税金时。

借：应交税费——应交营业税	1 000 000	
贷：银行存款		1 000 000

2. 其他应税行为的账务处理

房地产企业除了正常的销售行为以外，还存在其他一些非正常的销售行为，包括将开发产品用于职工福利、分配给股东或投资人以及用于非货币性资产交换等行为。这些行为无论是在会计核算上，还是在税务处理上都属于销售行为，房地产企业应将其视为销售行为进行会计处理和税务处理。

房地产企业发生上述应税行为时，应按照开发产品的市场公允价格，借记“管理费用”、“利润分配”、“生产成本”等科目，贷记“应付职工薪酬——非货币性福利”、“应付股利”、“应付账款”等科目。办理商品房过户手续时，借记“应付职工薪酬——非货币性福利”、“应付股利”、“应付账款”等科目，贷记“主营业务收入”科目；同时还应结转商品房的成本，借记“主营业务成本”科目，贷记“库存商品”科目。

房地产企业按市场公允价格计提营业税及附加时，借记“营业税金及附加”科目，贷记“应交税费”等科目。

【例 9-4】 中联房地产公司 2010 年 8 月将自己开发的商品房作为

股利分配给股东，该商品房账面价值为2 000万元，市场销售为3 000万元，按税法规定还应缴纳营业税150万元。中联公司根据有关原始凭证，编制分计分录如下：

（1）分配股利时。

借：利润分配　　30 000 000

　　贷：应付股利　　30 000 000

（2）办理商品房过户手续时。

借：应付股利　　30 000 000

　　贷：主营业务收入　　30 000 000

（3）结转商品房成本时。

借：主营业务成本　　20 000 000

　　贷：库存商品　　20 000 000

（4）计提税金时。

借：营业税金及附加　　1 500 000

　　贷：应交税费——应交营业税　　1 500 000

三、出租物业营业税的账务处理

按照税法规定，房地产企业在将开发产品转为出租物业时，不缴纳营业税。但在出租物业时，应按照收取的租金计算缴纳营业税。

房地产企业在出租过程中，应按取得的租金收入，借记“银行存款”等科目，贷记“其他业务收入”科目。计提营业税时，借记“营业税金及附加”科目，贷记“应交税费——应交营业税”科目。

【例9-5】　中联房地产公司2010年8月将自己开发的商品房对外出租，8月份取得租金收入100万元，按税法规定应缴纳营业税5万元。中联公司根据有关原始凭证，编制分计分录如下：

（1）结转收入时。

借：银行存款　　1 000 000

　　贷：其他业务收入　　1 000 000

（2）计提营业税金及附加时。

借：营业税金及附加　　50 000

　　贷：应交税费——应交营业税　　50 000

（3）实际缴纳税金时。

借：应交税费——应交营业税　　50 000

　贷：银行存款　　50 000

四、自营物业营业税的账务处理

按税法规定，房地产企业在将开发产品转为自营物业时，不缴纳营业税。但在自营过程中，对产生的自营收入应计算缴纳营业税。

房地产企业在自营过程中，应按取得的自营收入，借记“银行存款”等科目，贷记“其他业务收入”科目。计提营业税时，借记“营业税金及附加”科目，贷记“应交税费——应交营业税”科目。

第二节　土地增值税的核算

一、土地增值税的税务处理

房地产开发公司在转让国有土地使用权、地上建筑物及其附着物（简称房地产）时，就其转让房地产所取得的增值额征收土地增值税。

土地增值税按照转让房地产所取得的增值额和适用税率计算征收。

其计算公式为：

$$应纳税额 = \sum(每级距的土地增值额 \times 适用税率)$$

或：

$$应纳税额 = 土地增值额 \times 适用税率 - 扣除项目金额 \times 速算扣除率$$

增值额未超过扣除项目金额50%时：

$$土地增值税税额 = 增值额 \times 30\%$$

增值额超过扣除项目金额50%，未超过100%的：

$$土地增值税税额 = 增值额 \times 40\% - 扣除项目金额 \times 5\%$$

增值额超过扣除项目金额100%，未超过200%的：

土地增值税税额＝增值额×50％－扣除项目金额×15％

增值额超过扣除项目金额200％时：

土地增值税税额＝增值额×60％－扣除项目金额×35％

公式中的5％，15％，35％为速算扣除系数。

二、土地增值税的账务处理

开发和销售房地产是房地产开发企业的主营业务，所以，房地产开发企业转让国有土地使用权、地上建筑物及其附着物，其收入应通过"主营业务收入"等账户进行核算；由于土地增值税是在转让房地产的流转环节缴纳，并且是为了取得当期营业收入而支付的费用，因此，土地增值税应同营业税的会计处理相同，按销售房地产取得的增值额和规定的税率计算的土地增值税，借记"营业税金及附加"科目，贷记"应交税费——应交土地增值税"科目，实际上缴时，借记"应交税费——应交土地增值税"科目，贷记"银行存款"科目。

【例9-6】 中联房地产公司销售房地产取得转让收入2 000 000元，扣除项目金额为1 200 000元。计算该企业应纳的土地增值税额并作会计处理。

(1) 应纳税额的计算。

增值额＝2 000 000－1 200 000＝800 000(元)

增值额与扣除项目金额的比率＝800 000÷1 200 000≈67％

应纳税额＝800 000 × 40％－1 200 000 × 5 ％ ＝ 26(万元)

(2) 会计处理如下：

①取得房地产转让收入时。

借：银行存款　　2 000 000

　贷：主营业务收入　　2 000 000

②计提土地增值税时。

借：营业税金及附加　　260 000

　贷：应交税费——应交土地增值税　　260 000

③实际缴纳税款时。

借：应交税费——应交土地增值税　　260 000

　贷：银行存款　　260 000

三、现房销售的土地增值税核算

在现货房地产销售情况下，采用一次性收款、房地产移交使用、发票账单提交买主、钱货两清的，应于房地产已经移交和发票结算账单提交买主时作为销售实现，借记“银行存款”等科目，贷记“主营业务收入”等科目。同时，计算应由实现的营业收入负担的土地增值税，借记“营业税金及附加”等科目，贷记“应交税费——应交土地增值税”科目。

在现货房地产销售情况下，采用赊销、分期收款方式销售房地产的，应以合同规定的收款时间作为销售实现，分次结转收入。销售实现时，借记“银行存款”或“应收账款”科目，贷记“主营业务收入”等科目；同时，计算应由实现的营业收入负担的土地增值税，借记“营业税金及附加”等科目，贷记“应交税费——应交土地增值税”科目。

【例 9-7】 中联房地产公司转让高级公寓一栋，获得货币收入 7 500 万元，获得购买方原准备盖楼的钢材 2 100 吨（每吨2 500 元）。公司为取得土地使用权支付 1 450 万元，开发土地、建房及配套设施等支出 2 110 万元，支付开发费用 480 万元（其中：利息支出 295 万元，未超过标准），支付转让房地产的有关税金 47 万元。应纳土地增值税为 1 053.6 万元。

作会计分录如下：

(1) 收入实现时。

借：银行存款　　75 000 000

　贷：主营业务收入　　75 000 000

借：原材料　　5 250 000

　贷：主营业务收入　　5 250 000

(2) 计提土地增值税时。

土地增值税应税收入＝7 500＋525＝8 025(万元)

土地增值税扣除金额＝1 450＋2 110＋(1 450＋2 110)×5%
＋295＋(1 450＋2 110)×20%
＝4 745(万元)

增值额＝8 025－4 745＝3 280(万元)

应纳税额＝3 280×40%－4 745×5%＝1 074.75(万元)

借：营业税金及附加	10 747 500	
贷：应交税费——应交土地增值税		10 747 500

四、期房销售的土地增值税核算

按照《中华人民共和国城市房地产管理法》的规定，商品房可以预售，但应符合下列条件：已交付全部土地使用权出让金，取得土地使用权证书；持有建设工程规划许可证；按提供预售的商品房计算，投入开发建设的资金达到总投资的25%以上，并已经确定工程进度和竣工交付日期；向县级以上人民政府房产管理部门办理预售登记，取得商品房预售许可证明。

在商品房预售的情况下，商品房交付使用前采取一次性收款或分次收款的，收到购房款时，借记“银行存款”科目，贷记“预收账款”科目；按规定预缴土地增值税时，借记“应交税费——应交土地增值税”科目，贷记“银行存款”等科目。

待该商品房交付使用后，开出发票结算账单交给买主时，作为收人实现，借记“预收账款”科目，贷记“主营业务收人”科目；将实现收入对应的已预缴土地增值税结转，借记“营业税金及附加”科目，贷记“应交税费——应交土地增值税”科目。企业根据税法规定进行土地增值税清算，按需补计提金额借记“营业税金及附加”等科目，贷记“其他应付款”科目。在税务机关要求清算并确定最终的清算金额后，按原补提金额借记“其他应付款”科目，按实际欠付税款贷记“应交税费”科目，按两者差借或贷记“营业税金及附加”科目。

【例 9-8】 中联房地产公司 2009 年度进行商品房开发，在未竣工前该企业已取得收入 1 800 万元，土地增值税按 2%的征收率实行预缴。年末，该项工程全部竣工，销售收入已实现，企业按税法规定自行计算土地增值税清算需补缴6万元。2010年4月，税务机关对该竣工项目进行了清算，经清算应补缴土地增值税8万元，2010年5月中联公司补缴税款8万元。试对该企业缴纳的土地增值税进行账务处理。

（1）预缴土地增值税时：

预缴土地增值税：1 800×2%=36(万元)

借：应交税费——应交土地增值税　　360 000

　　贷：银行存款　　360 000

（2）工程竣工后，将实现收入对应的已预缴土地增值税结转时：

借：营业税金及附加　　360 000

　　贷：应交税费——应交土地增值税　　360 000

（3）年末计算清算需补缴6万元时：

借：营业税金及附加　　60 000

　　贷：其他应付款　　60 000

（4）2010年4月税务机关清算时：

借：营业税金及附加　　20 000

　　其他应付款　　60 000

　　贷：应交税费——应交土地增值税　　80 000

（5）2010年5月实际缴纳税款时：

借：应交税费——应交土地增值税　　80 000

　　贷：银行存款　　80 000

房地产开发企业将自己作为固定资产管理使用的房屋、建筑物等对外转让，视同现房销售业务，比照“现房销售的土地增值税核算”处理。

第三节　企业所得税的核算

一、企业所得税的税务处理

企业房地产开发经营业务包括土地的开发，建造、销售住宅、商业用房以及其他建筑物、附着物、配套设施等开发产品。除土地开发之外，其他开发产品符合下列条件之一的，应视为已经完工：

- 开发产品竣工证明材料已报房地产管理部门备案。
- 开发产品已开始投入使用。
- 开发产品已取得了初始产权证明。

（一）收入的税务处理

开发产品销售收入的范围为销售开发产品过程中取得的全部价款，包括现金、现金等价物及其他经济利益。企业代有关部门、单位和企业收取的各种基金、费用和附加等，凡纳入开发产品价内或由企业开具发票的，应按规定全部确认为销售收入；未纳入开发产品价内并由企业之外的其他收取部门、单位开具发票的，可作为代收代缴款项进行管理。

1. 销售收入的确认

企业通过正式签订房地产销售合同或房地产预售合同所取得的收入，应确认为销售收入的实现，具体按以下规定确认：

- 采取一次性全额收款方式销售开发产品的，应于实际收讫价款或取得索取价款凭据（权利）之日，确认收入的实现。

- 采取分期收款方式销售开发产品的，应按销售合同或协议约定的价款和付款日确认收入的实现。付款方提前付款的，在实际付款日确认收入的实现。

- 采取银行按揭方式销售开发产品的，应按销售合同或协议约定的价款确定收入额，其首付款应于实际收到日确认收入的实现，余款在银行按揭贷款办理转账之日确认收入的实现。

企业将开发产品用于捐赠、赞助、职工福利、奖励、对外投资、分配给股东或投资人、抵偿债务、换取其他企事业单位和个人的非货币性资产等行为，应视同销售，于开发产品所有权或使用权转移，或于实际取得利益权利时确认收入（或利润）的实现。

2. 预售收入

企业销售未完工开发产品的计税毛利率由各省、自治区、直辖市国家税务局、地方税务局按下列规定进行确定：

- 开发项目位于省、自治区、直辖市和计划单列市人民政府所在地城市城区和郊区的，不得低于15%。

- 开发项目位于地及地级市城区及郊区的，不得低于10%。
- 开发项目位于其他地区的，不得低于5%。
- 属于经济适用房、限价房和危改房的，不得低于3%。

企业销售未完工开发产品取得的收入，应先按预计计税毛利率分季（或月）计算出预计毛利额，计入当期应纳税所得额。开发产品完工后，企业应及时结算其计税成本并计算此前销售收入的实际毛利额，同时将其实际毛利额与其对应的预计毛利额之间的差额，计入当年度企业本项目与其他项目合并计算的应纳税所得额。

（二）成本、费用扣除的税务处理

1. 成本费用扣除的规定

企业在进行成本、费用的核算与扣除时，必须按规定区分期间费用和开发产品计税成本、已销开发产品计税成本与未销开发产品计税成本。

企业发生的期间费用、已销开发产品计税成本、营业税金及附加、土地增值税准予当期按规定扣除。

已销开发产品的计税成本，按当期已实现销售的可售面积和可售面积单位工程成本确认。可售面积单位工程成本和已销开发产品的计税成本按下列公式计算确定：

$$\text{可售面积单位工程成本}=\text{成本对象总成本}\div\text{成本对象总可售面积}$$

$$\text{已销开发产品的计税成本}=\text{已实现销售的可售面积}\times\text{可售面积单位工程成本}$$

2. 计税成本的确定

计税成本是指企业在开发、建造开发产品（包括固定资产，下同）过程中所发生的按照税收规定进行核算与计量的应归入某项成本对象的各项费用。

开发产品计税成本支出的内容包括：土地征用费及拆迁补偿费、前期工程费、建筑安装工程费、基础设施建设费、公共配套设施费、开发间接费。

企业计税成本核算的一般程序如下：

- 对当期实际发生的各项支出，按其性质、经济用途及发生的地点、时间区进行整理、归类，并将其区分为应计入成本对象的成本和应在当期税前扣除的期间费用。同时还应按规定对有关预提费用和待摊费用进行计量与确认。

- 对应计入成本对象中的各项实际支出、预提费用、待摊费用等合理地划分为直接成本、间接成本和共同成本，并按规定将其合理地归集、分配至已完工成本对象、在建成本对象和未建成本对象。

- 对期前已完工成本对象应负担的成本费用按已销开发产品、未销开发产品和固定资产进行分配，其中应由已销开发产品负担的部分，在当期纳税申报时进行扣除，未销开发产品应负担的成本费用待其实际销售时再予扣除。

- 将本期已完工成本对象分为开发产品和固定资产并对其计税成本进行结算。其中属于开发产品的，应按可售面积计算其单位工程成本，据此再计算已销开发产品计税成本和未销开发产品计税成本。对本期已销开发产品的计税成本，准予在当期扣除，未销开发产品计税成本待其实际销售时再予扣除。

- 对本期未完工和尚未建造的成本对象应当负担的成本费用，应分别建立明细台账，待开发产品完工后再予结算。

企业开发、建造的开发产品应按制造成本法进行计量与核算。其中，应计入开发产品成本中的费用属于直接成本和能够分清成本对象的间接成本，直接计入成本对象；共同成本和不能分清负担对象的间接成本，应按受益的原则和配比的原则分配至各成本对象，具体分配方法包括占地面积法、建筑面积法、直接成本法、预算造价法。

（三）企业所得税的计算

纳税人计算确定应纳税所得额的公式为：

应纳税所得额＝收入总额－准予扣除项目金额

应纳企业所得税额＝应纳税所得额×企业所得税税率

二、企业所得税的核算

（一）所得税的会计处理方法

对所得税的会计处理，我国原有关企业会计制度和法规中要求企业选择采用应付税款法、纳税影响会计法、递延法或债务法。《企业会计准则第 18 号——所得税》则要求企业改用资产负债表债务法。

资产、负债的账面价值与其计税基础存在差异的，应当确认所产生的递延所得税资产或递延所得税负债。资产负债表日，对于递延所得税资产和递延所得税负债，应当根据税法规定，按照预期收回该资产或清偿该负债期间的适用税率计量。适用税率发生变化的，应对已确认的递延所得税资产和递延所得税负债进行重新计量，除直接在所有者权益中确认的交易或者事项产生的递延所得税资产和递延所得税负债以外，应当将其影响数计入变化当期的所得税费用。

同时，递延所得税资产和递延所得税负债的计量，应当反映资产负债表日企业预期收回资产或清偿负债方式的所得税影响，即在计量递延所得税资产和递延所得税负债时，应当采用与收回资产或清偿债务的预期方式相一致的税率和计税基础。

（二）确认递延所得税资产的范围

企业应当确认递延所得税资产范围仅仅限于很可能取得用来抵扣可抵扣暂时性差异的应纳税所得额。而不确认递延所得税资产的交易主要有三种情况：

- 同时具备“该项交易不是企业合并、交易发生时既不影响会计利润也不影响应纳税所得额（或可抵扣亏损）”特征的交易中资产或负债的初始确认；
- 不同时具备“暂时性差异在可预见的未来很可能转回、未来很可能获得用来抵扣可抵扣暂时性差异的应纳税所得额”的企业对子公司、联营企业及合营企业投资相关的可抵扣暂时性差异产生的递延所得税资产；
- 资产负债表日，如果未来期间很可能无法获得足够的应纳税所得额用以抵扣递延所得税资产的利益的递延所得税资产。

总之，除了上述不能确认递延所得税资产的交易中的可抵扣暂时性差异外，只要有证据表明当前或未来很可能获得足够的应纳税所得额可用来抵扣可抵扣暂时性差异的，都确认递延所得税资产。

（三）所得税的账户设置

根据《企业会计准则第 18 号——所得税》规定，企业应当将当期和以前期间应交未交的所得税确认为负债，将已支付的所得税超过应支付的部分确认为资产。企业对所得税进行会计处理时，应设置如下账户：

- “应交税费——应交所得税”账户：核算企业应交未交所得税。
- “所得税费用”账户：核算企业计入当期损益的所得税费用。
- “递延所得税负债”账户：核算企业递延所得税负债的发生及转回。
- “递延所得税资产”账户：核算企业递延所得税资产的发生及转回。

1. 所得税费用

“所得税费用”科目核算企业确认的应从当期利润总额中扣除的所得税费用。该科目可按“当期所得税费用”、“递延所得税费用”进行明细核算。

资产负债表日，房地产企业按照税法规定计算确定的当期应交所得税，借记“所得税费用”科目（当期所得税费用），贷记“应交税费——应交所得税”科目。

资产负债表日，根据递延所得税资产的应有余额大于“递延所得税资产”科目余额的差额，借记“递延所得税资产”科目，贷记“所得税费用”（递延所得税费用）、“资本公积——其他资本公积”等科目；递延所得税资产的应有余额小于“递延所得税资产”科目余额的差额做相反的会计分录。

房地产企业应予确认的递延所得税负债，应当比照上述原则调整“所得税费用”、“递延所得税负债”及其他有关科目。

2. 递延所得税资产

“递延所得税资产”科目核算房地产企业确认的可抵扣暂时性差异

产生的递延所得税资产。该科目应按可抵扣暂时性差异等项目进行明细核算。

根据税法规定可用以后年度税前利润弥补的亏损及税款抵减产生的所得税资产，也在“递延所得税资产”科目核算。

资产负债表日，递延所得税资产的应有余额大于其账面余额的，应按其差额确认，借记“递延所得税资产”科目，贷记“所得税费用——递延所得税费用”等科目；资产负债表日，递延所得税资产的应有余额小于其账面余额的差额，做相反的会计分录。

企业合并中取得资产、负债的入账价值与其计税基础不同形成可抵扣暂时性差异的，应于购买日确认递延所得税资产，借记“递延所得税资产”科目，贷记“商誉”等科目。

与直接计入所有者权益的交易或事项相关的递延所得税资产，借记“递延所得税资产”科目，贷记“资本公积——其他资本公积”科目。

资产负债表日，预计未来期间很可能无法获得足够的应纳税所得额用以抵扣可抵扣暂时性差异的，按原已确认的递延所得税资产中应减记的金额，借记“所得税费用——递延所得税费用”、“资本公积——其他资本公积”等科目，贷记“递延所得税资产”科目。

3. 递延所得税负债

“递延所得税负债”科目核算企业确认的应纳税暂时性差异产生的所得税负债。该科目可按应纳税暂时性差异的项目进行明细核算。

资产负债表日，递延所得税负债的应有余额大于其账面余额的，应按其差额确认，借记“所得税费用——递延所得税费用”科目，贷记“递延所得税负债”科目；资产负债表日，递延所得税负债的应有余额小于其账面余额的，做相反的会计分录。

与直接计入所有者权益的交易或事项相关的递延所得税负债，借记“资本公积——其他资本公积”科目，贷记“递延所得税负债”科目。

企业合并中取得资产、负债的入账价值与其计税基础不同形成应纳税暂时性差异的，应于购买日确认递延所得税负债，同时调整商誉，借记“商誉”等科目，贷记“递延所得税负债”科目。

三、企业所得税的会计处理

根据税法规定，采取预售方式销售开发产品的房地产开发企业，其当期取得的预售收入先按规定的利润率计算出预计营业利润额，再并入当期应纳税所得额统一计算缴纳企业所得税，待开发产品完工时再进行结算调整。

因此，开发产品未完工阶段，虽然在会计核算上不存在销售收入和会计利润，但房地产企业还是需要预缴企业所得税。开发产品完工后，形成销售收入和会计利润时，再进行企业所得税的清算。

（一）所得税的会计处理原则

1. 日常会计处理

支付预缴所得税时，借记“应交税费——应交所得税”，贷记“银行存款”。

2. 期末会计处理

期末一般是指季末、半年末和年末。

（1）根据会计利润与调整事项计算出应交税金，借记“所得税费用”科目，贷记“应交税费——应交所得税”科目。

（2）计算出本期递延所得税负债增加额，借记“所得税费用”科目，贷记“递延所得税负债”科目。

（3）计算出本期递延所得税资产增加额，借记“递延所得税资产”科目，贷记“所得税费用”科目。

以上业务可合并会计分录为：

借：所得税费用（实际应交额＋递延所得税负债本期增加额－递延所得税资产本期增加额）

递延所得税资产（本期增加额，按可抵扣性暂时差异×税率）

贷：递延所得税负债（本期增加额，按应纳税暂时性差异×税率）

应交税费——应交所得税［实际应交额］

（二）所得税会计处理的几种情况

对于房地产开发业务来讲，所得税会计处理涉及的情况主要有以下几种：

● 年度亏损的所得税处理：房地产企业在开发开始年度，因未取得销售回款，所以往往出现亏损的情况。

● 预收房款的所得税处理：房地产企业在开发过程中，会采取预售的方式收取售房款，按税法规定，应按预收房款的计税毛利计算缴纳企业所得税。同时，预收房款还涉及预缴土地增值税和营业税的问题，房地产企业在预售时，应预缴营业税和土地增值税，按税法规定，预缴的税款可以在企业所得税前抵扣。

● 预提成本的所得税处理：房地产企业在交付开发产品并结转收入时，工程决算往往不会马上完成，因此，要对开发成本进行预提。

1. 年度亏损的所得税处理

年度亏损要经过税务机关调整，最终形成计税亏损，一般情况下，这部分亏损均可以在以后年度得到弥补，应按相应计算的可抵扣所得税，借记"递延所得税资产"科目，贷记"所得税费用"科目。

房地产企业应及时聘请税务师事务所做好纳税认定，特别是本年亏损的公司，确保此亏损金额可用以后年度盈利弥补，并作为计算递延所得税资产的依据。

【例 9-9】 中联房地产公司 2010 年亏损 500 万元，其中发生管理费用 100 万元，销售费用 300 万元，营业外收入 50 万元，营业外支出 150 万元。本年度需调整事项如下：招待费总计 50 万元，按规定 20 万元不得税前扣除。上述事项均已经税务部门或税务师事务所审核确认。

注：此种情况由于平常无预交所得税，只在期末时处理。

(1) 计算应交所得税。

应纳所得额＝－500＋20＝－480(万元)

应交所得税＝0

(2) 计算 2010 年度递延所得税资产及负债增加额。

注：前提是上述亏损在以后年度能够得到弥补，且有税务审计报

告，则：

本期递延所得税资产增加额＝480×25％＝120（万元）

本期递延所得税负债增加额＝0

（3）确认所得税费用。

$$\text{所得税费用}=\text{应交所得税}+\text{递延所得税负债本期增加额}-\text{递延所得税资产本期增加额}$$

$$=0+0-120=-120（万元）$$

（4）账务处理。

借：递延所得税资产　　1 200 000

　贷：所得税费用　　1 200 000

2. 预收房款的所得税处理

预收房款时，房地产企业应按预收房款计算的计税毛利额扣除预缴的营业税和土地增值税后的净额，相应计算企业所得税金额，借记“递延所得税资产”科目，贷记“所得税费用”科目。

【例9-10】 中联房地产公司2010年亏损500万元，其中发生管理费用100万元，销售费用300万元，营业外收入50万元，营业外支出150万元。本年度累计已预缴所得税50万元。递延所得税资产期初数及递延所得税负债期初数为0。

本年度需调整事项如下：

（1）企业比税法规定多提坏账准备30万元。

（2）本年新增预收账款5 000万元（注：新增预收账款是指本期贷方累计发生额减去本期借方累计发生额，即净发生额，如为负数则前面加“－”号），按规定的20％利润率并扣除营业税金（6.55％，其中营业税及城建税和教育费附加5.55％，土地增值税1％）合并在当期利润中预缴了所得税（缴纳的营业税金发生时，借记“应交税费”，贷记“银行存款”，待结转收入时，再结转入“营业税金及附加”）。

（3）招待费总计50万元，按规定20万元不得税前扣除。

（4）期末对存货计提了60万元的存货跌价准备。

会计处理如下：

（1）平时预交所得税。

借：应交税费——应交所得税　　500 000

　　贷：银行存款　　500 000

(2) 期末会计处理。

1) 计算2010年度应交所得税：

应纳税所得额 $=-500+30+(5\,000\times20\%-5\,000\times6.55\%)+20+60$

$=282.5$(万元)

应交所得税 $=282.5\times25\%=70.625$(万元)

2) 计算2010年度递延所得税资产及负债增加额：

多计提坏账准备30万元、存货跌价准备60万元均为可抵扣暂时性差异，预收账款则按照 (5 000×20%－5 000×6.55%) 整体作为可抵扣暂时性差异 [注：也可只将1 000万元 (5 000×20%) 作为可抵扣暂时性差异，而把预缴的税金327.5万元 (5 000×6.55%) 作为应纳税暂时性差异并计算其递延所得税负债]，则：

本期递延所得税资产增加额 = 可抵扣暂时性差异 × 25%

$=[30+60+(5\,000\times20\%-5\,000\times6.55\%)]\times25\%$

$=190.625$(万元)

本期递延所得税负债增加额 $=0$

3) 确认所得税费用。

所得税费用 $=70.625+0-190.625=-120$(万元)

4) 账务处理。

借：递延所得税资产　　1 906 250

　　贷：应交税费——应交所得税　　706 250

　　　　所得税费用　　1 200 000

5) 本年补交所得税20.625万元时。

借：应交税费——应交所得税　　206 250

　　贷：银行存款　　206 250

3. 预提成本的所得税处理

预提成本时，房地产企业应按预提成本相应计算的企业所得税金

额，借记“递延所得税资产”科目，贷记“所得税费用”科目。

【例 9-11】 中联房地产公司 2012 年利润 500 万元，其中预提成本 100 万元，该预提成本不能在税前扣除。该公司应调整应纳税所得额 100 万元，应缴纳企业所得税 150 万元。

（1）计算应交企业所得税时。

借：所得税费用　　1 500 000

　　贷：应交税费——应交企业所得税　　1 500 000

（2）计算预提成本涉及的递延所得税资产。

递延所得税资产＝100×25％＝25（万元）

借：递延所得税资产　　250 000

　　贷：所得税费用　　250 000

第四节　房产税和土地使用税的核算

一、房产税的核算

（一）房产税的税务处理

1. 征收方法

房产税依照房产原值一次减除 10％～30％后的余值计算缴纳，具体减除幅度，由各省、自治区、直辖市人民政府规定，没有房产原值作为依据的，由房产所在地税务机关参考同类房产核定。依照房产余值计算缴纳房产税的，税率为 1.2％。

房产出租的，以房产租金收入为房产税的计税依据，税率为 12％。

2. 纳税义务发生时间

• 购置新建商品房，自房屋交付使用之次月起计征房产税和城镇土地使用税。

• 购置存量房，自办理房屋权属转移、变更登记手续，房地产权属登记机关签发房屋权属证书之次月起计征房产税和城镇土地使用税。

• 出租、出借房产，自交付出租、出借房产之次月起计征房产税和城镇土地使用税。

● 房地产开发企业自用、出租、出借本企业建造的商品房，自房屋使用或交付之次月起计征房产税和城镇土地使用税。

3. 缴纳时间

房产税按年征收、分期缴纳。纳税期限由各省、自治区、直辖市人民政府规定。

(二) 房产税会计科目的设置

为了反映和核算企业应交、已交、多交或欠交的房产税的情况，企业应设置"应交税费——应交房产税"科目进行核算。

该科目贷方反映按规定计算应交的房产税数额，借方反映实际缴纳的房产税数额；若有贷方余额，表示企业欠交或需补交的房产税款，若有借方余额，表示企业实际多缴纳的房产税的税款。

房地产企业计算出应交的房产税时，借记"营业税金及附加"、"管理费用"等科目，贷记"应交税费——应交房产税"科目；当按规定实际上缴房产税时，借记"应交税费——应交房产税"科目，贷记"银行存款"等科目。

由于房产税是采取按年征收、分期缴纳的办法进行征收，如果税款金额不大的，可在按规定计算出应纳的房产税时，直接记入"营业税金及附加"、"管理费用"等科目；如果企业分期缴纳，而且每期缴纳的房产税数额比较大时，按照应缴纳的本期房产税金额，借记"营业税金及附加"、"管理费用"等科目，按应预缴的以后各期房产税金额，借记"应交税费——应交房产税"科目，按实际应缴纳的房产税总金额，贷记"应交税费——应交房产税"科目。以后预缴的房产税转销时，借记"营业税金及附加"、"管理费用"等科目，贷记"应交税费——应交房产税"科目。

(三) 自用或自营物业房产税的账务处理

房地产企业按规定计算出应缴纳的自用或自营物业房产税时，借记"管理费用"科目，贷记"应交税费——应交房产税"科目。实际上缴时，借记"应交税费——应交房产税"科目，贷记"银行存款"科目。

1. 直接在管理费用列支的会计核算

对于企业按月缴纳或按季、半年或者一年为期间缴纳房产税且税款数额相对不大的，应直接计入缴纳当期的管理费用。

按月计算出应缴纳的房产税时，借记“管理费用”科目，贷记“应交税费——应交房产税”科目。实际以银行存款缴纳房产税时，借记“应交税费——应交房产税”科目，贷记“银行存款”科目。

2. 分期摊销房产税的会计核算

对于企业分季度、半年或者一年等期间缴纳相关房产税，且金额比较大的，可以采用分期待摊的办法。

按半年期限计算出应缴纳的房产税时，根据当期应缴纳的房产税金额，借记“管理费用”科目，根据预缴以后各期的房产税金额，借记“应交税费——应交房产税”科目，根据应缴纳的总金额，贷记“应交税费——应交房产税”科目。实际以银行存款缴纳房产税时，借记“应交税费——应交房产税”科目，贷记“银行存款”科目。逐月进行分摊时，借记“管理费用”科目，贷记“应交税费——应交房产税”科目。

【例 9-12】 中联房地产公司开发一个五星级酒店，该酒店于 2012 年 6 月份竣工并交付使用，酒店由该房地产企业自行经营。按税法规定，2012 年 7 月份，该房地产企业缴纳下半年房产税 120 万元。该房地产企业根据相关原始凭证，编制会计分录如下：

（1）7 月份计算应缴纳下半年房产税时。

借：管理费用（本月承担金额） 200 000

应交税费——应交房产税（预交金额） 1 000 000

贷：应交税费——应交房产税（应交总金额） 1 200 000

（2）7 月份实际缴纳房产税时。

借：应交税费——应交房产税 1 200 000

贷：银行存款 1 200 000

（3）以后按月分摊房产税时。

每月分摊房产税＝120÷6＝20(万元)

借：管理费用 200 000

贷：应交税费——应交房产税 200 000

（四）出租物业房产税的账务处理

房地产企业将物业对外出租，应按租金收入计算缴纳房产税，借记“营业税金及附加”科目，贷记“应交税费——应交房产税”科目，实际缴纳时，借记“应交税费——应交房产税”科目，贷记“银行存款”科目。

【例 9-13】 中联房地产公司将其开发的写字楼对外出租，2012 年 6 月份取得租金收入 100 万元，按税法规定，2012 年 6 月份缴纳房产税 12 万元。该房地产企业根据相关原始凭证，编制会计分录如下：

（1）计算房产税时。

借：营业税金及附加　　120 000

　贷：应交税费——应交房产税　　120 000

（2）实际缴纳房产税时。

借：应交税费——应交房产税　　120 000

　贷：银行存款　　120 000

二、土地使用税的核算

（一）土地使用税和税务处理

土地使用税以纳税人实际占用的土地面积为计税依据，依照规定税额计算征收。土地使用税每平方米年税额如下：

- 大城市 1.5～30 元；
- 中等城市 1.2～24 元；
- 小城市 0.9～18 元；
- 县城、建制镇、工矿区 0.6～12 元。

（二）土地使用税会计科目的设置

为了反映和核算应交、已交、多交或欠交的土地使用税的情况，企业应设置“应交税费——应交土地使用税”科目进行核算。

该科目贷方反映按规定计算应缴的土地使用税数额，借方反映实际缴纳的土地使用税数额；若有贷方余额，表示企业欠交或需补交的土地使用税税款，若有借方余额，表示企业实际多缴纳的土地使用税的税款。

当企业计算出应交的土地使用税时，借记“生产成本”、“营业税金及附加”、“管理费用”等科目，贷记“应交税费——应交土地使用税”科目；当按规定实际上缴土地使用税时，借记“应交税费——应交土地使用税”科目，贷记“银行存款”等科目。

由于土地使用税也是采用按年征收、分期缴纳的办法进行征收，如果税款金额不大的，可在按规定计算出应纳的土地使用税时，直接借记“生产成本”、“主营业务税金及附加”、“管理费用”等科目；如果企业每期缴纳的土地使用税数额比较大时，账务处理同房产税的账务处理相同。

（三）土地使用税的账务处理

1. 自用或自营物业土地使用税的账务处理

企业按规定计算出应缴纳的自用或自营物业土地使用税时，借记“管理费用”科目，贷记“应交税费——应交土地使用税”科目。实际上缴时，借记“应交税费——应交土地使用税”科目，贷记“银行存款”科目。

具体账务处理与房产税的账务处理相同。

2. 出租物业土地使用税的账务处理

房地产企业将物业对外出租，应计算缴纳土地使用税，借记“营业税金及附加”科目，贷记“应交税费——应交土地使用税”科目，实际缴纳时，借记“应交税费——应交土地使用税”科目，贷记“银行存款”科目。

具体账务处理与房产税的账务处理相同。

3. 开发建设阶段土地使用税的账务处理

按照税法规定，房地产企业开发建设阶段，对于开发建设用地，应缴纳土地使用税。

对于开发建设阶段的土地使用税，应借记“生产成本”科目，贷记“应交税费——应交土地使用税”科目，实际缴纳时，借记“应交税费——应交土地使用税”科目，贷记“银行存款”科目。

开发建设阶段的土地使用税应计入生产成本中的“土地拆迁及征用补偿费”成本项目中。

【例 9-14】 中联房地产公司于 2011 年 6 月取得某地块，用于开发建设商品房，7 月份，该公司需缴纳下半年土地使用税 120 万元。该房地产企业根据相关原始凭证，编制会计分录如下：

（1）计算土地使用税时。

借：生产成本　　1 200 000

　贷：应交税费——应交土地使用税　　1 200 000

（2）实际缴纳土地使用税时。

借：应交税费——应交土地使用税　　1 200 000

　贷：银行存款　　1 200 000

10 CHAPTER 第十章 房地产企业利润的核算

第一节 利润的核算内容

一、利润的含义

利润是企业在一定会计期间的经营成果。利润包括收入减去费用后的净额、直接计入当期损益的利得和损失。

利润反映的是收入减去费用，利得减去损失后的净额的概念。如果净额大于零，就形成企业利润或盈利；如果净额小于零，则表示企业发生亏损；如果净额为零，则表明企业既没有形成利润也没有发生亏损，处于利润的临界状态。可见利润是个差额概念，它的大小在很大程度上反映企业生产经营的经济效益，而且在市场经济中，追求利润最大化是企业生存发展的一个重要目标，同时也表明企业向社会所作贡献的大小。

利润是企业在一定会计期间的经营成果，其与企业的生产成果和销售成果的不同如下：

- 企业的生产成果是指企业在一定期间内生产产品或提供劳务的量。可以以实物量表示，也可以用价值量表示（即产值）。该指标只是如实反映企业已经生产出来的成果，这些成果还未实现销售，而且能够销售多少也是未知。如果未能实现销售，那么企业在生产过程中垫付的资金，就不能收回。

- 企业的销售成果是指企业在一定期间内实现的销售收入。它表明企业的生产成果已实现销售，其垫付资金基本能够回收。但是，企业最终是盈利还是亏损，仍是未知。企业利润的多少，还要综合其他收入，再减去发生的总成本费用，才能确定盈亏。

可见，企业的生产成果和销售成果是最终实现经营成果的基础。但是，企业的生产成果和销售成果并非一定成就企业的经营成果。

二、利润的内容

企业的利润来源途径有多种，可以通过生产经营活动获得，可以通过投资活动获得，也可以通过与生产经营活动无关的事项获得。企业利润的构成与计算分为三个层次：营业利润、利润总额和净利润，而企业的利润总额包括收入减去费用后的净额、直接计入当期损益的利得和损失。

（一）营业利润

营业利润是企业进行生产经营活动所获得的利润，这种生产经营活动是企业的日常业务，具有经常性、稳定性的特点，是企业利润的主要来源。其计算公式如下：

$$\text{营业利润}=\text{营业收入}-\text{营业成本}-\text{营业税金及附加}-\text{销售费用}-\text{管理费用}-\text{财务费用}-\text{资产减值损失}+\text{公允价值变动收益}+\text{投资收益}$$

1. 营业收入

营业收入是指企业经营业务所确认的收入总额，包括主营业务收入和其他业务收入。

2. 营业成本

营业成本是指企业经营业务所发生的实际成本总额，包括主营业务成本和其他业务成本。

3. 营业税金及附加

营业税金及附加是指企业经营业务所发生的营业税、土地增值税、城市维护建设税、教育费附加等相关税费。

4. 期间费用

期间费用是指企业本期发生的、不能直接或间接归入营业成本，而是直接计入当期损益的各项费用。包括销售费用、管理费用和财务费用等。

5. 投资收益

投资收益（或损失）是指企业以各种方式对外投资所取得的收益(或发生的损失)。

6. 公允价值变动收益

公允价值变动收益（或损失）是指企业交易性金融资产等公允价值变动形成的应计入当期损益的利得（或损失)。

7. 资产减值损失

资产减值损失是指企业计提各项资产减值准备所形成的损失。

(二）利润总额

利润是指企业在一定会计期间的经营成果。利润总额包括收入减去用度后的净额、直接计入当期损益的利得和损失等。其计算公式如下：

利润总额＝营业利润＋营业外收入－营业外支出

1. 营业外收入

营业外收入是指与企业生产经营活动没有直接关系的各种收入，主要包括：非流动资产处置利得、非货币性资产交换利得、债务重组利得、政府补助、盘盈利得、捐赠利得等。

2. 营业外支出

营业外支出是指与企业生产经营活动没有直接关系的各种支出，主要包括：非流动资产处置损失、非货币性资产交换损失、债务重组损失、公益性捐赠支出、非常损失、盘亏损失等。

(三）净利润

企业的净利润为企业利润总额扣除所得税后的净额，税法规定，企业在获取利润后，应按一定比例缴纳所得税。所得税作为企业的一种费用，可以从利润总额中扣减，从而得到净利润。其计算公式为：

净利润＝利润总额－所得税费用

所得税费用是指企业确认的应从当期利润总额中扣除的所得税费用。

【例 10-1】 中联房地产公司 1 月份共产生两项收入，一是销售商品房 200 套，总销售收入 6 000 万元，相应成本为 4 000 万元，二是出租房产取得租金收入 1 000 万元，相应的折旧等成本为 500 万元。两项业务共发生营业税金及附加 800 万元。另外，该公司当月取得投资收益 300 万元，1 月份销售费用为 200 万元，管理费用为 500 万元，财务费用为 100 万元。其营业利润计算如下：

营业利润＝营业收入－营业成本－营业税金及附加－销售费用－管理费用－财务费用－资产减值损失＋公允价值变动收益＋投资收益

营业利润＝(6 000＋1 000)－(4 000＋500)－800－200－500－100＋300＝1 200(万元)

【例 10-2】 该公司 1 月份取得政府补助款 200 万元，另外，又发生对外捐赠支出 100 万元。其利润总额计算如下：

利润总额＝营业利润＋营业外收入－营业外支出

利润总额＝1 200＋200－100＝1 300(万元)

第二节 利润形成的核算

一、利润总额的会计处理

企业实现的利润（或亏损）总额一律通过“本年利润”科目核算。期末，企业应将各损益类科目的余额转入“本年利润”科目。结转后，“本年利润”科目余额如在借方，则表示本期亏损额，余额如在贷方，即为本期净利润。

【例 10-3】 中联房地产公司 1 月份各收入科目和费用科目的余额如表 10-1 所示。

表 10-1　　　　部分科目余额表　　　　单位：万元

收入科目	金额	费用科目	金额
主营业务收入	6 000	主营业务成本	4 000
其他业务收入	1 000	其他业务成本	500
投资收益	300	销售费用	200
营业外收入	200	管理费用	500
		财务费用	100
		营业税金及附加	800
		营业外支出	100
		所得税费用	

应编制会计分录如下：

(1) 结转各种收入。

借：主营业务收入　　60 000 000
　　其他业务收入　　10 000 000
　　投资收益　　3 000 000
　　营业外收入　　2 000 000
　贷：本年利润　　75 000 000

(2) 结转各种费用。

借：本年利润　　62 000 000
　贷：主营业务成本　　40 000 000
　　　其他业务成本　　5 000 000
　　　销售费用　　2 000 000
　　　管理费用　　5 000 000
　　　财务费用　　1 000 000
　　　营业税金及附加　　8 000 000
　　　营业外支出　　1 000 000

经过收入与支出的对比后，“本年利润”科目的期末贷方余额 1 300 万元，为本年实现的净利润。

二、以前年度损益调整

以前年度损益调整是指企业对以前年度损益事项进行调整而影响本年度未分配利润的业务。产生的原因是由于企业在年终决算后，会计报表已经编制完成，会计账簿已经封存。如果经财政、税务或企业自查，发现有遗漏或多计、少计费用、收入等会计处理不妥的事项，并因此不能客观全面反映企业的财务状况，就需要对这些会计事项进行调整。由于这时的会计账簿已经封存，会计报表已经上报，就需将以前年度的事项在本期进行调整。

对于不影响损益事项的调整，调整方法与正常会计处理方法相同；对于影响损益的会计事项，不是直接计入本年度利润而是将扣除经计算应交所得税后的余额转入本年度未分配利润。未利润分配是反映企业尚未分配的利润。

为了反映企业以前年度损益调整业务，需要设置“以前年度损益调整”科目处理下列两类业务：一是以前年度多计费用或少计收入调整增加以前年度利润或减少以前年度亏损。二是以前年度少计费用或多计收入调整减少以前年度利润或增加以前年度亏损。上述两类业务调整结束后，应同时将“以前年度损益调整”科目余额转入“利润分配——未分配利润”科目。结转后，“以前年度损益调整”科目应无余额。

（一）以前年度损益调整的会计处理

企业调整增加的以前年度利润或调整减少的以前年度亏损应借记有关账户，贷记“以前年度损益调整”账户；企业调整减少的以前年度利润或调整增加的以前年度亏损，则应贷记有关账户，借记“以前年度损益调整”账户。

【例 10-4】 中联房地产公司上年度报表经审计后发现，应预提的500万元公共配套设施费上年未予预提；误将应由保险公司理赔的安装设备维修支出120万元记入了营业外支出。以上事项应在本年度进行调整。根据有关凭证编制会计分录如下：

借：以前年度损益调整　　5 000 000

　贷：应付账款——预提费用　　5 000 000

借：其他应收款——保险公司　　1 200 000

　贷：以前年度损益调整　　1 200 000

（二）因以前年度损益调整而发生的所得税会计处理

企业由于调整增加以前年度利润或减少以前年度亏损而相应增加的

所得税，应借记“以前年度损益调整”账户，贷记“应交税费——应交所得税”账户；企业由于调整减少以前年度利润或增加以前年度亏损而相应减少的所得税，则应借记“应交税费——应交所得税”账户，贷记“以前年度损益调整”账户。

【例 10-5】 依上例，中联房地产公司由此引起减少相应的纳税所得 380 万元，所得税税率为 25%，应减少所得税费用为 95 万元。编制会计分录如下：

借：应交税费——应交所得税 950 000

贷：以前年度损益调整 950 000

（三）以前年度损益调整的转销

对以前年度的损益调整，不在“本年利润”中反映。应将“以前年度损益调整”科目的余额转入“利润分配——未分配利润”科目。“以前年度损益调整”科目如为贷方余额，借记“以前年度损益调整”科目，贷记“利润分配——未分配利润”科目；如为借方余额，做相反的会计分录。“以前年度损益调整”科目结转后应无余额。

【例 10-6】 依上例，中联房地产公司“以前年度损益调整”账户有借方余额 285 万元（500－120－95），期末将其转入“利润分配——未分配利润”账户。其会计分录为：

借：利润分配——未分配利润 2 850 000

贷：以前年度损益调整 2 850 000

第三节 利润分配的核算

一、利润分配的程序

（一）可供企业分配利润的分配

利润分配是指将企业实现的利润（包括本年净利润和以前年度的未分配利润）按国家有关规定和企业投资人的决议，对各方利益人进行分配的过程。

企业当期实现的净利润，加上年初未分配利润和其他转入后的余额，构成当期企业可供分配的利润。应按下列顺序分配：

• 弥补以前年度亏损。企业以前年度亏损未弥补完，不得提取盈余公积金。在提取盈余公积金以前，不得向投资者分配利润。

• 提取法定盈余公积。法定盈余公积在净利润扣除弥补以前年度亏损以后按10%提取，当企业盈余公积达到注册资本的50%时，可不再提取。

• 提取任意盈余公积。企业在提取法定盈余公积金后，还可根据需要，提取任意盈余公积。

外商投资企业应当按照法律、行政法规的规定，按净利润提取储备基金、生产发展基金、职工奖励及福利基金等。

中外合作经营企业按规定在合作期内以利润归还投资者的投资以及国有工业企业按规定以利润补充的流动资本，也从可供分配的利润中扣除。

这里需要注意的是，新会计准则取消了公益金。

（二）可供投资者分配部分的分配

可供分配的利润先用于弥补以前年度亏损，再减去提取的法定盈余公积、任意盈余公积后，为可供投资者分配的利润。企业以前年度未分配的利润，可以并入本年度，向投资者分配。可供投资者分配的利润，按下列顺序分配：

1. 股份公司的分配

• 应付优先股股利，是指企业按照利润分配方案分配给优先股股东的现金股利。

• 应付普通股股利，是指企业按照利润分配方案分配给普通股股东的现金股利，包括分配给投资者的利润。

• 转作资本（或股本）的普通股股利，是指企业按照利润分配方案以分派股票股利的形式转作的股本，包括企业以利润转增的资本。

2. 非股份公司的分配

• 向投资者分配利润。

- 将未分配利润转增资本。

（三）未分配利润的处理

可供投资者分配的利润，经过上述分配后，为未分配利润（或未弥补的亏损）。未分配利润可留待以后年度进行分配。企业如发生亏损，可以按规定由以后年度利润进行弥补。

企业未分配的利润（或未弥补的亏损）应在资产负债表的所有者权益项目中单独反映。

利润分配中的三个容易混淆的概念计算公式如下：

可供分配的利润＝净利润＋年初未分配利润＋其他转入

已分配利润＝提取盈余公积＋应付利润

未分配的利润＝可供分配的利润－已分配利润

二、利润分配的会计处理

此部分内容已在本书第三章第三节“合作开发的核算”中进行了介绍，此处不再赘述。

第四节　留存收益的核算

一、留存收益的用途

留存收益包括盈余公积和未分配利润，其用途如下：

（一）盈余公积用途

- 用于弥补亏损。
- 用于转增资本。
- 扩大企业生产经营。

（二）未分配利润用途

- 留待以后年度分配。

● 未指定用途。

二、盈余公积的核算

盈余公积是指企业按照规定从净利润中提取的累积资金。盈余公积按其用途，分为法定盈余公积和任意盈余公积。法定盈余公积在其累计提取额未达到注册资本 50%时，均应按净利润（扣除被没收的财产损失，支付各项税收的滞纳金和罚款，弥补企业以前年度亏损）的 10%提取。除了按规定提取法定盈余公积外，还可在支付优先股股利后，根据公司章程或者股东大会决议，提取任意盈余公积。

（一）盈余公积的用途

房地产开发企业提取的法定盈余公积和任意盈余公积的用途，主要有以下几个方面：

1. 弥补亏损

房地产开发企业发生的年度亏损，应由企业自行弥补，弥补渠道有三：

● 由以后年度税前利润弥补。按照规定，企业发生的年度亏损，可以用下一年度的税前利润弥补，下一年度利润不足弥补的，可以在 5 年内延续弥补。

● 用税后利润弥补。超过了税收规定的税前利润弥补期限，仍未弥补的以前年度亏损可以用税后利润弥补。

● 用盈余公积弥补。

2. 扩大企业开发经营规模或者转为增加企业资本金

房地产开发企业提取的盈余公积，在弥补亏损外，可用以扩大企业的开发经营规模，或者转为增加企业资本金。股份有限公司将盈余公积转为增加公司资本金时应满足下列条件：

● 经股东大会决议；

● 按股东原有股份比例结转，采取派送新股或增加每股面值的方法增加资本金；

● 在将法定盈余公积转为资本金时，所留存的该项公积金不得少于注册资本的 25%。

3. 分配股利

企业当年没有利润，原则上不得分配股利，但股份有限公司为了维护企业股票信誉，增强投资者的信心，经股东大会特别决议，也可用盈余公积分配股利。但用盈余公积分配股利，应满足下列条件：

- 在用盈余公积弥补亏损后，此项公积金仍有结余；
- 用盈余公积分配股利的股利率不得过高，不能超过股票面值的6%；
- 在分配股利后，企业法定盈余公积不得低于注册资本的25%。

（二）盈余公积弥补亏损的核算

企业用盈余公积弥补亏损时，应记入“盈余公积”科目的借方和“利润分配——盈余公积补亏”科目的贷方，作如下分录入账：

借：盈余公积——法定盈余公积
　　　　　　——任意盈余公积
　贷：利润分配——盈余公积补亏

【例10-7】 2012年12月31日，中联房地产公司当年亏损1 000万元，另外，公司盈余公积中法定盈余公积和任意盈余公积账面余额分别为3 000万元和2 000万元。经过股东会决议，使用法定盈余公积弥补亏损800万元，使用任意盈余公积弥补亏损200万元。根据有关原始凭证，编制会计分录如下：

借：盈余公积——法定盈余公积	8 000 000
——任意盈余公积	2 000 000
贷：利润分配——盈余公积补亏	10 000 000

（三）盈余公积转增资本的核算

按规定将盈余公积转增资本或分配股票股利时，应记入“盈余公积”科目的借方和“实收资本（股本）”科目的贷方，作如下分录入账：

借：盈余公积——法定盈余公积
　　　　　　——任意盈余公积
　贷：实收资本（股本）

【例10-8】 续上例，2012年末中联房地产公司法定盈余公积和任意盈余公积弥补亏损后分别为 2 200 万元和 1 800 万元。经过股东会决议，分别用法定盈余公积和任意盈余公积各 1 000 万元转增资本金。根据有关原始凭证，编制会计分录如下：

借：盈余公积——法定盈余公积　　10 000 000

　　　　　　——任意盈余公积　　10 000 000

　贷：实收资本　　20 000 000

（四）用盈余公积分配现金股利的核算

用盈余公积分配现金股利时，应记入“盈余公积”科目的借方和“应付股利”科目的贷方，作如下分录入账：

借：盈余公积——法定盈余公积

　　　　　　——任意盈余公积

　贷：应付股利

【例 10-9】 承上例，2012 年年末中联房地产公司法定盈余公积和任意盈余公积转增资本金后分别为 1 200 万元和 800 万元。经过股东会决议，分别用法定盈余公积和任意盈余公积各 1 200 万元和 800 万元分配股利。根据有关原始凭证，编制会计分录如下：

借：盈余公积——法定盈余公积　　12 000 000

　　　　　　——任意盈余公积　　8 000 000

　贷：应付股利　　20 000 000

三、回购股票的核算

股份有限公司回购股票时，借记“股本”科目，贷记“银行存款”等科目，会计分录如下：

借：库存股

　贷：银行存款

注销库存股时，借记“股本”科目，贷记“库存股”科目，回购价大于回购股份对应的股本部分，依次冲减“资本公积”（当初溢价）、“盈余公积”和“利润分配——未分配利润”等科目，“库存股”科目期末如有借方余额，反映企业持有尚未转让或注销的本公司股票。会计分录如下：

（1）回购价大于回购股份对应的股本时。

借：股本

资本公积——股本溢价（当初发行时的溢价部分）

盈余公积

利润分配——未分配利润

贷：库存股

（2）回购价小于回购股份对应的股本时。

借：股本

贷：库存股

资本公积——股本溢价

【例 10-10】 2012 年 10 月 31 日中联房地产公司以每股 10 元回购公司股票 1 000 万股，支付回购款 10 000 万元。公司当初发行时票面金额为每股 1 元，共发行 5 000 万股，共溢价 2 000 万元，公司盈余公积余额为 3 000 万元，未分配利润 2 000 万元。根据有关原始凭证，编制会计分录如下：

（1）回购股票时。

借：库存股	100 000 000	
贷：银行存款		100 000 000

（2）注销库存股时。

借：股本	10 000 000	
资本公积——股本溢价	20 000 000	
盈余公积	30 000 000	
利润分配——未分配利润	20 000 000	
贷：库存股		80 000 000

期末"库存股"借方余额为 2 000 万元，为企业持有尚未转让或注销的本公司股份金额。

11 CHAPTER 第十一章 房地产企业财务报表

第一节　财务报表概述

一、财务报表的作用和种类

（一）财务报表的作用

1. 财务报表的概念

财务报表是指企业对外提供的对企业财务状况、经营成果和现金流量的结构性表述。企业的财务报表由会计报表和附注组成。

- 会计报表是财务报表的主干部分，它用表格的形式简明扼要地反映企业在一定时点上的财务状况和一定期间的经营成果和现金流量。包括资产负债表、利润表、现金流量表、所有者权益（或股东权益）变动表。
- 会计报表附注是为了帮助报表使用者理解会计报表的内容而对会计报表的编制基础、编制依据、编制原则和方法以及主要项目等所作的解释。

这些内容是相互联系的一个整体文件，而财务报表的中心内容就是会计报表。这些会计报表分别从不同的角度说明企业的财务状况、经营成果和现金流量情况。各种会计报表的内容既相互区别，又相互补充，指标相互衔接，构成了一个完整的指标体系，从而充分地揭示了会计信息的本质。

2. 财务报表的作用

财务报表的作用有以下几点：

● 向投资者、潜在投资者和债权人提供经济信息，使之能做出正确的投资决策。

● 向政府机关（财政、税务、工商等部门）提供企业完成社会义务和责任的情况。主要是企业是否执行财经法规，是否及时足额缴纳税金，企业发展方向是否符合产业政策等，以便政府加强对经济发展的宏观控制和管理。

● 通过编制和报送财务报表，向债权人提供企业偿债履约情况和偿债能力情况。特别是银行等金融机构，可以根据企业提供的财务报表，检查企业各种借款的使用情况及物资保证，通过对企业偿债能力和履约情况的分析，决定是否对企业发放贷款。

● 通过编制和公布有关财务报表，能够向企业管理当局和其他管理部门提供企业的经营水平和获利情况，以便企业管理当局进行决策，决定利润的分配等。

● 通过编制财务报表和一定数量、质量的内部会计报告，为企业经营管理提供决策信息，指导企业的生产经营活动。

（二）会计报表的种类

作为财务报表核心内容的会计报表按不同的标准划分为不同的类型。

● 按反映的经济内容分为资产负债表、利润表、现金流量表、所有者权益（股东权益）变动表。

● 按照会计报表的编报时间，可以分为月报、季报、半年报（又称中期报告）和年报。其中，月报要求简明扼要、及时；年报要求揭示完整、反映全面；季报在会计信息的详细程度方面，介于月报和年报之间。股份有限公司应编制半年报，半年报比年报提供的资料略为简单。

● 按照会计报表反映财务活动方式的不同，可以分为静态会计报表和动态会计报表。静态报表是指反映企业一定时点资产、负债和所有者权益情况的会计报表，一般根据各个账户的“期末余额”填列；动态报表是指反映企业一定时期内资金耗费和资金回收情况的报表，一般根据有关账户的“发生额”填列。

● 按照会计报表编制的范围不同，可以分为个别会计报表和合并会计报表。个别会计报表是指独立核算的企业用来反映其本身经营活动和财务状况的会计报表；合并会计报表则是指由母公司编制的，包括所有控股子公司会计报表的有关数字，反映整个企业集团经营成果和财务状况的会计报表。

1. 资产负债表

资产负债表是反映企业某一特定日期财务状况的会计报表。“某一特定日期”是指月末、季末、半年末、年末；“财务状况”是指全部资产、负债和所有者权益情况。它是根据“资产＝负债＋所有者权益”的会计基本等式。按照一定的分类标准和一定的顺序，把企业某一特定日期的资产、负债和所有者权益各项目予以适当排列编制而成。

资产负债表的作用有以下几个方面：

- 反映企业的权益结构。权益结构是指企业的权益总额中负债和所有者权益的相对比例。资产负债表将企业的权益分为负债和所有者权益两部分。同时又将两部分的具体内容进行详细列示。这样便于报表使用者了解企业的权益情况和企业在某一特定日期的资金来源及构成。
- 反映企业拥有或控制的经济资源及其分布情况。资产负债表把企业所拥有或控制的资产按经济性质、用途分为流动资产、长期投资、固定资产、无形资产、递延资产、其他资产等类别。在各类别下又分成若干明细项目。这样便于报表使用者了解企业在某一特定日期所拥有或控制的资产总量及其结构。
- 反映企业的变现能力。变现能力是指资产转换成现金或负债到期清偿所需时间的长短。由于资产负债表上的资产项目是按其变现能力大小排列的，这样便于报表使用者了解企业的变现能力。
- 有助于解释、评价、预测企业的经营绩效。企业的经营绩效主要反映在它的获利能力上，获利能力直接影响企业能否有稳定而逐步增长的盈利水平，能否据约向债权人还本付息，能否维持甚至逐步提高股东的投资报酬。衡量企业获利的指标主要有资产报酬率、股东权益报酬率等。

2. 利润表

利润表是反映企业一定期间经营成果的会计报表。它是根据“收入－费用＝利润”的会计等式，依照一定的顺序，将一定期间的收入、费用和利润项目予以适当排列编制而成的。由于利润表是企业经营业绩的综合体现，又是进行利润分配的主要依据，因此利润表也是企业重要的会计报表之一，每个企业都必须按要求编制利润表。

利润表的作用可概括为以下几点：

- 利用利润表，可以了解企业在一定期间获得经营成果的大小，借以考察企业的经营业绩和获利能力；
- 通过利润表中损益计算的过程及利润总额同目标利润的对比，借以评价企业目标利润规划的实现情况；
- 通过利润表，可使投资者及时了解对企业的投资前景，和应得的投资报酬率的大小，为其进一步决策提供所需的信息；
- 通过利润表的纵向和横向的对比分析，可以了解利润升降的水平和原因，为未来经营期的目标利润规划提供信息。

3. 现金流量表

现金流量表是反映企业一定会计期间内现金和现金等价物流入和流出信息的会计报表，它是一张动态报表。现金流量表是在资产负债表和利润表已经反映了企业财务状况和经营成果信息的基础上，进一步提供企业现金流量信息，即财务状况变动信息。

现金流量表主要提供有关企业现金流量方面的信息，编制现金流量表的主要目的是为会计报表使用者提供企业一定会计期间内现金和现金等价物流入和流出的信息，以便于会计报表使用者了解和评价企业获取现金和现金等价物的能力，并据以预测企业未来现金流量。所以，现金流量表在评价企业经营业绩、衡量企业财务资源和财务风险以及预测企业未来前景方面，有着十分重要的作用。

4. 所有者权益变动表

所有者权益变动表，是反映企业在某一特定日期股东权益增减变动情况的报表。所有者权益变动表包括在年度会计报表中，是资产负债表的附表。

所有者权益变动表全面反映了企业的股东权益在年度内的变化情况，便于会计信息使用者深入分析企业股东权益的增减变化情况，并进而对企业的资本保值增值情况作出正确判断，从而提供对决策有用的信息。

二、财务报表的编制要求与程序

（一）财务报表的编制要求

• 数字真实：编制财务报表必须如实反映财务状况的经营情况，不能用估计数代替实际数，更不能弄虚作假、篡改数字、隐瞒谎报，必须做到按期结账，认真对账和进行财产清查，以保证财务报表的真实性。

• 内容完整：财务报表必须全面反映会计主体的财务状况、经营成果和现金流量情况。应按规定的财务报表的构成内容编报会计报表和附注，对统一财务报表中规定的各项指标都应填写完整。

• 说明清楚：对财务报表需要加以说明的问题，应附有简要的文字说明；对财务报表中主要指标的构成和计算方法，本报告期发生的特殊情况，如经营范围的变化、经营结构变更以及本报告期经济效益影响较大的各种因素，都必须加以说明。

• 报送及时：根据及时性原则，为了便于报表使用者及时利用会计报表资料，会计报表必须按照规定的期限和程序及时编制与报送。

• 手续齐备：对于报出的会计报表，应依次编定页数，加具封面，装订成册，加盖公章。封面上应注明：企业名称、地址、开业年份、报表所属年度、月份、送出日期等，并由企业领导、总会计师和会计主管人员签章。

（二）财务报表编制前的准备工作

1. 清产核资工作

企业在编制年度财务报表前，应当按照下列规定全面清查资产，核实债务。

• 结算款项，包括应收款项、应付款项、应交税费等是否存在，与债务、债权单位相应的债务、债权是否一致。

• 房地产企业在产品、产成品等各项存货以账面数据为依据，经财务部门、工程管理部门、销售管理部门盘点后确认，符合投资性房地产确认条件的要求，按照投资性房地产进行计量。

● 各项投资是否存在，投资收益是否按照会计准则的要求进行确认和计量。

● 房屋建筑物、机器设备、运输工具等各项固定资产的实存数量与账面数量是否一致。

● 在建工程的实际发生额与账面记录是否一致。

● 需要清理、核实的其他内容。

企业通过上述清查、核实，查明财产物资的实存数量与账面数量是否一致、各项结算款项的拖欠情况及其原因、固定资产的使用情况及其完好程度等。企业应当将清查、核实的结果及其处理办法向董事会或者相应机构报告，并根据会计准则的要求进行相应的会计处理。

2. 其他准备工作

● 核对各会计账簿记录与会计凭证的内容、金额等是否一致，记账方向是否相符。

● 依照规定的结账日进行结账，结出有关账簿的余额和发生额。

● 检查相关的会计核算是否按照会计准则的要求进行。

三、房地产企业财务报表的特点

房地产企业财务报表与其他行业企业财务报表所反映的内容有很大的差别，这种差别产生的根源在于行业的经营特点，房地产行业最大的特点主要体现为以下两点：

● 从产品来看，房地产企业的产品是不动产，从建设到竣工需要很长的周期。

● 从销售来看，房地产企业存在预售制度，在建设阶段可以对产品进行销售并收取销售款。

从以上房地产行业的特点来看，房地产企业财务报表具有以下特点：

● 大量预收账款导致短期负债剧增，影响了对企业偿债能力的判断。房地产企业预售取得的房款通过“预收账款”科目核算，由于房地产企业从项目建设到竣工需要很长的周期，导致预收账款长期挂账，形成了企业名义上的负债，进而造成项目竣工前资产负债率较高，影响了对企业偿债能力的判断。

• 开发成本准确计量和分摊难度较大，影响了对企业真实资产总量的判断。房地产项目开发周期长、时间跨度大，开发成本准确计量和分摊难度较大，直接影响到企业会计利润的核算。

• 管理费用和销售费用全部计入当期损益，影响了对企业经营成果的判断。按《企业会计准则》的要求，房地产企业在开发经营过程中发生的管理费用和销售费用作为期间费用，直接计入当期损益，在项目尚未竣工验收决算、大量预收账款未转销售收入前将出现巨额亏损，很难通过财务报表反映企业真实的盈利水平。

第二节　前期准备阶段的财务报表

一、前期准备阶段的特点

• 开发的前提是取得土地，房地产企业目前主要实行招、拍、挂方式，向政府缴纳土地出让金并取得国有土地使用权证。因此，前期准备阶段最主要的支出就是地价款及相应的契税。

• 房地产企业的开发产品在建设前须经政府审批，因此，各种政府行政事业性收费是前期准备阶段的另一个主要支出项目。

• 按照现行的房地产预售制度，房地产企业开发的产品具备一定的形象进度后才可以进行预售，因此，前期准备阶段一般没有预售收入。

• 我国实行项目资本金制度，房地产企业在开工前的自有资金要达到项目总投资的一定比例。

• 房地产行业是资金密集型的行业，在前期准备阶段，房地产企业一般需要通过对外融资筹集建设资金。

二、前期准备阶段的资产负债表

表 11-1 是某房地产企业前期准备阶段的资产负债表，从中可以看出前期准备阶段资产负债表的主要特点。

表 11-1 **资产负债表**

编制单位：××房地产公司 20××年 12 月 31 日 单位：万元

资产	期末余额	年初余额	负债和所有者权益（或股东权益）	期末余额	年初余额
流动资产：			流动负债：		
货币资金	4 000		短期借款		
交易性金融资产			交易性金融负债		
应收票据			应付票据		
应收账款			应付账款	2 000	
预付款项	6 000		预收款项		
应收利息			应付职工薪酬		
应收股利			应交税费	100	
其他应收款	200		应付利息		
存货	49 900		应付股利		
一年内到期的非流动资产			其他应付款		
其他流动资产			一年内到期的非流动负债		
流动资产合计	60 100		其他流动负债		
非流动资产：			流动负债合计	2 100	
可供出售金融资产			非流动负债：		
持有至到期投资			长期借款	20 000	
长期应收款			应付债券		
长期股权投资			长期应付款		
投资性房地产			专项应付款		
固定资产			预计负债		
在建工程	1 000		递延所得税负债		
工程物资			其他非流动负债		
固定资产清理			非流动负债合计	20 000	
生产性生物资产			负债合计	22 100	
油气资产			所有者权益（或股东权益）：		
无形资产	10 000		实收资本（或股本）	50 000	
开发支出			资本公积		
商誉			减：库存股		
长期待摊费用			盈余公积		
递延所得税资产	120		未分配利润	−880	
其他非流动资产			所有者权益（或股东权益）合计	49 120	
非流动资产合计	11 120				
资产总计	71 220		负债和所有者权益（或股东权益）总计	71 220	

房地产企业前期准备阶段，资产负债表反映的主要特点为：

• 资产类项目主要涉及货币资金、预付账款、存货、在建工程和无形资产等。该阶段房地产企业因为自有资金的投入以及开发贷款的取得，一般会持有一定金额的货币资金；预付账款主要是在前期阶段预付给施工单位的工程款；对于存在持有物业的房地产企业，购地支出以及前期规费等支出要区分为两部分：用于销售物业的计入存货项目，用于持有物业的计入在建工程和无形资产项目。

• 负债类项目主要涉及应付账款和长期借款项目。应付账款反映房地产企业欠付的前期规费或工程价款；长期借款反映企业从银行贷入的开发贷款的本金。

• 所有者权益类项目主要涉及实收资本和未分配利润。房地产企业由于项目资金以及购地的需要，一般实收资本项目金额会很大，该项目反映企业到位的自有资金数量；在前期准备阶段项目没有收入，而管理费用和销售费用计入当期损益，因此，此阶段企业会出现较大额度的亏损，未分配利润项目一般为负数。

• 房地产企业一般要存入大量的项目资本金，而项目资本金按要求要达到项目总投资的35%，另外，因项目在此阶段没有进入全面施工阶段，企业的开发贷款金额较小，所以，房地产企业在前期准备阶段的资产负债率一般都会很低。从表11-1的数据计算，该企业资产负债率只有31%。

三、前期准备阶段的利润表

表11-2是简化后房地产企业前期准备阶段的利润表，从中可以看出前期准备阶段利润表的主要特点。

表11-2 利润表

编制单位：××房地产公司 20××年12月 单位：万元

项目	本期金额	上期金额
一、营业收入		
减：营业成本		
营业税金及附加		
销售费用	210	

续表

项目	本期金额	上期金额
管理费用	800	
财务费用	－10	
资产减值损失		
加：公允价值变动收益（损失以“－”号填列）		
投资收益（损失以“－”号填列）		
其中：对联营企业和合营企业的投资收益		
二、营业利润（亏损以“－”号填列）	－1 000	
加：营业外收入		
减：营业外支出		
其中：非流动资产处置损失		
三、利润总额（亏损总额以“－”号填列）	－1 000	
减：所得税费用	－120	
四、净利润（净亏损以“－”号填列）	－880	
五、每股收益：		
（一）基本每股收益		
（二）稀释每股收益		

房地产企业前期准备阶段，利润表反映的主要特点为：

● 利润表中的主要项目包括管理费用、销售费用和所得税费用。其中管理费用项目反映企业当期累计发生行政经费等支出，销售费用项目反映企业为销售准备而支出的广告费等支出，所得税费用反映企业当年亏损所抵免的以后年度所得税支出金额。

● 房地产企业在前期准备阶段由于没有销售收入，因此，报表中营业收入、营业成本等项目一般均无金额反映，而报表一般表现为较大额度的亏损。

四、前期准备阶段的现金流量表

表 11-3 是简化后房地产企业前期准备阶段的现金流量表，从中可以看出前期准备阶段现金流量表的主要特点。

表 11-3 **现金流量表**

编制单位：××房地产公司 20××年度 单位：万元

项目	本期金额	上期金额
一、经营活动产生的现金流量：		
销售商品、提供劳务收到的现金		
收到的税费返还		
收到其他与经营活动有关的现金		
经营活动现金流入小计		
购买商品、接受劳务支付的现金	51 700	
支付给职工以及为职工支付的现金	100	
支付的各项税费	2 000	
支付其他与经营活动有关的现金	1 010	
经营活动现金流出小计	54 810	
经营活动产生的现金流量净额	−54 810	
二、投资活动产生的现金流量：		
收回投资收到的现金		
取得投资收益收到的现金		
处置固定资产、无形资产和其他长期资产收回的现金净额		
处置子公司及其他营业单位收到的现金净额		
收到其他与投资活动有关的现金		
投资活动现金流入小计		
购建固定资产、无形资产和其他长期资产支付的现金	11 000	
投资支付的现金		
取得子公司及其他营业单位支付的现金净额		
支付其他与投资活动有关的现金		
投资活动现金流出小计	11 000	
投资活动产生的现金流量净额	−11 000	
三、筹资活动产生的现金流量：		
吸收投资收到的现金	50 000	
取得借款收到的现金	20 000	
收到其他与筹资活动有关的现金	10	
筹资活动现金流入小计	70 010	
偿还债务支付的现金		
分配股利、利润或偿付利息支付的现金	200	
支付其他与筹资活动有关的现金		
筹资活动现金流出小计	200	
筹资活动产生的现金流量净额	69 810	
四、汇率变动对现金及现金等价物的影响		
五、现金及现金等价物净增加额	4 000	
加：期初现金及现金等价物余额	0	
六、期末现金及现金等价物余额	4 000	

房地产企业前期准备阶段，现金流量表反映的主要特点为：

• 房地产企业现金主要来源于筹资活动产生的现金流，在这一阶段由于尚未达到预售条件，因此，基本没有经营活动产生的现金流入。

• 房地产企业现金的主要流出项目属于经营活动产生的现金流出，对持有物业的企业，还存在投资活动现金流出，即企业在持有物业上的现金投入。在这一阶段不存在归还贷款的问题，因此，一般不会有筹资活动现金流出。

• 房地产企业在筹资活动方面的现金流入很大，而项目处于前期阶段，其现金流出又比较少，因此，一般情况下，房地产企业此阶段的现金余额较大，现金流情况较好。

五、前期准备阶段的所有者权益变动表

房地产企业前期准备阶段的所有者权益变动表与其他行业企业报表所反映的内容基本相同。唯一不同的是：房地产企业在此阶段实收资本本年增加金额较大，原因在于房地产项目的开发需要大量的项目资本金，这部分资本金在会计核算上要计入企业的实收资本项目。

所有者权益变动表的格式在此不再过多介绍。

第三节 建设阶段的财务报表

一、建设阶段的特点

• 房地产企业在建设过程中要投入大量的建设资金，因此，建设阶段最主要的支出就是工程款支出，工程款支出中归属于持有物业的部分计入在建工程项目，归属于销售物业的部分计入存货项目。

• 由于预售制度的存在，房地产企业一般在建设阶段采用期房销售，因此，此阶段房地产企业会取得大量的预售房款，这是房地产企业最主要的现金流入项目，而预售房款应计入预收账款项目。

• 在建设阶段，由于开发产品尚未竣工，企业不能结转收入和成本，而大量管理费用和销售费用的支出，造成此阶段企业呈现亏损

状态。

● 随着建设阶段工程进度的加快，房地产企业取得的开发贷款在此阶段将陆续到位，企业贷款规模不断加大。

二、建设阶段的资产负债表

表 11-4 是简化后房地产企业建设阶段的资产负债表，从中可以看出建设阶段资产负债表的主要特点。

表 11-4 **资产负债表**

编制单位：××房地产公司 20××年 12 月 31 日 单位：万元

资产	期末余额	年初余额	负债和所有者权益（或股东权益）	期末余额	年初余额
流动资产：			流动负债：		
货币资金	2 000		短期借款		
交易性金融资产			交易性金融负债		
应收票据			应付票据		
应收账款			应付账款	7 000	
预付款项	3 000		预收款项	87 800	
应收利息			应付职工薪酬		
应收股利			应交税费	−5 000	
其他应收款	200		应付利息		
存货	70 000		应付股利		
一年内到期的非流动资产			其他应付款		
其他流动资产			一年内到期的非流动负债		
流动资产合计	75 200		其他流动负债		
非流动资产：			流动负债合计	89 800	
可供出售金融资产			非流动负债：		
持有至到期投资			长期借款	30 000	
长期应收款			应付债券		
长期股权投资			长期应付款		
投资性房地产			专项应付款		
固定资产			预计负债		
在建工程	80 000		递延所得税负债		

续表

资产	期末余额	年初余额	负债和所有者权益（或股东权益）	期末余额	年初余额
工程物资			其他非流动负债		
固定资产清理			非流动负债合计	30 000	
生产性生物资产			负债合计	119 800	
油气资产			所有者权益（或股东权益）：		
无形资产	10 000		实收资本（或股本）	50 000	
开发支出			资本公积		
商誉			减：库存股		
长期待摊费用			盈余公积		
递延所得税资产	3 600		未分配利润	−1 000	
其他非流动资产			所有者权益（或股东权益）合计	49 000	
非流动资产合计	93 600				
资产总计	168 800		负债和所有者权益（或股东权益）总计	168 800	

房地产企业建设阶段资产负债表反映的主要特点为：

- 建设阶段资产类项目主要涉及货币资金、预付账款、存货、在建工程和无形资产等。该阶段房地产企业建设支出较大，货币资金存量相比前期准备阶段有所减少，资金状况较为紧张；随着工程进度的推进，预付账款金额会相应减少，而存货和在建工程项目余额大幅增加。

- 建设阶段负债类项目主要涉及应付账款、预收账款、长期借款和应交税费项目。应付账款反映房地产企业欠付的工程价款；伴随着工程进度，开发贷款陆续到位，长期借款余额将达到最高值；预收账款反映的是企业取得的预售房款，此部分金额会非常大；应交税费反映的是企业预缴的预售房收入产生的相关税费，体现为负数金额。

- 建设阶段所有者权益类项目主要涉及实收资本和未分配利润。此阶段实收资本金额一般不会产生变化；在建设阶段没有收入，而管理费用和销售费用计入当期损益，因此，此阶段企业会出现较大额度的亏损，未分配利润项目会出现较大的负数。

- 建设阶段随着建设资金的不断投入，企业资产不断增加，而企业取得的预售房款也使得企业负债大幅增加，而在此阶段又无法结转收入。另外，企业亏损使得净资产有所下降，所以，房地产企业在建设阶段的资产负债率较高。从上面资产负债表的数据计算，该企业资产负债率已由前期准备阶段的31%增加到了73%。

三、建设阶段的利润表

表11-5是简化后房地产企业建设阶段的利润表，从中可以看出建设阶段利润表的主要特点。

表11-5 **利润表**

编制单位：××房地产公司 20××年12月 单位：万元

项目	本期金额	上期金额
一、营业收入		
减：营业成本		
营业税金及附加		
销售费用	2 810	
管理费用	1 800	
财务费用	−10	
资产减值损失		
加：公允价值变动收益（损失以“—”号填列）		
投资收益（损失以“—”号填列）		
其中：对联营企业和合营企业的投资收益		
二、营业利润（亏损以“—”号填列）	−4 600	
加：营业外收入		
减：营业外支出		
其中：非流动资产处置损失		
三、利润总额（亏损总额以“—”号填列）	−4 600	
减：所得税费用	−3 600	
四、净利润（净亏损以“—”号填列）	−1 000	
五、每股收益：		
（一）基本每股收益		
（二）稀释每股收益		

房地产企业建设阶段，利润表反映的主要特点为：

• 利润表的主要项目包括管理费用、销售费用和所得税费用。其中：管理费用项目金额与前期准备阶段相比会有一定的增加，销售费用项目随着企业销售活动的全面展开，将出现较大幅度的增长，所得税费用反映企业当年度亏损所抵免的以后年度所得税支出金额。

• 房地产企业在建设阶段，虽然取得了大量的预售房款收入，但在会计核算上不能结转销售收入，因此，本阶段报表中营业收入、营业成本等项目一般均无金额反映，而报表一般表现为较大额度的亏损。

四、建设阶段的现金流量表

表11-6是简化后房地产企业建设阶段的现金流量表，从中可以看出建设阶段现金流量表的主要特点。

表11-6 **现金流量表**

编制单位：××房地产公司 20××年度 单位：万元

项目	本期金额	上期金额
一、经营活动产生的现金流量：		
销售商品、提供劳务收到的现金	87 800	
收到的税费返还		
收到其他与经营活动有关的现金		
经营活动现金流入小计	87 800	
购买商品、接受劳务支付的现金	12 000	
支付给职工以及为职工支付的现金	200	
支付的各项税费	5 000	
支付其他与经营活动有关的现金	1 610	
经营活动现金流出小计	18 810	
经营活动产生的现金流量净额	68 990	
二、投资活动产生的现金流量：		
收回投资收到的现金		
取得投资收益收到的现金		
处置固定资产、无形资产和其他长期资产收回的现金净额		
处置子公司及其他营业单位收到的现金净额		
收到其他与投资活动有关的现金		
投资活动现金流入小计		
购建固定资产、无形资产和其他长期资产支付的现金	79 000	
投资支付的现金		
取得子公司及其他营业单位支付的现金净额		
支付其他与投资活动有关的现金		
投资活动现金流出小计	79 000	
投资活动产生的现金流量净额	−79 000	
三、筹资活动产生的现金流量：		
吸收投资收到的现金		
取得借款收到的现金	10 000	
收到其他与筹资活动有关的现金	10	

续表

项目	本期金额	上期金额
筹资活动现金流入小计	10 010	
偿还债务支付的现金		
分配股利、利润或偿付利息支付的现金	2 000	
支付其他与筹资活动有关的现金		
筹资活动现金流出小计	2 000	
筹资活动产生的现金流量净额	8 010	
四、汇率变动对现金及现金等价物的影响		
五、现金及现金等价物净增加额	−2 000	
加：期初现金及现金等价物余额	4 000	
六、期末现金及现金等价物余额	2 000	

房地产企业建设阶段，现金流量表反映的主要特点为：

• 房地产企业现金主要来源于经营活动产生的现金流，即企业取得的预售房款收入，在此阶段企业现金流流入非常大。

• 房地产企业现金的流出金额同样非常大，流出主要体现在对开发产品的建设投入，属于经营活动产生的现金流出，对持有物业的企业，流出还体现在对持有物业的建设投入，属于投资活动现金流出。在这一阶段不存在归还贷款的问题，因此，一般不会有筹资活动现金流出。

• 房地产企业现金流出和流入金额都很大，一般情况下，在此阶段，由于建设资金的大量投入，企业往往呈现出现金流紧张的状况，企业现金余额会有所下降。

五、建设阶段的所有者权益变动表

房地产企业建设阶段的所有者权益变动表与前期准备阶段的所有者权益变动表所反映的内容和特征基本相同。因此，在这里不再介绍。

第四节　竣工阶段的财务报表

一、竣工阶段的特点

房地产企业开发建设的开发产品，除了对外进行销售转让外，还可能存在长期持有的情况。房地产企业竣工阶段的特点如下：

- 房地产企业开发的开发产品竣工并交付给购房者，房地产企业开发的持有物业也将竣工并进入营业状态。
- 房地产企业对持有的经营性物业可以存在两种经营方式，一是对外出租，取得租金收入；二是进行自营，取得自营收入。
- 房地产企业从预售阶段进入销售阶段，预售收入也将从预收账款转为销售收入。
- 房地产企业的营业税、土地增值税和企业所得税等税费从预缴转为清算。

二、竣工阶段的资产负债表

表 11-7 是简化后房地产企业竣工阶段的资产负债表，从中可以看出竣工阶段资产负债表的主要特点。

表 11-7　　资产负债表

编制单位：××房地产公司　　20××年 12 月 31 日　　单位：万元

资产	期末余额	年初余额	负债和所有者权益（或股东权益）	期末余额	年初余额
流动资产：			流动负债：		
货币资金	2 000		短期借款		
交易性金融资产			交易性金融负债		
应收票据			应付票据		
应收账款	1 000		应付账款	5 000	
预付款项			预收款项		
应收利息			应付职工薪酬		
应收股利			应交税费		
其他应收款			应付利息		
存货	3 000		应付股利		
一年内到期的非流动资产			其他应付款		
其他流动资产			一年内到期的非流动负债		
流动资产合计	6 000		其他流动负债		
非流动资产：			流动负债合计	5 000	
可供出售金融资产			非流动负债：		

续表

资产	期末余额	年初余额	负债和所有者权益（或股东权益）	期末余额	年初余额
持有至到期投资			长期借款	40 000	
长期应收款			应付债券		
长期股权投资			长期应付款		
投资性房地产	90 000		专项应付款		
固定资产			预计负债		
在建工程			递延所得税负债		
工程物资			其他非流动负债		
固定资产清理			非流动负债合计	40 000	
生产性生物资产			负债合计	45 000	
油气资产			所有者权益（或股东权益）：		
无形资产			实收资本（或股本）	50 000	
开发支出			资本公积		
商誉			减：库存股		
长期待摊费用			盈余公积	1 000	
递延所得税资产			未分配利润		
其他非流动资产			所有者权益（或股东权益）合计	51 000	
非流动资产合计	90 000				
资产总计	96 000		负债和所有者权益（或股东权益）总计	96 000	

房地产企业竣工阶段，资产负债表反映的主要特点为：

● 资产类项目主要涉及货币资金、应收账款、存货、投资性房地产和固定资产等。该阶段销售物业已竣工，可能存在未收回的销售款，这部分款项计入应收账款；未实现销售的尾房成本，在存货项目中反映；在持有物业中，出租物业由在建工程转入投资性房地产，自营物业由在建工程转入固定资产。

● 负债类项目主要涉及应付账款、长期借款项目。应付账款反映房地产企业欠付的工程价款，在这里主要指欠付的工程质保金；房地产企业开发的持有物业竣工后，一般将开发贷款转为经营性物业抵押贷款，因此，这里长期借款反映的是经营性物业抵押贷款的贷款本金。

● 所有者权益类项目主要涉及实收资本和盈余公积。此阶段实收资本金额一般不会产生变化；项目竣工后，销售物业要结转收入和成本，形成利润并进行分配，因此，此阶段未分配利润一般无金额，但要按利润总额的一定比例计提盈余公积。

● 随着项目的竣工，企业资产大幅降低，开发贷款陆续偿还，同时，竣工后产生的利润将使企业的净资产有所提高，所以，房地产企业在竣工阶段的资产负债率又将从建设阶段的高位回到低位。从上面资产负债表的数据计算，该企业资产负债率从建设阶段的73%回落到47%。

三、竣工阶段的利润表

表11-8是简化后房地产企业竣工阶段的利润表，从中可以看出竣工阶段利润表的主要特点。

表11-8　　　　利润表

编制单位：××房地产公司　　　20××年12月　　　单位：万元

项目	本期金额	上期金额
一、营业收入	94 800	
减：营业成本	72 000	
营业税金及附加	5 000	
销售费用	3 000	
管理费用	2 000	
财务费用	—10	
资产减值损失		
加：公允价值变动收益（损失以“—”号填列）		
投资收益（损失以“—”号填列）		
其中：对联营企业和合营企业的投资收益		
二、营业利润（亏损以“—”号填列）	12 790	
加：营业外收入		
减：营业外支出		
其中：非流动资产处置损失		
三、利润总额（亏损总额以“—”号填列）	12 790	
减：所得税费用	1 200	
四、净利润（净亏损以“—”号填列）	11 590	
五、每股收益：		
（一）基本每股收益		
（二）稀释每股收益		

房地产企业竣工阶段，利润表反映的主要特点为：

● 利润表中的主要项目包括营业收入、营业成本、营业税金及附加、管理费用、销售费用和所得税费用。

● 房地产企业在竣工阶段结转收入和成本，因此，本阶段报表中营业收入、营业成本、营业税金及附加等项目均体现出较大金额，而报表一般表现为较大额度的盈利。

四、竣工阶段的现金流量表

表 11-9 是简化后房地产企业竣工阶段的现金流量表，从中可以看出竣工阶段现金流量表的主要特点。

表 11-9 **现金流量表**

编制单位：××房地产公司 20××年度 单位：万元

项目	本期金额	上期金额
一、经营活动产生的现金流量：		
销售商品、提供劳务收到的现金	6 000	
收到的税费返还		
收到其他与经营活动有关的现金		
经营活动现金流入小计	6 000	
购买商品、接受劳务支付的现金	1 220	
支付给职工以及为职工支付的现金	200	
支付的各项税费	1 200	
支付其他与经营活动有关的现金	1 800	
经营活动现金流出小计	4 420	
经营活动产生的现金流量净额	1 580	
二、投资活动产生的现金流量：		
收回投资收到的现金		
取得投资收益收到的现金		
处置固定资产、无形资产和其他长期资产收回的现金净额		
处置子公司及其他营业单位收到的现金净额		
收到其他与投资活动有关的现金		
投资活动现金流入小计		
购建固定资产、无形资产和其他长期资产支付的现金		
投资支付的现金		
取得子公司及其他营业单位支付的现金净额		
支付其他与投资活动有关的现金		

续表

项目	本期金额	上期金额
投资活动现金流出小计		
投资活动产生的现金流量净额		
三、筹资活动产生的现金流量：		
吸收投资收到的现金		
取得借款收到的现金	40 000	
收到其他与筹资活动有关的现金	10	
筹资活动现金流入小计	40 010	
偿还债务支付的现金	30 000	
分配股利、利润或偿付利息支付的现金	11 590	
支付其他与筹资活动有关的现金		
筹资活动现金流出小计	41 590	
筹资活动产生的现金流量净额	−1 580	
四、汇率变动对现金及现金等价物的影响		
五、现金及现金等价物净增加额	0	
加：期初现金及现金等价物余额	2 000	
六、期末现金及现金等价物余额	2 000	

房地产企业竣工阶段，现金流量表反映的主要特点为：

• 房地产企业基本上没有经营性现金流入，在存在持有物业的情况下，有些企业会出现筹资活动产生的现金流入，即通过经营性物业抵押贷款取得现金。

• 房地产企业现金的主要流出项目属于筹资活动产生的现金流出，即用现金归还开发贷款本金和向股东分配利润。除此之外，在这一阶段可能还会产生少量的经营活动现金流出，主要指管理费用、销售费用以及所得税支出等。

• 房地产企业在进行利润分配后，现金余额一般不会很大，以后主要现金业务涉及收取销售尾款和支付工程质保金等。

五、竣工阶段的所有者权益变动表

根据企业经营模式不同，房地产企业竣工阶段的所有者权益变动表也表现出不同的特点，对于纯销售模式的企业，其所有者权益变动表中的实收资本会减少，这是因为企业股东在项目结束后要通过减资收回前期投入的资本金。而对于采取销售和持有混合经营模式的企业，其所有者权益变动表在竣工阶段与建设阶段一般不会有大的变化。

第五节　会计报表附注与会计报表分析

一、会计报表附注

（一）会计报表附注的概念及作用

会计报表附注是为了便于会计报表使用者更好地理解会计报表的内容，而对会计报表的编制基础、编制依据、编制原则和编制方法及其主要项目等所作的进一步解释和说明。

由于会计报表本身的局限性，使会计报表所提供的信息受到一定的限制。会计信息使用者希望能够了解更多的企业信息，既要有定量的信息，又要有定性（非定量）的信息，以便进行投资、经营决策。定量的会计信息大都可以通过会计报表及其附表提供，但还有许多非定量的会计信息是会计报表无法提供的，会计报表附注便产生了。编制和提供会计报表附注的主要作用是便于会计报表使用者全面、正确地理解会计报表。

（二）会计报表附注的内容

会计报表附注的内容包括以下几方面：

- 基本会计假设；
- 会计政策和会计估计的说明；
- 重要会计政策和会计估计变更的说明；
- 或有事项的说明；
- 资产负债表日后事项的说明；
- 关联关系及其交易的说明；
- 重要资产转让及其出售的说明；
- 企业合并、分立的说明；
- 会计报表重要项目的说明；

- 收入；
- 有助于理解和分析会计报表需要说明的其他事项。

二、会计报表分析

财务分析以企业的会计报表分析为主要内容，狭义的财务分析指的就是会计报表分析。会计报表的价值不仅在于它按照一定的模式提供有关财务状况和经营成果的信息，还在于通过财务分析，能够估计企业未来现金流量及其风险的大小，帮助企业管理当局发现企业所存在的问题，科学地规划未来，采取有效措施改善企业形象，同时帮助投资者进行投资决策。

（一）会计报表分析的目的

对企业进行财务分析所依据的资料是客观的，但是，不同的人员所关心问题的侧重点不同，因此，进行财务分析的目的也各不相同。综合起来，进行财务分析主要出于以下目的：

- 评价企业的偿债能力：通过对企业的财务会计报告等财务资料进行分析，可以了解企业资产的流动性、负债水平以及偿还债务的能力，从而评价企业的财务状况和经营风险，为企业经营管理者、投资者和债权人提供财务信息。
- 评价企业的资产管理水平：企业的生产经营过程就是利用资产取得收益的过程。进行财务分析，可以了解到企业资产的保值和增值情况，分析企业资产的管理水平、资金周转状况、现金流量情况等，为评价企业的经营管理水平提供依据。
- 评价企业的获利能力：获取利润是企业的主要经营目标之一，获利能力也反映了企业的综合素质。投资者和债权人都十分关心企业的获利能力，获利能力强，可以提高企业偿还债务的能力，提高企业的信誉。对企业获利能力的分析不能仅看其获取利润的绝对数，还应分析其相对指标，这些都可以通过财务分析来实现。
- 评价企业的发展趋势：通过对企业进行财务分析，可以判断出企业的发展趋势，预测企业的经营前景，从而为企业经营管理者和投资者进行经营决策和投资决策提供重要的依据，避免决策失误给其带来重大的经济损失。

（二）会计报表分析的方法

1．比较分析法

比较分析法是最基本的分析方法，没有比较，就没有分析。比较分析法在财务分析中应用广泛，并且是其他方法产生的基础。

比较分析法有以下三种形式：

- 实际指标同计划指标比较。可以解释计划与实际之间的差异，了解该项指标的计划或定额的完成情况。
- 本期指标同上期指标的比较。可以确定前后不同时期有关指标的变动情况，了解企业生产经营活动的发展趋势和管理工作的改进情况。
- 本单位指标同国内外先进单位指标比较。可以找出与先进单位之间的差距，推动本单位改善经营管理。

应用比较分析法对同一性质指标进行数量比较时，要注意所用指标的可比性，做到计算口径一致。

2．比率分析法

比率分析法是把某些彼此存在关联的项目加以对比，通过计算经济指标的比率，来确定经济活动变动程度的分析方法。比率是一个相对数，因此可以把某些不可比的指标变为可比的指标来进行分析。比率指标主要有三类：

- 相关比率。用以计算部分与总体关系、投入与产出关系之外具有相关关系的指标的比率，反映有关经济活动的联系。
- 效率比率。用以计算某项经济活动中所费与所得的比率，反映投入与产出的关系。
- 结构比率。用以计算某项经济指标的各个组成部分占总体的比率，反映部分与总体的关系。

3．趋势分析法

趋势分析法是将两期或多期连续的相同指标或比率进行对比，求出它们增减变动的方向、数额和幅度的一种方法。它可以揭示企业财务状况和生产经营情况的变化，分析变化的原因、性质，并进而预测企业前景。趋势分析法的具体运用主要有以下三种：

● 重要财务指标的比较。它将不同时期财务报告中的相同指标或比率进行比较，直接观察其绝对额或比率的增减变动情况及变动幅度，考察有关业务的发展趋势。

● 会计报表金额的比较。将连续数期的会计报表数字并列起来，比较其相同指标的增减变动金额和幅度，来说明企业财务状况和经营成果的发展变化情况。

● 会计报表构成的比较。它将会计报表中的某个总体指标作为100%，计算各组成指标占总体指标的百分比，比较各项目百分比的增减变动，判断变化趋势。

4. 因素分析法

因素分析法是用来确定几个相互联系的因素对分析对象即指标影响程度的一种分析方法。它假定影响的诸多因素中一种因素发生变化，其他因素固定不变，来分析单一因素对变化的影响。这种方法应用的形式很多，差额计算法是常用的一种。它利用各个因素实际数与标准数的差额，来计算各该因素脱离标准对分析对象的影响。

附录　房地产企业会计科目和主要账务处理

一、会计科目

会计科目和主要账务处理依据《企业会计准则》中确认和计量的规定制定，涵盖了各类企业的交易或者事项。企业在不违反会计准则中确认、计量和报告规定的前提下，可以根据本单位的实际情况自行增设、分拆、合并会计科目。企业不存在的交易或者事项，可不设置相关会计科目。对于明细科目，企业可以比照本附录中的规定自行设置。会计科目编号供企业填制会计凭证、登记会计账簿、查阅会计账目、采用会计软件系统参考，企业可结合实际情况自行确定会计科目编号。

顺序号	编号	会计科目名称
一、资产类		
1	1001	库存现金
2	1002	银行存款
3	1012	其他货币资金
4	1121	应收票据
5	1122	应收账款
6	1123	预付账款
7	1221	其他应收款
8	1231	坏账准备
9	1405	库存商品
10	1521	投资性房地产
11	1531	长期应收款
12	1601	固定资产
13	1602	累计折旧
14	1603	固定资产减值准备
15	1604	在建工程
16	1606	固定资产清理

续表

顺序号	编号	会计科目名称
一、资产类		
17	1701	无形资产
18	1702	累计摊销
19	1703	无形资产减值准备
20	1801	长期待摊费用
21	1811	递延所得税资产
22	1901	待处理财产损溢
二、负债类		
23	2001	短期借款
24	2201	应付票据
25	2202	应付账款
26	2203	预收账款
27	2211	应付职工薪酬
28	2221	应交税费
29	2231	应付利息
30	2232	应付股利
31	2241	其他应付款
32	2401	递延收益
33	2501	长期借款
34	2701	长期应付款
35	2702	未确认融资费用
36	2711	专项应付款
37	2901	递延所得税负债
三、所有者权益类		
38	4001	实收资本
39	4002	资本公积
40	4101	盈余公积
41	4103	本年利润
42	4104	利润分配
43	4201	库存股
四、成本类		
44	5001	生产成本
五、损益类		
45	6001	主营业务收入
46	6051	其他业务收入
47	6101	公允价值变动损益
48	6111	投资收益

续表

顺序号	编号	会计科目名称
五、损益类		
49	6301	营业外收入
50	6401	主营业务成本
51	6402	其他业务成本
52	6403	营业税金及附加
53	6601	销售费用
54	6602	管理费用
55	6603	财务费用
56	6711	营业外支出
57	6801	所得税费用
58	6901	以前年度损益调整

二、主要账务处理

资产类

1001 库存现金

一、本科目核算企业的库存现金。

企业有内部周转使用备用金的，可以单独设置“备用金”科目。

二、企业增加库存现金，借记本科目，贷记“银行存款”等科目；减少库存现金做相反的会计分录。

三、企业应当设置“现金日记账”，根据收付款凭证，按照业务发生顺序逐笔登记。每日终了，应当计算当日的现金收入合计额、现金支出合计额和结余额，将结余额与实际库存额核对，做到账款相符。

四、本科目期末借方余额，反映企业持有的库存现金。

1002 银行存款

一、本科目核算企业存入银行或其他金融机构的各种款项。

银行汇票存款、银行本票存款、信用卡存款、信用证保证金存款、存出投资款、外埠存款等，在“其他货币资金”科目核算。

二、企业增加银行存款，借记本科目，贷记“库存现金”、“应收账款”等科目；减少银行存款做相反的会计分录。

三、企业可按开户银行和其他金融机构、存款种类等设置“银行存款日记账”，根据收付款凭证，按照业务的发生顺序逐笔登记。每日终了，应结出余额。“银行存款日记账”应定期与“银行对账单”核对，至少每月核对一次。企业银行存款账面余额与银行对账单余额之间如有差额，应编制“银行存款余额调节表”调节相符。

四、本科目期末借方余额，反映企业存在银行或其他金融机构的各种款项。

1012 其他货币资金

一、本科目核算企业的银行汇票存款、银行本票存款、信用卡存款、信用证保证金存款、存出投资款、外埠存款等其他货币资金。

二、企业增加其他货币资金，借记本科目，贷记“银行存款”科目；减少其他货币资金，借记有关科目，贷记本科目。

三、本科目可按银行汇票或本票、信用证的收款单位，外埠存款的开户银行，分别“银行汇票”、“银行本票”、“信用卡”、“信用证保证金”、“存出投资款”、“外埠存款”等科目进行明细核算。

四、本科目期末借方余额，反映企业持有的其他货币资金。

1121 应收票据

一、本科目核算企业因销售商品、提供劳务等而收到的商业汇票，包括银行承兑汇票和商业承兑汇票。

二、本科目可按开出、承兑商业汇票的单位进行明细核算。

三、应收票据的主要账务处理。

(一) 企业因销售商品、提供劳务等而收到开出、承兑的商业汇票，按商业汇票的票面金额，借记本科目，按确认的营业收入，贷记“主营业务收入”等科目。涉及增值税销项税额的，还应进行相应的处理。

(二) 持未到期的商业汇票向银行贴现，应按实际收到的金额（即减去贴现息后的净额)，借记“银行存款”等科目，按贴现息部分，借记“财务费用”等科目，按商业汇票的票面金额，贷记本科目或“短期借款”科目。

(三) 将持有的商业汇票背书转让以取得所需物资，按应计入取得物资成本的金额，借记“材料采购”或“原材料”、“库存商品”等科目，按商业汇票的票面金额，贷记本科目，如有差额，借记或贷记“银行存款”等科目。涉及增值税进项税额的，还应进行相应的处理。

（四）商业汇票到期，应按实际收到的金额，借记“银行存款”科目，按商业汇票的票面金额，贷记本科目。

四、企业应当设置“应收票据备查簿”，逐笔登记商业汇票的种类、号数和出票日、票面金额、交易合同号和付款人、承兑人、背书人的姓名或单位名称、到期日、背书转让日、贴现日、贴现率和贴现净额以及收款日和收回金额、退票情况等资料。商业汇票到期结清票款或退票后，在备查簿中应予注销。

五、本科目期末借方余额，反映企业持有的商业汇票的票面金额。

1122 应收账款

一、本科目核算企业因销售商品、提供劳务等经营活动应收取的款项。因销售商品、提供劳务等，采用递延方式收取合同或协议价款、实质上具有融资性质的，在“长期应收款”科目核算。

二、本科目可按债务人进行明细核算。

三、企业发生应收账款，按应收金额，借记本科目，按确认的营业收入，贷记“主营业务收入”、“手续费及佣金收入”、“保费收入”等科目。收回应收账款时，借记“银行存款”等科目，贷记本科目。涉及增值税销项税额的，还应进行相应的处理。

代购货单位垫付的包装费、运杂费，借记本科目，贷记“银行存款”等科目。收回代垫费用时，借记“银行存款”科目，贷记本科目。

四、企业与债务人进行债务重组，应当分别债务重组的不同方式进行处理。

（一）收到债务人清偿债务的款项小于该项应收账款账面价值的，应按实际收到的金额，借记“银行存款”等科目，按重组债权已计提的坏账准备，借记“坏账准备”科目，按重组债权的账面余额，贷记本科目，按其差额，借记“营业外支出”科目。

收到债务人清偿债务的款项大于该项应收账款账面价值的，应按实际收到的金额，借记“银行存款”等科目，按重组债权已计提的坏账准备，借记“坏账准备”科目，按重组债权的账面余额，贷记本科目，按其差额，贷记“资产减值损失”科目。

以下债务重组涉及重组债权减值准备的，应当比照此规定进行处理。

（二）接受债务人用于清偿债务的非现金资产，应按该项非现金资产的公允价值，借记“原材料”、“库存商品”、“固定资产”、“无形资产”等科目，按重组债权的账面余额，贷记本科目，按应支付的相关税费和其他费用，贷记“银行存款”、“应交税费”等科目，按其差额，借记“营业外支出”科目。涉及增值税进项税额的，还应进行相应的处理。

（三）将债权转为投资，应按享有股份的公允价值，借记“长期股权投资”科目，按重组债权的账面余额，贷记本科目，按应支付的相关税费和其他费用，贷记“银行存款”、“应交税费”等科目，按其差额，借记“营业外支出”科目。

（四）以修改其他债务条件进行清偿的，应按修改其他债务条件后债权的公允价值，借记本科目，按重组债权的账面余额，贷记本科目，按其差额，借记“营业外支出”科目。

五、本科目期末借方余额，反映企业尚未收回的应收账款；期末如为贷方余额，反映企业预收的账款。

1123 预付账款

一、本科目核算企业按照合同规定预付的款项。

预付款项情况不多的，也可以不设置本科目，将预付的款项直接记入“应付账款”科目。

企业进行在建工程预付的工程价款，也在本科目核算。

二、本科目可按供货单位进行明细核算。

三、预付账款的主要账务处理。

（一）企业因购货而预付的款项，借记本科目，贷记“银行存款”等科目。

收到所购物资，按应计入购入物资成本的金额，借记“材料采购”或“原材料”、“库存商品”等科目，按应支付的金额，贷记本科目。补付的款项，借记本科目，贷记“银行存款”等科目；退回多付的款项做相反的会计分录。涉及增值税进项税额的，还应进行相应的处理。

（二）企业进行在建工程预付的工程价款，借记本科目，贷记“银行存款”等科目。按工程进度结算工程价款，借记“在建工程”科目，贷记本科目、“银行存款”等科目。

四、本科目期末借方余额，反映企业预付的款项；期末如为贷方余额，反映企业尚未补付的款项。

1221 其他应收款

一、本科目核算企业除存出保证金、买入返售金融资产、应收票据、应收账款、预付账款、应收股利、应收利息、应收代位追偿款、应收分保账款、应收分保合同准备金、长期应收款等以外的其他各种应收及暂付款项。

二、本科目可按对方单位（或个人）进行明细核算。

三、采用售后回购方式融出资金的，应按实际支付的金额，借记本科目，贷记“银行存款”科目。销售价格与原购买价格之间的差额，应在售后回购期间内按期计提利息费用，借记本科目，贷记“财务费用”科目。按合同约定返售商品时，应按实际收到的金额，借记“银行存款”科目，贷记本科目。

四、企业发生其他各种应收、暂付款项时，借记本科目，贷记“银行存款”、“固定资产清理”等科目；收回或转销各种款项时，借记“库存现金”、“银行存款”等科目，贷记本科目。

五、本科目期末借方余额，反映企业尚未收回的其他应收款项。

1231 坏账准备

一、本科目核算企业应收款项的坏账准备。

二、本科目可按应收款项的类别进行明细核算。

三、坏账准备的主要账务处理。

（一）资产负债表日，应收款项发生减值的，按应减记的金额，借记“资产减值损失”科目，贷记本科目。本期应计提的坏账准备大于其账面余额的，应按其差额计提；应计提的坏账准备小于其账面余额的差额做相反的会计分录。

（二）对于确实无法收回的应收款项，按管理权限报经批准后作为坏账，转销应收款项，借记本科目，贷记“应收票据”、“应收账款”、“预付账款”、“应收分保账款”、“其他应收款”、“长期应收款”等科目。

（三）已确认并转销的应收款项以后又收回的，应按实际收回的金额，借记“应收票据”、“应收账款”、“预付账款”、“应收分保账款”、“其他应收款”、“长期应收款”等科目，贷记本科目；同时，借记“银行存款”科目，贷记“应收票据”、“应收账款”、“预付账款”、“应收分保账款”、“其他应收款”、“长期应收款”等科目。

对于已确认并转销的应收款项以后又收回的，也可以按照实际收回的金额，借记“银行存款”科目，贷记本科目。

四、本科目期末贷方余额，反映企业已计提但尚未转销的坏账准备。

1405 库存商品

一、本科目核算企业库存的各种商品的实际成本（或进价）或计划成本（或售价），包括库存产成品、外购商品、存放在门市部准备出售的商品、发出展览的商品以及寄存在外的商品等。

接受来料加工制造的代制品和为外单位加工修理的代修品，在制造和修理完成验收入库后，视同企业的产成品，也通过本科目核算。

企业（房地产开发）的开发产品，可将本科目改为“1405 开发产品”科目。

二、本科目可按库存商品的种类、品种和规格等进行明细核算。

三、库存商品的主要账务处理。

（一）企业生产的产成品一般应按实际成本核算，产成品的入库和出库，平时只记数量不记金额，期（月）末计算入库产成品的实际成本。生产完成验收入库的产成品，按其实际成本，借记本科目、“农产品”等科目，贷记“生产成本”、“消耗性生物资产”、“农业生产成本”等科目。

产成品种类较多的，也可按计划成本进行日常核算，其实际成本与计划成本的差异，可以单独设置“产品成本差异”科目，比照“材料成本差异”科目核算。

采用实际成本进行产成品日常核算的，发出产成品的实际成本，可以采用先进先出法、加权平均法或个别认定法计算确定。

对外销售产成品（包括采用分期收款方式销售产成品），结转销售成本时，借记“主营业务成本”科目，贷记本科目。采用计划成本核算的，发出产成品还应结转产品成本差异，将发出产成品的计划成本调整为实际成本。

（二）购入商品采用进价核算的，在商品到达验收入库后，按商品进价，借记本科目，贷记“银行存款”、“在途物资”等科目。委托外单位加工收回的商品，按商品进价，借记本科目，贷记“委托加工物资”科目。

购入商品采用售价核算的，在商品到达验收入库后，按商品售价，借记本科目，按商品进价，贷记“银行存款”、“在途物资”等科目，按商品售价与进价的差额，贷记“商品进销差价”科目。委托外单位加工收回的商品，按商品售价，借记本科目，按委托加工商品的账面余额，贷记“委托加工物资”科目，按商品售价与进价的差额，贷记“商品进销差价”科目。

对外销售商品（包括采用分期收款方式销售商品），结转销售成本时，借记“主营业务成本”科目，贷记本科目。采用进价进行商品日常核算的，发出商品的实际成本，可以采用先进先出法、加权平均法或个别认定法计算确定。采用售价核算的，还应结转应分摊的商品进销差价。

（三）企业（房地产开发）开发的产品，达到预定可销售状态时，按实际成本，借记“开发产品”科目，贷记“开发成本”科目。期末，企业结转对外转让、销售和结算开发产品的实际成本，借记“主营业务成本”科目，贷记“开发产品”科目。

企业将开发的营业性配套设施用于本企业从事第三产业经营用房，应视同自用固定资产进行处理，并按营业性配套设施的实际成本，借记“固定资产”科目，贷记“开发产品”科目。

四、本科目期末借方余额，反映企业库存商品的实际成本（或进价）或计划成本（或售价）。

1521 **投资性房地产**

一、本科目核算企业采用成本模式计量的投资性房地产的成本。

企业采用公允价值模式计量投资性房地产的，也通过本科目核算。

采用成本模式计量的投资性房地产的累计折旧或累计摊销，可以单独设置“投资性房地产累计折旧（摊销）”科目，比照“累计折旧”等科目进行处理。

采用成本模式计量的投资性房地产发生减值的，可以单独设置“投资性房地产减值准备”科目，比照“固定资产减值准备”等科目进行处理。

二、本科目可按投资性房地产类别和项目进行明细核算。

采用公允价值模式计量的投资性房地产，还应当分别“成本”和“公允价值变动”进行明细核算。

三、采用成本模式计量投资性房地产的主要账务处理。

（一）企业外购、自行建造等取得的投资性房地产，按应计入投资性房地产成本的金额，借记本科目，贷记“银行存款”、“在建工程”等科目。

（二）将作为存货的房地产转换为投资性房地产的，应按其在转换日的账面余额，借记本科目，贷记“开发产品”等科目。已计提跌价准备的，还应同时结转跌价准备。

将自用的建筑物等转换为投资性房地产的，应按其在转换日的原价、累计折旧、减值准备等，分别转入本科目、“投资性房地产累计折旧（摊销）”、“投资性房地产减值准备”等科目。

（三）按期（月）对投资性房地产计提折旧或进行摊销，借记“其他业务成本”科目，贷记“投资性房地产累计折旧（摊销）”科目。取得的租金收入，借记“银行存款”等科目，贷记“其他业务收入”科目。

（四）将投资性房地产转为自用时，应按其在转换日的账面余额、累计折旧、减值准备等，分别转入“固定资产”、“累计折旧”、“固定资产减值准备”等科目。

（五）处置投资性房地产时，应按实际收到的金额，借记“银行存款”等科目，贷记“其他业务收入”科目。按该项投资性房地产的累计折旧或累计摊销，借记“投资性房地产累计折旧（摊销）”科目，按该项投资性房地产的账面余额，贷记本科目，按其差额，借记“其他业务成本”科目。已计提减值准备的，还应同时结转减值准备。

四、采用公允价值模式计量投资性房地产的主要账务处理。

（一）企业外购、自行建造等取得的投资性房地产，按应计入投资性房地产成本的金额，借记本科目（成本），贷记“银行存款”、“在建工程”等科目。

（二）将作为存货的房地产转换为投资性房地产的，应按其在转换日的公允价值，借记本科目（成本），按其账面余额，贷记“开发产品”等科目，按其差额，贷记“资本公积——其他资本公积”科目或借记“公允价值变动损益”科目。已计提跌价准备的，还应同时结转跌价准备。

将自用的建筑物等转换为投资性房地产的，按其在转换日的公允价值，借记本科目（成本），按已计提的累计折旧等，借记“累计折旧”等科目，按其账面余额，贷记“固定资产”等科目，按其差额，贷记“资本公积——其他资本公积”科目或借记“公允价值变动损益”科目。已计提减值准备的，还应同时结转减值准备。

（三）资产负债表日，投资性房地产的公允价值高于其账面余额的差额，借记本科目（公允价值变动），贷记“公允价值变动损益”科目；公允价值低于其账面余额的差额做相反的会计分录。

取得的租金收入，借记“银行存款”等科目，贷记“其他业务收入”科目。

（四）将投资性房地产转为自用时，应按其在转换日的公允价值，借记“固定资产”等科目，按其账面余额，贷记本科目（成本、公允价值变动），按其差额，贷记或借记“公允价值变动损益”科目。

（五）处置投资性房地产时，应按实际收到的金额，借记“银行存款”等科目，贷记“其他业务收入”科目。按该项投资性房地产的账面余额，借记“其他业务成本”科目，贷记本科目（成本）、贷记或借记本科目（公允价值变动）；同时，按该项投资性房地产的公允价值变动，借记或贷记“公允价值变动损益”科目，贷记或借记“其他业务收入”科目。按该项投资性房地产在转换日计入资本公积的金额，借记“资本公积——其他资本公积”科目，贷记“其他业务收入”科目。

五、投资性房地产作为企业主营业务的，应通过“主营业务收入”和“主营业务成本”科目核算相关的损益。

六、本科目期末借方余额，反映企业采用成本模式计量的投资性房地产成本。企业采用公允价值模式计量的投资性房地产，反映投资性房地产的公允价值。

1531 **长期应收款**

一、本科目核算企业的长期应收款项，包括融资租赁产生的应收款项、采用递延方式具有融资性质的销售商品和提供劳务等产生的应收款项等。

实质上构成对被投资单位净投资的长期权益，也通过本科目核算。

二、本科目可按债务人进行明细核算。

三、长期应收款的主要账务处理。

（一）出租人融资租赁产生的应收租赁款，在租赁期开始日，应按租赁开始日最低租赁收款额与初始直接费用之和，借记本科目，按未担保余值，借记“未担保余值”科目，按融资租赁资产的公允价值（最低租赁收款额和未担保余值的现值之和），贷记“融资租赁资产”科目，按融资租赁资产的公允价值与账面价值的差额，借记“营业外支出”科目或贷记“营业外收入”科目，按发生的初始直接费用，贷记“银行存款”等科目，按其差额，贷记“未实现融资收益”科目。

（二）采用递延方式分期收款销售商品或提供劳务等经营活动产生的长期应收款，满足收入确认条件的，按应收的合同或协议价款，借记本科目，按应收合同或协议价款的公允价值（折现值），贷记“主营业务收入”等科目，按其差额，贷记“未实现融资收益”科目。涉及增值税的，还应进行相应的处理。

（三）如有实质上构成对被投资单位净投资的长期权益，被投资单位发生的净亏损应由本企业承担的部分，在“长期股权投资”的账面价值减记至零以后，还需承担的投资损失，应以本科目中实质上构成对被投资单位净投资的长期权益部分账面价值减记至零为限，继续确认投资损失，借记“投资收益”科目，贷记本科目。除上述已确认投资损失外，投资合同或协议中约定仍应承担的损失，确认为预计负债。

四、本科目的期末借方余额，反映企业尚未收回的长期应收款。

1532 未实现融资收益

一、本科目核算企业分期计入租赁收入或利息收入的未实现融资收益。

二、本科目可按未实现融资收益项目进行明细核算。

三、未实现融资收益的主要账务处理。

（一）出租人融资租赁产生的应收租赁款，在租赁期开始日，应按租赁开始日最低租赁收款额与初始直接费用之和，借记“长期应收款”

科目，按未担保余值，借记“未担保余值”科目，按融资租赁资产的公允价值（最低租赁收款额的现值和未担保余值的现值之和），贷记“融资租赁资产”科目，按融资租赁资产的公允价值与账面价值的差额，借记“营业外支出”科目或贷记“营业外收入”科目，按发生的初始直接费用，贷记“银行存款”等科目，按其差额，贷记本科目。

采用实际利率法按期计算确定的融资收入，借记本科目，贷记“租赁收入”科目。

（二）采用递延方式分期收款、实质上具有融资性质的销售商品或提供劳务等经营活动产生的长期应收款，满足收入确认条件的，按应收的合同或协议价款，借记“长期应收款”科目，按应收的合同或协议价款的公允价值，贷记“主营业务收入”等科目，按其差额，贷记本科目。涉及增值税的，还应进行相应的处理。

采用实际利率法按期计算确定的利息收入，借记本科目，贷记“财务费用”科目。

四、本科目期末贷方余额，反映企业尚未转入当期收益的未实现融资收益。

1601 固定资产

一、本科目核算企业持有的固定资产原价。建造承包商的临时设施，企业购置计算机硬件所附带的、未单独计价的软件，也通过本科目核算。

二、本科目可按固定资产类别和项目进行明细核算。融资租入的固定资产，可在本科目设置“融资租入固定资产”明细科目。

三、固定资产的主要账务处理。

（一）企业购入不需要安装的固定资产，按应计入固定资产成本的金额，借记本科目，贷记“银行存款”等科目。购入需要安装的固定资产，先记入“在建工程”科目，达到预定可使用状态时再转入本科目。

购入固定资产超过正常信用条件延期支付价款、实质上具有融资性质的，按应付购买价款的现值，借记本科目或“在建工程”科目，按应支付的金额，贷记“长期应付款”科目，按其差额，借记“未确认融资费用”科目。

（二）自行建造达到预定可使用状态的固定资产，借记本科目，贷记“在建工程”科目。已达到预定可使用状态、但尚未办理竣工决算手续的固定资产，应按估计价值入账，待确定实际成本后再进行调整。

（三）融资租入的固定资产，在租赁期开始日，按应计入固定资产成本的金额（租赁开始日租赁资产公允价值与最低租赁付款额现值两者中较低者，加上初始直接费用），借记本科目或“在建工程”科目，按最低租赁付款额，贷记“长期应付款”科目，按发生的初始直接费用，贷记“银行存款”等科目，按其差额，借记“未确认融资费用”科目。

租赁期届满，企业取得该项固定资产所有权的，应将该项固定资产从“融资租入固定资产”明细科目转入有关明细科目。

（四）固定资产存在弃置义务的，应在取得固定资产时，按预计弃置费用的现值，借记本科目，贷记“预计负债”科目。在该项固定资产的使用寿命内，计算确定各期应负担的利息费用，借记“财务费用”科目，贷记“预计负债”科目。

（五）处置固定资产时，按该项固定资产账面价值，借记“固定资产清理”科目，按已提的累计折旧，借记“累计折旧”科目，按其账面原价，贷记本科目。已计提减值准备的，还应同时结转已计提的减值准备。

四、本科目期末借方余额，反映企业固定资产的原价。

1602 累计折旧

一、本科目核算企业固定资产的累计折旧。

二、本科目可按固定资产的类别或项目进行明细核算。

三、按期（月）计提固定资产的折旧，借记“制造费用”、“销售费用”、“管理费用”、“研发支出”、“其他业务成本”等科目，贷记本科目。处置固定资产还应同时结转累计折旧。

四、本科目期末贷方余额，反映企业固定资产的累计折旧额。

1603 固定资产减值准备

一、本科目核算企业固定资产的减值准备。

二、资产负债表日，固定资产发生减值的，按应减记的金额，借记“资产减值损失”科目，贷记本科目。处置固定资产还应同时结转减值准备。

三、本科目期末贷方余额，反映企业已计提但尚未转销的固定资产减值准备。

1604 在建工程

一、本科目核算企业基建、更新改造等在建工程发生的支出。

在建工程发生减值的，可以单独设置“在建工程减值准备”科目，比照“固定资产减值准备”科目进行处理。

二、本科目可按“建筑工程”、“安装工程”、“在安装设备”、“待摊支出”以及单项工程等进行明细核算。

三、企业在建工程发生的管理费、征地费、可行性研究费、临时设施费、公证费、监理费及应负担的税费等，借记本科目（待摊支出），贷记“银行存款”等科目。

四、企业发包的在建工程，应按合理估计的发包工程进度和合同规定结算的进度款，借记本科目，贷记“银行存款”、“预付账款”等科目。将设备交付建造承包商建造安装时，借记本科目（在安装设备），贷记“工程物资”科目。

工程完成时，按合同规定补付的工程款，借记本科目，贷记“银行存款”科目。

五、企业自营在建工程的主要账务处理。

（一）自营的在建工程领用工程物资、原材料或库存商品的，借记本科目，贷记“工程物资”、“原材料”、“库存商品”等科目。采用计划成本核算的，应同时结转应分摊的成本差异。涉及增值税的，还应进行相应的处理。

在建工程应负担的职工薪酬，借记本科目，贷记“应付职工薪酬”科目。

辅助生产部门为工程提供的水、电、设备安装、修理、运输等劳务，借记本科目，贷记“生产成本——辅助生产成本”等科目。

在建工程发生的借款费用满足借款费用资本化条件的，借记本科目，贷记“长期借款”、“应付利息”等科目。

（二）在建工程进行负荷联合试车发生的费用，借记本科目（待摊支出），贷记“银行存款”、“原材料”等科目；试车形成的产品或副产品对外销售或转为库存商品的，借记“银行存款”、“库存商品”等科目，贷记本科目（待摊支出）。

（三）在建工程达到预定可使用状态时，应计算分配待摊支出，借记本科目（××工程），贷记本科目（待摊支出）；结转在建工程成本，借记“固定资产”等科目，贷记本科目（××工程）。

在建工程完工已领出的剩余物资应办理退库手续，借记“工程物资”科目，贷记本科目。

（四）建设期间发生的工程物资盘亏、报废及毁损净损失，借记本科目，贷记“工程物资”科目；盘盈的工程物资或处置净收益做相反的会计分录。

由于自然灾害等原因造成的在建工程报废或毁损，减去残料价值和过失人或保险公司等赔款后的净损失，借记“营业外支出——非常损失”科目，贷记本科目（建筑工程、安装工程等）。

六、本科目的期末借方余额，反映企业尚未达到预定可使用状态的在建工程的成本。

1606 固定资产清理

一、本科目核算企业因出售、报废、毁损、对外投资、非货币性资产交换、债务重组等原因转出的固定资产价值以及在清理过程中发生的费用等。

二、本科目可按被清理的固定资产项目进行明细核算。

三、固定资产清理的主要账务处理。

（一）企业因出售、报废、毁损、对外投资、非货币性资产交换、债务重组等转出的固定资产，按该项固定资产的账面价值，借记本科目，按已计提的累计折旧，借记“累计折旧”科目，按其账面原价，贷记“固定资产”科目。已计提减值准备的，还应同时结转减值准备。

（二）清理过程中应支付的相关税费及其他费用，借记本科目，贷记“银行存款”、“应交税费——应交营业税”等科目。收回出售固定资产的价款、残料价值和变价收入等，借记“银行存款”、“原材料”等科目，贷记本科目。应由保险公司或过失人赔偿的损失，借记“其他应收款”等科目，贷记本科目。

（三）固定资产清理完成后，属于生产经营期间正常的处理损失，借记“营业外支出——处置非流动资产损失”科目，贷记本科目；属于自然灾害等非正常原因造成的损失，借记“营业外支出——非常损失”

科目，贷记本科目。如为贷方余额，借记本科目，贷记“营业外收入”科目。

四、本科目期末借方余额，反映企业尚未清理完毕的固定资产清理净损失。

1701 无形资产

一、本科目核算企业持有的无形资产成本，包括专利权、非专利技术、商标权、著作权、土地使用权等。

二、本科目可按无形资产项目进行明细核算。

三、无形资产的主要账务处理。

（一）企业外购的无形资产，按应计入无形资产成本的金额，借记本科目，贷记“银行存款”等科目。

自行开发的无形资产，按应予资本化的支出，借记本科目，贷记“研发支出”科目。

（二）无形资产预期不能为企业带来经济利益的，应按已计提的累计摊销，借记“累计摊销”科目，按其账面余额，贷记本科目，按其差额，借记“营业外支出”科目。已计提减值准备的，还应同时结转减值准备。

（三）处置无形资产，应按实际收到的金额等，借记“银行存款”等科目，按已计提的累计摊销，借记“累计摊销”科目，按应支付的相关税费及其他费用，贷记“应交税费”、“银行存款”等科目，按其账面余额，贷记本科目，按其差额，贷记“营业外收入——处置非流动资产利得”科目或借记“营业外支出——处置非流动资产损失”科目。已计提减值准备的，还应同时结转减值准备。

四、本科目期末借方余额，反映企业无形资产的成本。

1702 累计摊销

一、本科目核算企业对使用寿命有限的无形资产计提的累计摊销。

二、本科目可按无形资产项目进行明细核算。

三、企业按期（月）计提无形资产的摊销，借记“管理费用”、“其他业务成本”等科目，贷记本科目。处置无形资产还应同时结转累计摊销。

四、本科目期末贷方余额，反映企业无形资产的累计摊销额。

1703 无形资产减值准备

一、本科目核算企业无形资产的减值准备。

二、本科目可按无形资产项目进行明细核算。

三、资产负债表日，无形资产发生减值的，按应减记的金额，借记“资产减值损失”科目，贷记本科目。处置无形资产还应同时结转减值准备。

四、本科目期末贷方余额，反映企业已计提但尚未转销的无形资产减值准备。

1801 长期待摊费用

一、本科目核算企业已经发生但应由本期和以后各期负担的分摊期限在1年以上的各项费用，如以经营租赁方式租入的固定资产发生的改良支出等。

二、本科目可按费用项目进行明细核算。

三、企业发生的长期待摊费用，借记本科目，贷记“银行存款”、“原材料”等科目。摊销长期待摊费用，借记“管理费用”、“销售费用”等科目，贷记本科目。

四、本科目期末借方余额，反映企业尚未摊销完毕的长期待摊费用。

1811 递延所得税资产

一、本科目核算企业确认的可抵扣暂时性差异产生的递延所得税资产。

二、本科目应按可抵扣暂时性差异等项目进行明细核算。

根据税法规定可用以后年度税前利润弥补的亏损及税款抵减产生的所得税资产，也在本科目核算。

三、递延所得税资产的主要账务处理。

（一）资产负债表日，企业确认的递延所得税资产，借记本科目，贷记“所得税费用——递延所得税费用”科目。资产负债表日递延所得税资产的应有余额大于其账面余额的，应按其差额确认，借记本科目，贷记“所得税费用——递延所得税费用”等科目；资产负债表日递延所得税资产的应有余额小于其账面余额的差额做相反的会计分录。

企业合并中取得资产、负债的入账价值与其计税基础不同形成可抵扣暂时性差异的，应于购买日确认递延所得税资产，借记本科目，贷记“商誉”等科目。

与直接计入所有者权益的交易或事项相关的递延所得税资产，借记本科目，贷记“资本公积——其他资本公积”科目。

（二）资产负债表日，预计未来期间很可能无法获得足够的应纳税所得额用以抵扣可抵扣暂时性差异的，按原已确认的递延所得税资产中应减记的金额，借记“所得税费用——递延所得税费用”、“资本公积——其他资本公积”等科目，贷记本科目。

四、本科目期末借方余额，反映企业确认的递延所得税资产。

1901 待处理财产损溢

一、本科目核算企业在清查财产过程中查明的各种财产盘盈、盘亏和毁损的价值。物资在运输途中发生的非正常短缺与损耗，也通过本科目核算。企业如有盘盈固定资产的，应作为前期差错记入“以前年度损益调整”科目。

二、本科目可按盘盈、盘亏的资产种类和项目进行明细核算。

三、待处理财产损溢的主要账务处理。

（一）盘盈的各种材料、产成品、商品、生物资产等，借记“原材料”、“库存商品”、“消耗性生物资产”等科目，贷记本科目。

盘亏、毁损的各种材料、产成品、商品、生物资产等，盘亏的固定资产，借记本科目，贷记“原材料”、“库存商品”、“消耗性生物资产”、“固定资产”等科目。材料、产成品、商品采用计划成本（或售价）核算的，还应同时结转成本差异（或商品进销差价）。涉及增值税的，还应进行相应处理。

（二）盘亏、毁损的各项资产，按管理权限报经批准后处理时，按残料价值，借记“原材料”等科目，按可收回的保险赔偿或过失人赔偿，借记“其他应收款”科目，按本科目余额，贷记本科目，按其借方差额，借记“管理费用”、“营业外支出”等科目。

盘盈的除固定资产以外的其他财产，借记本科目，贷记“管理费用”、“营业外收入”等科目。

四、企业的财产损溢，应查明原因，在期末结账前处理完毕，处理后本科目应无余额。

负债类

2001 短期借款

一、本科目核算企业向银行或其他金融机构等借入的期限在1年以下（含1年）的各种借款。

二、本科目可按借款种类、贷款人和币种进行明细核算。

三、企业借入的各种短期借款，借记“银行存款”科目，贷记本科目；归还借款做相反的会计分录。资产负债表日，应按计算确定的短期借款利息费用，借记“财务费用”、“利息支出”等科目，贷记“银行存款”、“应付利息”等科目。

四、本科目期末贷方余额，反映企业尚未偿还的短期借款。

2201 应付票据

一、本科目核算企业购买材料、商品和接受劳务供应等开出、承兑的商业汇票，包括银行承兑汇票和商业承兑汇票。

二、本科目可按债权人进行明细核算。

三、应付票据的主要账务处理。

（一）企业开出、承兑商业汇票或以承兑商业汇票抵付货款、应付账款等，借记“材料采购”、“库存商品”等科目，贷记本科目。涉及增值税进项税额的，还应进行相应的处理。

（二）支付银行承兑汇票的手续费，借记“财务费用”科目，贷记“银行存款”科目。支付票款，借记本科目，贷记“银行存款”科目。

（三）银行承兑汇票到期，企业无力支付票款的，按应付票据的票面金额，借记本科目，贷记“短期借款”科目。

四、企业应当设置“应付票据备查簿”，详细登记商业汇票的种类、号数、出票日期、到期日、票面金额、交易合同号和收款人姓名或单位名称以及付款日期和金额等资料。应付票据到期结清时，在备查簿中应予注销。

五、本科目期末贷方余额，反映企业尚未到期的商业汇票的票面金额。

2202 应付账款

一、本科目核算企业因购买材料、商品和接受劳务等经营活动应支付的款项。

二、本科目可按债权人进行明细核算。

三、企业购入材料、商品等验收入库，但货款尚未支付，根据有关凭证（发票账单、随货同行发票上记载的实际价款或暂估价值），借记“材料采购”、“在途物资”等科目，按应付的款项，贷记本科目。

接受供应单位提供劳务而发生的应付未付款项，根据供应单位的发票账单，借记“生产成本”、“管理费用”等科目，贷记本科目。支付时，借记本科目，贷记“银行存款”等科目。

上述交易涉及增值税进项税额的，还应进行相应的处理。

四、企业与债权人进行债务重组，应当分别债务重组的不同方式进行处理。

（一）以低于重组债务账面价值的款项清偿债务的，应按应付账款的账面余额，借记本科目，按实际支付的金额，贷记“银行存款”科目，按其差额，贷记“营业外收入——债务重组利得”科目。

（二）以非现金资产清偿债务的，应按应付账款的账面余额，借记本科目，按用于清偿债务的非现金资产的公允价值，贷记“主营业务收入”、“其他业务收入”、“固定资产清理”、“无形资产”、“长期股权投资”等科目，按应支付的相关税费和其他费用，贷记“应交税费”、“银行存款”等科目，按其差额，贷记“营业外收入——债务重组利得”科目。

抵债资产为存货的，还应同时结转成本，记入“主营业务成本”、“其他业务成本”等科目；抵债资产为固定资产、无形资产的，其公允价值和账面价值的差额，记入“营业外收入——处置非流动资产利得”或“营业外支出——处置非流动资产损失”科目；抵债资产为可供出售金融资产、持有至到期投资、长期股权投资等的，其公允价值和账面价值的差额，记入“投资收益”科目。

（三）以债务转为资本，应按应付账款的账面余额，借记本科目，按债权人因放弃债权而享有股权的公允价值，贷记“实收资本”或“股本”、“资本公积——资本溢价或股本溢价”科目，按其差额，贷记“营业外收入——债务重组利得”科目。

（四）以修改其他债务条件进行清偿的，应将重组债务的账面余额与重组后债务的公允价值的差额，借记本科目，贷记“营业外收入——债务重组利得”科目。

五、本科目期末贷方余额，反映企业尚未支付的应付账款余额。

2203 预收账款

一、本科目核算企业按照合同规定预收的款项。预收账款情况不多的，也可以不设置本科目，将预收的款项直接记入“应收账款”科目。

二、本科目可按购货单位进行明细核算。

三、预收账款的主要账务处理。

企业向购货单位预收的款项，借记“银行存款”等科目，贷记本科目；销售实现时，按实现的收入，借记本科目，贷记“主营业务收入”科目。涉及增值税销项税额的，还应进行相应的处理。

四、本科目期末贷方余额，反映企业预收的款项；期末如为借方余额，反映企业尚未转销的款项。

2211 应付职工薪酬

一、本科目核算企业根据有关规定应付给职工的各种薪酬。企业（外商）按规定从净利润中提取的职工奖励及福利基金，也在本科目核算。

二、本科目可按“工资”、“职工福利”、“社会保险费”、“住房公积金”、“工会经费”、“职工教育经费”、“非货币性福利”、“辞退福利”、“股份支付”等进行明细核算。

三、企业发生应付职工薪酬的主要账务处理。

（一）生产部门人员的职工薪酬，借记“生产成本”、“制造费用”、“劳务成本”等科目，贷记本科目。应由在建工程、研发支出负担的职工薪酬，借记“在建工程”、“研发支出”等科目，贷记本科目。管理部门人员、销售人员的职工薪酬，借记“管理费用”或“销售费用”科目，贷记本科目。

（二）企业以其自产产品发放给职工作为职工薪酬的，借记“管理费用”、“生产成本”、“制造费用”等科目，贷记本科目。

无偿向职工提供住房等固定资产使用的，按应计提的折旧额，借记“管理费用”、“生产成本”、“制造费用”等科目，贷记本科目；同时，借记本科目，贷记“累计折旧”科目。

租赁住房等资产供职工无偿使用的，按每期应支付的租金，借记“管理费用”、“生产成本”、“制造费用”等科目，贷记本科目。

（三）因解除与职工的劳动关系给予的补偿，借记“管理费用”科目，贷记本科目。

（四）企业以现金与职工结算的股份支付，在等待期内每个资产负债表日，按当期应确认的成本费用金额，借记“管理费用”、“生产成本”、“制造费用”等科目，贷记本科目。在可行权日之后，以现金结算的股份支付当期公允价值的变动金额，借记或贷记“公允价值变动损益”科目，贷记或借记本科目。企业（外商）按规定从净利润中提取的职工奖励及福利基金，借记“利润分配——提取的职工奖励及福利基金”科目，贷记本科目。

四、企业发放职工薪酬的主要账务处理。

（一）向职工支付工资、奖金、津贴、福利费等，从应付职工薪酬中扣还的各种款项（代垫的家属药费、个人所得税等）等，借记本科目，贷记“银行存款”、“库存现金”、“其他应收款”、“应交税费——应交个人所得税”等科目。

（二）支付工会经费和职工教育经费用于工会活动和职工培训，借记本科目，贷记“银行存款”等科目。

（三）按照国家有关规定缴纳社会保险费和住房公积金，借记本科目，贷记“银行存款”科目。

（四）企业以其自产产品发放给职工的，借记本科目，贷记“主营业务收入”科目；同时，还应结转产成品的成本。涉及增值税销项税额的，还应进行相应的处理。

租赁住房等资产供职工无偿使用所发生的租金，借记本科目，贷记“银行存款”等科目。

（五）企业以现金与职工结算的股份支付，在行权日，借记本科目，贷记“银行存款”、“库存现金”等科目。

（六）企业因解除与职工的劳动关系给予职工的补偿，借记本科目，贷记“银行存款”、“库存现金”等科目。

五、本科目期末贷方余额，反映企业应付未付的职工薪酬。

2221 应交税费

一、本科目核算企业按照税法等规定计算应缴纳的各种税费，包括增值税、消费税、营业税、所得税、资源税、土地增值税、城市维护建设税、房产税、土地使用税、车船税、教育费附加、矿产资源补偿费等。

企业代扣代缴的个人所得税等，也通过本科目核算。

二、本科目可按应交的税费项目进行明细核算。应交增值税还应分别“进项税额”、“销项税额”、“出口退税”、“进项税额转出”、“已交税金”等设置专栏。

三、企业按规定计算应交的消费税、营业税、资源税、城市维护建设税、教育费附加等，借记“营业税金及附加”科目，贷记本科目。实际缴纳时，借记本科目，贷记“银行存款”等科目。

出售不动产计算应交的营业税，借记“固定资产清理”等科目，贷记本科目（应交营业税）。

四、企业转让土地使用权应交的土地增值税，土地使用权与地上建筑物及其附着物一并在“固定资产”等科目核算的，借记“固定资产清理”等科目，贷记本科目（应交土地增值税）。土地使用权在“无形资产”科目核算的，按实际收到的金额，借记“银行存款”科目，按应交的土地增值税，贷记本科目（应交土地增值税），同时冲销土地使用权的账面价值，贷记“无形资产”科目，按其差额，借记“营业外支出”科目或贷记“营业外收入”科目。实际缴纳土地增值税时，借记本科目，贷记“银行存款”等科目。

企业按规定计算应交的房产税、土地使用税、车船税、矿产资源补偿费，借记“管理费用”科目，贷记本科目。实际缴纳时，借记本科目，贷记“银行存款”等科目。

五、企业按照税法规定计算应交的所得税，借记“所得税费用”等科目，贷记本科目（应交所得税）。缴纳的所得税，借记本科目，贷记“银行存款”等科目。

六、本科目期末贷方余额，反映企业尚未缴纳的税费；期末如为借方余额，反映企业多交或尚未抵扣的税费。

2231 应付利息

一、本科目核算企业按照合同约定应支付的利息，包括吸收存款、分期付息到期还本的长期借款、企业债券等应支付的利息。

二、本科目可按存款人或债权人进行明细核算。

三、资产负债表日，应按摊余成本和实际利率计算确定的利息费用，借记“利息支出”、“在建工程”、“财务费用”、“研发支出”等科目，按合同利率计算确定的应付未付利息，贷记本科目，按其差额，借记或贷记“长期借款——利息调整”、“吸收存款——利息调整”等科目。

合同利率与实际利率差异较小的，也可以采用合同利率计算确定利息费用。实际支付利息时，借记本科目，贷记“银行存款”等科目。

四、本科目期末贷方余额，反映企业应付未付的利息。

2232 应付股利

一、本科目核算企业分配的现金股利或利润。

二、本科目可按投资者进行明细核算。

三、企业根据股东大会或类似机构审议批准的利润分配方案，按应支付的现金股利或利润，借记“利润分配”科目，贷记本科目。实际支付现金股利或利润，借记本科目，贷记“银行存款”等科目。董事会或类似机构通过的利润分配方案中拟分配的现金股利或利润，不做账务处理，但应在附注中披露。

四、本科目期末贷方余额，反映企业应付未付的现金股利或利润。

2241 其他应付款

一、本科目核算企业除应付票据、应付账款、预收账款、应付职工薪酬、应付利息、应付股利、应交税费、长期应付款等以外的其他各项应付、暂收的款项。

二、本科目可按其他应付款的项目和对方单位（或个人）进行明细核算。

三、企业采用售后回购方式融入资金的，应按实际收到的金额，借记“银行存款”科目，贷记本科目。回购价格与原销售价格之间的差额，应在售后回购期间内按期计提利息费用，借记“财务费用”科目，贷记本科目。按照合同约定购回该项商品等时，应按实际支付的金额，借记本科目，贷记“银行存款”科目。

四、企业发生的其他各种应付、暂收款项，借记“管理费用”等科目，贷记本科目；支付的其他各种应付、暂收款项，借记本科目，贷记“银行存款”等科目。

五、本科目期末贷方余额，反映企业应付未付的其他应付款项。

2401 递延收益

一、本科目核算企业确认的应在以后期间计入当期损益的政府补助。

二、本科目可按政府补助的项目进行明细核算。

三、递延收益的主要账务处理。

（一）企业收到或应收的与资产相关的政府补助，借记“银行存款”、“其他应收款”等科目，贷记本科目。在相关资产使用寿命内分配递延收益，借记本科目，贷记“营业外收入”科目。

（二）与收益相关的政府补助，用于补偿企业以后期间相关费用或损失的，按收到或应收的金额，借记“银行存款”、“其他应收款”等科目，贷记本科目。在发生相关费用或损失的未来期间，按应补偿的金额，借记本科目，贷记“营业外收入”科目。用于补偿企业已发生的相关费用或损失的，按收到或应收的金额，借记“银行存款”、“其他应收款”等科目，贷记“营业外收入”科目。

四、本科目期末贷方余额，反映企业应在以后期间计入当期损益的政府补助。

2501 长期借款

一、本科目核算企业向银行或其他金融机构借入的期限在 1 年以上（不含 1 年）的各项借款。

二、本科目可按贷款单位和贷款种类，分别“本金”、“利息调整”等进行明细核算。

三、长期借款的主要账务处理。

（一）企业借入长期借款，应按实际收到的金额，借记“银行存款”科目，贷记本科目（本金）。如存在差额，还应借记本科目（利息调整）。

（二）资产负债表日，应按摊余成本和实际利率计算确定的长期借款的利息费用，借记“在建工程”、“制造费用”、“财务费用”、“研发支出”等科目，按合同利率计算确定的应付未付利息，贷记“应付利息”科目，按其差额，贷记本科目（利息调整）。

实际利率与合同利率差异较小的，也可以采用合同利率计算确定利息费用。

（三）归还的长期借款本金，借记本科目（本金），贷记“银行存款”科目。同时，存在利息调整余额的，借记或贷记“在建工程”、“制造费用”、“财务费用”、“研发支出”等科目，贷记或借记本科目（利息调整）。

四、本科目期末贷方余额，反映企业尚未偿还的长期借款。

2701 长期应付款

一、本科目核算企业除长期借款和应付债券以外的其他各种长期应付款项，包括应付融资租入固定资产的租赁费、以分期付款方式购入固定资产等发生的应付款项等。

二、本科目可按长期应付款的种类和债权人进行明细核算。

三、长期应付款的主要账务处理。

（一）企业融资租入的固定资产，在租赁期开始日，按应计入固定资产成本的金额（租赁开始日租赁资产公允价值与最低租赁付款额现值两者中较低者，加上初始直接费用），借记“在建工程”或“固定资产”科目，按最低租赁付款额，贷记本科目，按发生的初始直接费用，贷记“银行存款”等科目，按其差额，借记“未确认融资费用”科目。

按期支付的租金，借记本科目，贷记“银行存款”等科目。

（二）购入有关资产超过正常信用条件延期支付价款、实质上具有融资性质的，应按购买价款的现值，借记“固定资产”、“在建工程”等科目，按应支付的金额，贷记本科目，按其差额，借记“未确认融资费用”科目。

按期支付的价款，借记本科目，贷记“银行存款”科目。

四、本科目期末贷方余额，反映企业应付未付的长期应付款项。

2702 未确认融资费用

一、本科目核算企业应当分期计入利息费用的未确认融资费用。

二、本科目可按债权人和长期应付款项目进行明细核算。

三、未确认融资费用的主要账务处理。

（一）企业融资租入的固定资产，在租赁期开始日，按应计入固定资产成本的金额（租赁开始日租赁资产公允价值与最低租赁付款额现值两者中较低者，加上初始直接费用），借记“在建工程”或“固定资产”科目，按最低租赁付款额，贷记“长期应付款”科目，按发生的初始直接费用，贷记“银行存款”等科目，按其差额，借记本科目。

采用实际利率法分期摊销未确认融资费用，借记“财务费用”、“在建工程”等科目，贷记本科目。

（二）购入有关资产超过正常信用条件延期支付价款、实质上具有融资性质的，应按购买价款的现值，借记“固定资产”、“在建工程”等科目，按应支付的金额，贷记“长期应付款”科目，按其差额，借记本科目。

采用实际利率法分期摊销未确认融资费用，借记“在建工程”、“财务费用”等科目，贷记本科目。

四、本科目期末借方余额，反映企业未确认融资费用的摊余价值。

2711 专项应付款

一、本科目核算企业取得政府作为企业所有者投入的具有专项或特定用途的款项。

二、本科目可按资本性投资项目进行明细核算。

三、企业收到或应收的资本性拨款，借记“银行存款”等科目，贷记本科目。将专项或特定用途的拨款用于工程项目，借记“在建工程”等科目，贷记“银行存款”、“应付职工薪酬”等科目。

工程项目完工形成长期资产的部分，借记本科目，贷记“资本公积——资本溢价”科目；对未形成长期资产需要核销的部分，借记本科目，贷记“在建工程”等科目；拨款结余需要返还的，借记本科目，贷记“银行存款”科目。

上述资本溢价转增实收资本或股本，借记“资本公积——资本溢价或股本溢价”科目，贷记“实收资本”或“股本”科目。

四、本科目期末贷方余额，反映企业尚未转销的专项应付款。

2901 递延所得税负债

一、本科目核算企业确认的应纳税暂时性差异产生的所得税负债。

二、本科目可按应纳税暂时性差异的项目进行明细核算。

三、递延所得税负债的主要账务处理。

（一）资产负债表日，企业确认的递延所得税负债，借记“所得税费用——递延所得税费用”科目，贷记本科目。资产负债表日递延所得税负债的应有余额大于其账面余额的，应按其差额确认，借记“所得税费用——递延所得税费用”科目，贷记本科目；资产负债表日递延所得税负债的应有余额小于其账面余额的做相反的会计分录。

与直接计入所有者权益的交易或事项相关的递延所得税负债，借记“资本公积——其他资本公积”科目，贷记本科目。

（二）企业合并中取得资产、负债的入账价值与其计税基础不同形成应纳税暂时性差异的，应于购买日确认递延所得税负债，同时调整商誉，借记“商誉”等科目，贷记本科目。

四、本科目期末贷方余额，反映企业已确认的递延所得税负债。

所有者权益类

4001 实收资本

一、本科目核算企业接受投资者投入的实收资本。

股份有限公司应将本科目改为“4001 股本”科目。

企业收到投资者出资超过其在注册资本或股本中所占份额的部分，作为资本溢价或股本溢价，在“资本公积”科目核算。

二、本科目可按投资者进行明细核算。

企业（中外合作经营）在合作期间归还投资者的投资，应在本科目设置“已归还投资”明细科目进行核算。

三、实收资本的主要账务处理。

（一）企业接受投资者投入的资本，借记“银行存款”、“其他应收款”、“固定资产”、“无形资产”、“长期股权投资”等科目，按其在注册资本或股本中所占份额，贷记本科目，按其差额，贷记“资本公积——资本溢价或股本溢价”科目。

（二）股东大会批准的利润分配方案中分配的股票股利，应在办理增资手续后，借记“利润分配”科目，贷记本科目。

经股东大会或类似机构决议，用资本公积转增资本，借记“资本公积——资本溢价或股本溢价”科目，贷记本科目。

（三）可转换公司债券持有人行使转换权利，将其持有的债券转换为股票，按可转换公司债券的余额，借记“应付债券——可转换公司债券（面值、利息调整）”科目，按其权益成分的金额，借记“资本公积——其他资本公积”科目，按股票面值和转换的股数计算的股票面值总额，贷记本科目，按其差额，贷记“资本公积——股本溢价”科目。如有现金支付不可转换股票，还应贷记“银行存款”等科目。

企业将重组债务转为资本的，应按重组债务的账面余额，借记“应付账款”等科目，按债权人因放弃债权而享有本企业股份的面值总额，贷记本科目，按股份的公允价值总额与相应的实收资本或股本之间的差额，贷记或借记“资本公积——资本溢价或股本溢价”科目，按其差额，贷记“营业外收入——债务重组利得”科目。

（四）以权益结算的股份支付换取职工或其他方提供服务的，应在行权日，按根据实际行权情况确定的金额，借记“资本公积——其他资本公积”科目，按应计入实收资本或股本的金额，贷记本科目。

四、企业按法定程序报经批准减少注册资本的，借记本科目，贷记“库存现金”、“银行存款”等科目。

股份有限公司采用收购本公司股票方式减资的，按股票面值和注销股数计算的股票面值总额，借记本科目，按所注销库存股的账面余额，贷记“库存股”科目，按其差额，借记“资本公积——股本溢价”科目，股本溢价不足冲减的，应借记“盈余公积”、“利润分配——未分配利润”科目；购回股票支付的价款低于面值总额的，应按股票面值总额，借记本科目，按所注销库存股的账面余额，贷记“库存股”科目，按其差额，贷记“资本公积——股本溢价”科目。

五、企业（中外合作经营）根据合同规定在合作期间归还投资者的投资，借记本科目（已归还投资），贷记“银行存款”等科目；同时，借记“利润分配——利润归还投资”科目，贷记“盈余公积——利润归还投资”科目。

中外合作经营清算，借记本科目、“资本公积”、“盈余公积”、“利润分配——未分配利润”等科目，贷记本科目（已归还投资）、“银行存款”等科目。

六、本科目期末贷方余额，反映企业实收资本或股本总额。

4002 **资本公积**

一、本科目核算企业收到投资者出资额超出其在注册资本或股本中所占份额的部分。直接计入所有者权益的利得和损失，也通过本科目核算。

二、本科目应当分别“资本溢价（股本溢价）”、“其他资本公积”进行明细核算。

三、资本公积的主要账务处理。

（一）企业接受投资者投入的资本、可转换公司债券持有人行使转换权利、将债务转为资本等形成的资本公积，借记有关科目，贷记“实收资本”或“股本”科目、本科目（资本溢价或股本溢价）等。

与发行权益性证券直接相关的手续费、佣金等交易费用，借记本科目（股本溢价）等，贷记“银行存款”等科目。经股东大会或类似机构决议，用资本公积转增资本，借记本科目（资本溢价或股本溢价），贷记“实收资本”或“股本”科目。

（二）同一控制下控股合并形成的长期股权投资，应在合并日按取得被合并方所有者权益账面价值的份额，借记“长期股权投资”科目，按享有被投资单位已宣告但尚未发放的现金股利或利润，借记“应收股利”科目，按支付的合并对价的账面价值，贷记有关资产科目或借记有关负债科目，按其差额，贷记本科目（资本溢价或股本溢价）；为借方差额的，借记本科目（资本溢价或股本溢价），资本公积（资本溢价或股本溢价）不足冲减的，借记“盈余公积”、“利润分配——未分配利润”科目。

同一控制下吸收合并涉及的资本公积，比照上述原则进行处理。

（三）长期股权投资采用权益法核算的，在持股比例不变的情况下，被投资单位除净损益以外所有者权益的其他变动，企业按持股比例计算应享有的份额，借记或贷记“长期股权投资——其他权益变动”科目，贷记或借记本科目（其他资本公积）。

处置采用权益法核算的长期股权投资，还应结转原计入资本公积的相关金额，借记或贷记本科目（其他资本公积），贷记或借记“投资收益”科目。

（四）以权益结算的股份支付换取职工或其他方提供服务的，应按照确定的金额，借记“管理费用”等科目，贷记本科目（其他资本公积）。

在行权日，应按实际行权的权益工具数量计算确定的金额，借记本科目（其他资本公积），按计入实收资本或股本的金额，贷记“实收资本”或“股本”科目，按其差额，贷记本科目（资本溢价或股本溢价）。

（五）自用房地产或存货转换为采用公允价值模式计量的投资性房地产，按照“投资性房地产”科目的相关规定进行处理，相应调整资本公积。

（六）将持有至到期投资重分类为可供出售金融资产，或将可供出售金融资产重分类为持有至到期投资的，按照“持有至到期投资”、“可供出售金融资产”等科目的相关规定进行处理，相应调整资本公积。

将可供出售金融资产重分类为采用成本或摊余成本计量的金融资产的，对于原计入资本公积的相关金额，还应分别不同情况进行处理：有固定到期日的，应在该项金融资产的剩余期限内，在资产负债表日，按采用实际利率法计算确定的摊销金额，借记或贷记本科目（其他资本公积），贷记或借记“投资收益”科目；没有固定到期日的，应在处置该项金融资产时，借记或贷记本科目（其他资本公积），贷记或借记“投资收益”科目。

可供出售金融资产的后续计量，按照“可供出售金融资产”科目的相关规定进行处理，相应调整资本公积。

（七）股份有限公司采用收购本公司股票方式减资的，按股票面值和注销股数计算的股票面值总额，借记“股本”科目，按所注销的库存股的账面余额，贷记“库存股”科目，按其差额，借记本科目（股本溢价），股本溢价不足冲减的，应借记“盈余公积”、“利润分配——未分配利润”科目；购回股票支付的价款低于面值总额的，应按股票面值总额，借记“股本”科目，按所注销的库存股的账面余额，贷记“库存股”科目，按其差额，贷记本科目（股本溢价）。

（八）资产负债表日，满足运用套期会计方法条件的现金流量套期和境外经营净投资套期产生的利得或损失，属于有效套期的，借记或贷记有关科目，贷记或借记本科目（其他资本公积）；属于无效套期的，借记或贷记有关科目，贷记或借记“公允价值变动损益”科目。

四、本科目期末贷方余额，反映企业的资本公积。

4101 盈余公积

一、本科目核算企业从净利润中提取的盈余公积。

二、本科目应当分别“法定盈余公积”、“任意盈余公积”进行明细核算。

外商投资企业还应分别“储备基金”、“企业发展基金”进行明细核算。

中外合作经营在合作期间归还投资者的投资，应在本科目设置“利润归还投资”明细科目进行核算。

三、盈余公积的主要账务处理。

（一）企业按规定提取的盈余公积，借记“利润分配——提取法定盈余公积、提取任意盈余公积”科目，贷记本科目（法定盈余公积、任意盈余公积）。

外商投资企业按规定提取的储备基金、企业发展基金、职工奖励及福利基金，借记“利润分配——提取储备基金、提取企业发展基金、提取职工奖励及福利基金”科目，贷记本科目（储备基金、企业发展基金）、“应付职工薪酬”科目。

（二）经股东大会或类似机构决议，用盈余公积弥补亏损或转增资本，借记本科目，贷记“利润分配——盈余公积补亏”、“实收资本”或“股本”科目。

经股东大会决议，用盈余公积派送新股，按派送新股计算的金额，借记本科目，按股票面值和派送新股总数计算的股票面值总额，贷记“股本”科目。

中外合作经营根据合同规定在合作期间归还投资者的投资，应按实际归还投资的金额，借记“实收资本——已归还投资”科目，贷记“银行存款”等科目；同时，借记“利润分配——利润归还投资”科目，贷记本科目（利润归还投资）。

四、本科目期末贷方余额，反映企业的盈余公积。

4103 本年利润

一、本科目核算企业当期实现的净利润（或发生的净亏损）。

二、企业期（月）末结转利润时，应将各损益类科目的金额转入本科目，结平各损益类科目。结转后本科目的贷方余额为当期实现的净利润；借方余额为当期发生的净亏损。

三、年度终了，应将本年收入和支出相抵后结出的本年实现的净利润，转入“利润分配”科目，借记本科目，贷记“利润分配——未分配利润”科目；如为净亏损做相反的会计分录。结转后本科目应无余额。

4104 **利润分配**

一、本科目核算企业利润的分配（或亏损的弥补）和历年分配（或弥补）后的余额。

二、本科目应当分别“提取法定盈余公积”、“提取任意盈余公积”、“应付现金股利或利润”、“转作股本的股利”、“盈余公积补亏”和“未分配利润”等进行明细核算。

三、利润分配的主要账务处理。

（一）企业按规定提取的盈余公积，借记本科目（提取法定盈余公积、提取任意盈余公积），贷记“盈余公积——法定盈余公积、任意盈余公积”科目。

外商投资企业按规定提取的储备基金、企业发展基金、职工奖励及福利基金，借记本科目（提取储备基金、提取企业发展基金、提取职工奖励及福利基金），贷记“盈余公积——储备基金、企业发展基金”、“应付职工薪酬”等科目。

（二）经股东大会或类似机构决议，分配给股东或投资者的现金股利或利润，借记本科目（应付现金股利或利润），贷记“应付股利”科目。

经股东大会或类似机构决议，分配给股东的股票股利，应在办理增资手续后，借记本科目（转作股本的股利），贷记“股本”科目。

用盈余公积弥补亏损，借记“盈余公积——法定盈余公积或任意盈余公积”科目，贷记本科目（盈余公积补亏）。

企业（金融）用一般风险准备弥补亏损，借记“一般风险准备”科目，贷记本科目（一般风险准备补亏）科目。

四、年度终了，企业应将本年实现的净利润，自“本年利润”科目转入本科目，借记“本年利润”科目，贷记本科目（未分配利润），为净亏损的做相反的会计分录；同时，将“利润分配”科目所属其他明细科目的余额转入本科目“未分配利润”明细科目。结转后，本科目除“未分配利润”明细科目外，其他明细科目应无余额。

五、本科目年末余额，反映企业的未分配利润（或未弥补亏损）。

4201 库存股

一、本科目核算企业收购、转让或注销的本公司股份金额。

二、库存股的主要账务处理。

（一）企业为减少注册资本而收购本公司股份的，应按实际支付的金额，借记本科目，贷记“银行存款”等科目。

（二）为奖励本公司职工而收购本公司股份的，应按实际支付的金额，借记本科目，贷记“银行存款”等科目，同时做备查登记。

将收购的股份奖励给本公司职工属于以权益结算的股份支付，如有实际收到的金额，借记“银行存款”科目，按根据职工获取奖励股份的实际情况确定的金额，借记“资本公积——其他资本公积”科目，按奖励库存股的账面余额，贷记本科目，按其差额，贷记或借记“资本公积——股本溢价”科目。

（三）股东因对股东大会作出的公司合并、分立决议持有异议而要求企业收购本公司股份的，企业应按实际支付的金额，借记本科目，贷记“银行存款”等科目。

（四）转让库存股，应按实际收到的金额，借记“银行存款”等科目，按转让库存股的账面余额，贷记本科目，按其差额，贷记“资本公积——股本溢价”科目；为借方差额的，借记“资本公积——股本溢价”科目，股本溢价不足冲减的，应借记“盈余公积”、“利润分配——未分配利润”科目。

（五）注销库存股，应按股票面值和注销股数计算的股票面值总额，借记“股本”科目，按注销库存股的账面余额，贷记本科目，按其差额，借记“资本公积——股本溢价”科目，股本溢价不足冲减的，应借记“盈余公积”、“利润分配——未分配利润”科目。

三、本科目期末借方余额，反映企业持有尚未转让或注销的本公司股份金额。

成本类

5001 生产成本

一、本科目核算企业进行工业性生产发生的各项生产成本，包括生产各种产品（产成品、自制半成品等）、自制材料、自制工具、自制设备等。

企业（房地产开发）可将本科目改为“5001 开发成本”科目。

二、本科目可按基本生产成本和辅助生产成本进行明细核算。

基本生产成本应当分别按照基本生产车间和成本核算对象（产品的品种、类别、定单、批别、生产阶段等）设置明细账（或成本计算单，下同），并按照规定的成本项目设置专栏。

三、生产成本的主要账务处理。

（一）企业发生的各项直接生产成本，借记本科目（基本生产成本、辅助生产成本），贷记“原材料”、“库存现金”、“银行存款”、“应付职工薪酬”等科目。

各生产车间应负担的制造费用，借记本科目（基本生产成本、辅助生产成本），贷记“制造费用”科目。

辅助生产车间为基本生产车间、企业管理部门和其他部门提供的劳务和产品，期（月）末按照一定的分配标准分配给各受益对象，借记本科目（基本生产成本）、“管理费用”、“销售费用”、“其他业务成本”、“在建工程”等科目，贷记本科目（辅助生产成本）。

企业已经生产完成并已验收入库的产成品以及入库的自制半成品，应于期（月）末，借记“库存商品”等科目，贷记本科目（基本生产成本）。

四、本科目期末借方余额，反映企业尚未加工完成的在产品成本或尚未收获的农产品成本。

损益类

6001 主营业务收入

一、本科目核算企业确认的销售商品、提供劳务等主营业务的收入。

二、本科目可按主营业务的种类进行明细核算。

三、主营业务收入的主要账务处理。

（一）企业销售商品或提供劳务实现的收入，应按实际收到或应收的金额，借记“银行存款”、“应收账款”、“应收票据”等科目，按确认的营业收入，贷记本科目。

采用递延方式分期收款、具有融资性质的销售商品或提供劳务满足收入确认条件的，按应收合同或协议价款，借记“长期应收款”科目，按应收合同或协议价款的公允价值（折现值），贷记本科目，按其差额，贷记“未实现融资收益”科目。

以库存商品进行非货币性资产交换（非货币性资产交换具有商业实质且公允价值能够可靠计量）、债务重组的，应按该产成品、商品的公允价值，借记有关科目，贷记本科目。

本期（月）发生的销售退回或销售折让，按应冲减的营业收入，借记本科目，按实际支付或应退还的金额，贷记“银行存款”、“应收账款”等科目。

上述销售业务涉及增值税销项税额的，还应进行相应的处理。

（二）确认建造合同收入，按应确认的合同费用，借记“主营业务成本”科目，按应确认的合同收入，贷记本科目，按其差额，借记或贷记“工程施工——合同毛利”科目。

四、期末，应将本科目的余额转入“本年利润”科目，结转后本科目应无余额。

6051 **其他业务收入**

一、本科目核算企业确认的除主营业务活动以外的其他经营活动实现的收入，包括出租固定资产、出租无形资产、出租包装物和商品、销售材料、用材料进行非货币性交换（非货币性资产交换具有商业实质且公允价值能够可靠计量）或债务重组等实现的收入。

二、本科目可按其他业务收入种类进行明细核算。

三、企业确认的其他业务收入，借记“银行存款”、“其他应收款”等科目，贷记本科目等。

四、期末，应将本科目余额转入“本年利润”科目，结转后本科目应无余额。

6101 公允价值变动损益

一、本科目核算企业交易性金融资产、交易性金融负债，以及采用公允价值模式计量的投资性房地产、衍生工具、套期保值业务等公允价值变动形成的应计入当期损益的利得或损失。

指定为以公允价值计量且其变动计入当期损益的金融资产或金融负债公允价值变动形成的应计入当期损益的利得或损失，也在本科目核算。

企业开展套期保值业务的，有效套期关系中套期工具或被套期项目的公允价值变动，也可以单独设置“6102 套期损益”科目核算。

二、本科目可按交易性金融资产、交易性金融负债、投资性房地产等进行明细核算。

三、公允价值变动损益的主要账务处理。

（一）资产负债表日，企业应按交易性金融资产的公允价值高于其账面余额的差额，借记“交易性金融资产——公允价值变动”科目，贷记本科目；公允价值低于其账面余额的差额做相反的会计分录。

出售交易性金融资产时，应按实际收到的金额，借记“银行存款”、“存放中央银行款项”等科目，按该金融资产的账面余额，贷记“交易性金融资产”科目，按其差额，借记或贷记“投资收益”科目。同时，将原计入该金融资产的公允价值变动转出，借记或贷记本科目，贷记或借记“投资收益”科目。

（二）资产负债表日，交易性金融负债的公允价值高于其账面余额的差额，借记本科目，贷记“交易性金融负债”等科目；公允价值低于其账面余额的差额做相反的会计分录。

处置交易性金融负债，应按该金融负债的账面余额，借记“交易性金融负债”科目，按实际支付的金额，贷记“银行存款”、“存放中央银行款项”、“结算备付金”等科目，按其差额，贷记或借记“投资收益”科目。同时，按该金融负债的公允价值变动，贷记或借记本科目，借记或贷记“投资收益”科目。

（三）采用公允价值模式计量的投资性房地产、衍生工具、套期工具、被套期项目等形成的公允价值变动，按照“投资性房地产”、“衍生工具”、“套期工具”、“被套期项目”等科目的相关规定进行处理。

四、期末，应将本科目余额转入“本年利润”科目，结转后本科目无余额。

6111 投资收益

一、本科目核算企业确认的投资收益或投资损失。

企业（金融）债券投资持有期间取得的利息收入，也可在“利息收入”科目核算。

二、本科目可按投资项目进行明细核算。

三、投资收益的主要账务处理。

（一）长期股权投资采用成本法核算的，企业应按被投资单位宣告发放的现金股利或利润中属于本企业的部分，借记“应收股利”科目，贷记本科目；属于被投资单位在取得本企业投资前实现净利润的分配额，应作为投资成本的收回，借记“应收股利”等科目，贷记“长期股权投资”科目。

长期股权投资采用权益法核算的，应按根据被投资单位实现的净利润或经调整的净利润计算应享有的份额，借记“长期股权投资——损益调整”科目，贷记本科目。被投资单位发生净亏损的，比照“长期股权投资”科目的相关规定进行处理。

处置长期股权投资时，应按实际收到的金额，借记“银行存款”等科目，按其账面余额，贷记“长期股权投资”科目，按尚未领取的现金股利或利润，贷记“应收股利”科目，按其差额，贷记或借记本科目。已计提减值准备的，还应同时结转减值准备。

处置采用权益法核算的长期股权投资，除上述规定外，还应结转原计入资本公积的相关金额，借记或贷记“资本公积——其他资本公积”科目，贷记或借记本科目。

（二）企业持有交易性金融资产、持有至到期投资、可供出售金融资产期间取得的投资收益以及处置交易性金融资产、交易性金融负债、指定为以公允价值计量且其变动计入当期损益的金融资产或金融负债、持有至到期投资、可供出售金融资产实现的损益，比照“交易性金融资产”、“持有至到期投资”、“可供出售金融资产”、“交易性金融负债”等科目的相关规定进行处理。

四、期末，应将本科目余额转入“本年利润”科目，本科目结转后应无余额。

6301 营业外收入

一、本科目核算企业发生的各项营业外收入，主要包括非流动资产处置利得、非货币性资产交换利得、债务重组利得、政府补助、盘盈利得、捐赠利得等。

二、本科目可按营业外收入项目进行明细核算。

三、企业确认处置非流动资产利得、非货币性资产交换利得、债务重组利得，比照“固定资产清理”、“无形资产”、“原材料”、“库存商品”、“应付账款”等科目的相关规定进行处理。

确认的政府补助利得，借记“银行存款”、“递延收益”等科目，贷记本科目。

四、期末，应将本科目余额转入“本年利润”科目，结转后本科目无余额。

6401 主营业务成本

一、本科目核算企业确认销售商品、提供劳务等主营业务收入时应结转的成本。

二、本科目可按主营业务的种类进行明细核算。

三、主营业务成本的主要账务处理。

(一）期（月）末，企业应根据本期（月）销售各种商品、提供各种劳务等实际成本，计算应结转的主营业务成本，借记本科目，贷记“库存商品”、“劳务成本”等科目。

采用计划成本或售价核算库存商品的，平时的营业成本按计划成本或售价结转，月末，还应结转本月销售商品应分摊的产品成本差异或商品进销差价。

本期（月）发生的销售退回，如已结转销售成本的，借记“库存商品”等科目，贷记本科目。

(二）确认建造合同收入，按应确认的合同费用，借记本科目，按应确认的合同收入，贷记“主营业务收入”科目，按其差额，借记或贷记“工程施工——合同毛利”科目。合同完工时，已计提存货跌价准备的，还应结转跌价准备。

四、期末，应将本科目的余额转入“本年利润”科目，结转后本科目无余额。

6402 其他业务成本

一、本科目核算企业确认的除主营业务活动以外的其他经营活动所发生的支出，包括销售材料的成本、出租固定资产的折旧额、出租无形资产的摊销额、出租包装物的成本或摊销额等。

除主营业务活动以外的其他经营活动发生的相关税费，在“营业税金及附加”科目核算。

采用成本模式计量投资性房地产的，其投资性房地产计提的折旧额或摊销额，也通过本科目核算。

二、本科目可按其他业务成本的种类进行明细核算。

三、企业发生的其他业务成本，借记本科目，贷记“原材料”、“周转材料”、“累计折旧”、“累计摊销”、“应付职工薪酬”、“银行存款”等科目。

四、期末，应将本科目余额转入“本年利润”科目，结转后本科目无余额。

6403 营业税金及附加

一、本科目核算企业经营活动发生的营业税、消费税、城市维护建设税、资源税和教育费附加等相关税费。房产税、车船税、土地使用税、印花税在“管理费用”科目核算，但与投资性房地产相关的房产税、土地使用税在本科目核算。

二、企业按规定计算确定的与经营活动相关的税费，借记本科目，贷记“应交税费”科目。

三、期末，应将本科目余额转入“本年利润”科目，结转后本科目无余额。

6601 销售费用

一、本科目核算企业销售商品和材料、提供劳务的过程中发生的各种费用，包括保险费、包装费、展览费和广告费、商品维修费、预计产品质量保证损失、运输费、装卸费等以及为销售本企业商品而专设的销售机构（含销售网点、售后服务网点等）的职工薪酬、业务费、折旧费等经营费用。

企业发生的与专设销售机构相关的固定资产修理费用等后续支出，

也在本科目核算。

企业（金融）不应设置“管理费用”科目。

二、本科目可按费用项目进行明细核算。

三、销售费用的主要账务处理。

（一）企业在销售商品过程中发生的包装费、保险费、展览费和广告费、运输费、装卸费等费用，借记本科目，贷记“库存现金”、“银行存款”等科目。

（二）发生的为销售本企业商品而专设的销售机构的职工薪酬、业务费等经营费用，借记本科目，贷记“应付职工薪酬”、“银行存款”、“累计折旧”等科目。

四、期末，应将本科目余额转入“本年利润”科目，结转后本科目无余额。

6602 管理费用

一、本科目核算企业为组织和管理企业生产经营所发生的管理费用，包括企业在筹建期间内发生的开办费、董事会和行政管理部门在企业的经营管理中发生的或者应由企业统一负担的公司经费（包括行政管理部门职工工资及福利费、物料消耗、低值易耗品摊销、办公费和差旅费等）、工会经费、董事会费（包括董事会成员津贴、会议费和差旅费等）、聘请中介机构费、咨询费（含顾问费）、诉讼费、业务招待费、房产税、车船税、土地使用税、印花税、技术转让费、矿产资源补偿费、研究费用、排污费等。

企业（商品流通）管理费用不多的，可不设置本科目，本科目的核算内容可并入“销售费用”科目核算。企业生产车间（部门）和行政管理部门等发生的固定资产修理费用等后续支出，也在本科目核算。

二、本科目可按费用项目进行明细核算。

三、管理费用的主要账务处理。

（一）企业在筹建期间内发生的开办费，包括人员工资、办公费、培训费、差旅费、印刷费、注册登记费以及不计入固定资产成本的借款费用等在实际发生时，借记本科目（开办费），贷记“银行存款”等科目。

（二）行政管理部门人员的职工薪酬，借记本科目，贷记“应付职工薪酬”科目。(三)行政管理部门计提的固定资产折旧,借记本科目,贷记“累计折旧”科目。

发生的办公费、水电费、业务招待费、聘请中介机构费、咨询费、诉讼费、技术转让费、研究费用,借记本科目,贷记“银行存款”、“研发支出”等科目。

按规定计算确定的应交矿产资源补偿费、房产税、车船税、土地使用税、印花税,借记本科目,贷记“应交税费”科目。

四、期末,应将本科目的余额转入“本年利润”科目,结转后本科目无余额。

6603 财务费用

一、本科目核算企业为筹集生产经营所需资金等而发生的筹资费用,包括利息支出(减利息收入)、汇兑损益以及相关的手续费、企业发生的现金折扣或收到的现金折扣等。

为购建或生产满足资本化条件的资产发生的应予资本化的借款费用,在“在建工程”、“制造费用”等科目核算。

二、本科目可按费用项目进行明细核算。

三、企业发生的财务费用,借记本科目,贷记“银行存款”、“未确认融资费用”等科目。发生的应冲减财务费用的利息收入、汇兑损益、现金折扣,借记“银行存款”、“应付账款”等科目,贷记本科目。

四、期末,应将本科目余额转入“本年利润”科目,结转后本科目无余额。

6701 资产减值损失

一、本科目核算企业计提各项资产减值准备所形成的损失。

二、本科目可按资产减值损失的项目进行明细核算。

三、企业的应收款项、存货、长期股权投资、持有至到期投资、固定资产、无形资产、贷款等资产发生减值的,按应减记的金额,借记本科目,贷记“坏账准备”、“存货跌价准备”、“长期股权投资减值准备”、“持有至到期投资减值准备”、“固定资产减值准备”、“无形资产减值准备”、“贷款损失准备”等科目。

在建工程、工程物资、生产性生物资产、商誉、抵债资产、损余物资、采用成本模式计量的投资性房地产等资产发生减值的,应当设置相应的减值准备科目，比照上述规定进行处理。

四、企业计提坏账准备、存货跌价准备、持有至到期投资减值准备、贷款损失准备等，相关资产的价值又得以恢复的，应在原已计提的减值准备金额内，按恢复增加的金额，借记“坏账准备”、“存货跌价准备”、“持有至到期投资减值准备”、“贷款损失准备”等科目，贷记本科目。

五、期末，应将本科目余额转入“本年利润”科目，结转后本科目无余额。

6711 营业外支出

一、本科目核算企业发生的各项营业外支出，包括非流动资产处置损失、非货币性资产交换损失、债务重组损失、公益性捐赠支出、非常损失、盘亏损失等。

二、本科目可按支出项目进行明细核算。

三、企业确认处置非流动资产损失、非货币性资产交换损失、债务重组损失，比照“固定资产清理”、“无形资产”、“原材料”、“库存商品”、“应付账款”等科目的相关规定进行处理。

盘亏、毁损的资产发生的净损失，按管理权限报经批准后，借记本科目，贷记“待处理财产损溢”科目。

四、期末，应将本科目余额转入“本年利润”科目，结转后本科目无余额。

6801 所得税费用

一、本科目核算企业确认的应从当期利润总额中扣除的所得税费用。

二、本科目可按“当期所得税费用”、“递延所得税费用”进行明细核算。

三、所得税费用的主要账务处理。

（一）资产负债表日，企业按照税法规定计算确定的当期应交所得税，借记本科目（当期所得税费用），贷记“应交税费——应交所得税”科目。

（二）资产负债表日，根据递延所得税资产的应有余额大于“递延所得税资产”科目余额的差额，借记“递延所得税资产”科目，贷记本科目（递延所得税费用）、“资本公积——其他资本公积”等科目；递延所得税资产的应有余额小于“递延所得税资产”科目余额的差额做相反的会计分录。

企业应予确认的递延所得税负债，应当比照上述原则调整本科目、“递延所得税负债”科目及有关科目。

四、期末，应将本科目的余额转入“本年利润”科目，结转后本科目无余额。

6901 以前年度损益调整

一、本科目核算企业本年度发生的调整以前年度损益的事项以及本年度发现的重要前期差错更正涉及调整以前年度损益的事项。企业在资产负债表日至财务报告批准报出日之间发生的需要调整报告年度损益的事项，也可以通过本科目核算。

二、以前年度损益调整的主要账务处理。

（一）企业调整增加以前年度利润或减少以前年度亏损，借记有关科目，贷记本科目；调整减少以前年度利润或增加以前年度亏损做相反的会计分录。

（二）由于以前年度损益调整增加的所得税费用，借记本科目，贷记“应交税费——应交所得税”等科目；由于以前年度损益调整减少的所得税费用做相反的会计分录。

（三）经上述调整后，应将本科目的余额转入“利润分配——未分配利润”科目。本科目如为贷方余额，借记本科目，贷记“利润分配——未分配利润”科目；如为借方余额做相反的会计分录。

三、本科目结转后应无余额。

参考文献

［1］段九利，郭志刚．房地产企业全程纳税筹划［M］．北京：中国市场出版社，2008.

［2］李志远．建筑施工企业税务与会计［M］．北京：中国市场出版社，2010.

［3］黄毅勤，焦建平．纳税会计［M］．北京：中国市场出版社，2010.

［4］耿建新，杜美杰，续芹．高级会计学［M］．北京：北京大学出版社，2009.

［5］刘永泽，傅荣．高级财务会计［M］．大连：东北财经大学出版社，2009.